To Korean readers,

Thomas Piketty

피케티의
사회주의 시급하다

피케티의
사회주의 시급하다

토마 피케티 지음

이민주 옮김

은행나무

2016~2021년
경제 논평 모음집

차례

2장 어떠한 개혁이 필요한가?

3장 사랑한다면 이제 바꿔야 할 때다

사회주의, 시급하다!

누군가가 1990년을 사는 나에게 "당신은 2020년이 되면《사회주의 시급하다》는 제목의 책을 출간할 거요"라고 말했다면 난 웬 말같지 않은 소리냐고 했으리라. 내가 막 열여덟 살이 되던 1989년 가을은 동유럽 공산주의 독재국가들과 함께 '진짜 사회주의'가 붕괴했다는 소식을 라디오를 통해 듣던 때였으니 말이다. 1990년 2월, 나는 독재자 차우세스쿠를 막 몰아낸 루마니아 청년들을 지지하기 위해 프랑스 대학생 여러 명과 함께 루마니아로 향했다. 한밤중 수도 부쿠레슈티 공항에 도착한 우리는 버스로 갈아타고 브라쇼브라는 눈 덮인 도시에 도착했다. 카르파티아 산맥에 폭 둘러싸인 그곳에는 울적함이 감돌았다. 그곳 루마니아 젊은이들은 '혁명'의 흔적이라며 벽에 박힌 총탄 자국을 자랑스럽게 보여주었다. 1992년 3월에는 처음으로 모스크바를 다녀왔다. 거기서 본 건 마찬가지로 텅 빈 상점들과 울적한 거리의 모습이었다. 마침 '정신분석과 사회과학'이라는 명칭의 프랑스-러시아 연합 학술회의에 참석할 수 있었다. 사회주의의 붕괴 앞에서 뭔가 길을 잃은 듯한 프랑스 학자들 틈에서 나는 레닌의 묘가 자리한 붉은광장을 견학했다. 그곳에 휘날리던 소비에트 연방 깃발이 이제 막 러시아 국기로 교체되어 있었다.

1971년에 태어난 나는 공산주의의 유혹을 받을 일이 없었던 세대에 속한다. 성인이 되어서는 이미 소비에트 방식의 공산주의가 완전히 실패했다는 걸 두 눈으로 목격한 세대이기도 하다. 다른 많은 사람들처럼 나도 1990년대에는 사회주의자보다는 자유주의자에 가까웠다. 내 생각이 옳다는 게 대단히 자랑스러웠고, 사회주의에 경도된 내 전 세대들 혹은 그 시대에 향수를 느끼는 사람들을 의심의 눈초리로 바라보았다. 시장경제와 개인의 소유권이야말로 이 세상이 추구해야 할 가치라는 사실을 극구 부인하는 사람들은 도저히 참고 봐주기 힘들었다.

하지만 30년이 지난 현재를 보자. 하이퍼자본주의hyper-capitalism(이 용어 자체가 사회주의 혹은 공산주의 지지자들이 사용하는 표현이기도 하다_옮긴이 주)가 너무나 지나치게 진행되고 있다. 그렇기에 지금의 나는 자본주의를 극복할 새로운 방식에 대해 고민해야 한다고 확신한다. 그건 새로운 형태의 사회주의일 것이다. 참여적이고 지방 분권화된, 연방제 방식이며 민주적이고 또 환경친화적이며 다양한 문화가 혼종되어 있으며 여성 존중의 사상을 담은 사회주의 말이다.

'사회주의'라는 말이 이미 완전히 사멸된 말이고, 다른 표현으로 대체되어야만 하는지는 역사가 결정할 일이다. 내 개인적인 생각으로는 사회주의라는 말을 재활용할 수 있다고 믿는다. 특히 자본주의에 대한 대안으로 제시할 경제체제를 일컫는 말로 사회주의만큼 적절한 표현이 없다고 보기 때문이다. 어찌되었든 간에, 그저 자본주의나 신자유주의에 '반대'하는 데 그칠 수는 없다. 무엇보다, 그렇다면 어떤 체제에 '찬성'하는지를 보여주어야 한다. 그 이름이 무엇이 되었든 간에, 우리가 머릿속에 그리는, 실제로 이루고 싶은 사회의 모습을 담은 이상적인 경제체제를 분명히 지칭할 수 있는 말을 제시해야만 한다는 뜻이다. 현재의 모습을 고수한 자본주의에 더 이상 미래가 없다는 건 당연한 얘기가 되었다. 불평등을 심화하고 지구의 자연자원을 고갈하는 체제이기 때문이다. 이것은 분명 틀린 말이 아니다. 하지만 명백한 대안이 제시되지 않는다면 현재의 체제는 여전히 오랫동안 지속될 우려가 있다.

사회과학 분야의 교수이자 연구자로서 나는 불평등 연구, 경제 발전과 부의 분배 및 정치 갈등 사이의 관계에 대한 연구에 집중해왔다. 그러다 보니 여러 권의 두꺼운 책을 펴내게 되었다.[*] 나는 또한 여러 사람들이 합작으로 진행하는 방대한 그룹 프로젝트인 세계불평등데이터베이스WID, World Inequality Database에도 협력하고 있

---

[*] 특히 다음의 책을 참조하기 바란다.
《20세기 프랑스 고소득자(Les Hauts Revenus en France au XXe Siècle)》, 《21세기 자본》, 《자본과 이데올로기》.
더 자세한 참고목록과 다수의 문헌, 인용, 자료 등은 다음의 사이트에서 확인 가능하다.
piketty.pse.ens.fr

다. 지구상 여러 나라들에서 소득 및 재산의 불평등이 어떻게 변해왔는지를 좀 더 투명하게 조명하고자 하는 것이 목표다.*

역사적 연구를 통해, 그리고 1990년대부터 2020년대까지를 살아온 한 사람의 시민이자 관찰자로서 자연스러운 경험을 통해, 2019년 출간된《자본과 이데올로기》에서 나는 '참여사회주의를 실현하기 위한 요소들' 몇 가지를 시범적으로 제시한 바 있다. 여기서 그 책의 주요 결론들을 정리해보자.** 하지만 그 '요소들'은 그저 수많은 다른 요소들 사이에서 아주 미미한 출발점일 뿐이란 점을 꼭 말해두고 싶다. 이는 여러 사람들의 공동 연구, 찬반 토론 그리고 정치사회적인 실험을 통해 충분히 겸허하게 하지만 끈기 있게 함께 진행하는 거대한 과정에 속한다. 이는 특히 지난 과오들 그리고 앞으로의 도전과제들이 얼마나 방대한지를 고려할 때 장기적인 안목으로 보아야 하는 작업이다.

이에 흥미를 느낀다면 지금 이 책을 통해서 그러한 고민들 중 몇 가지를 찾아볼 수 있을 것이다. 이 책은 2016년 9월부터 2021년 4월까지 매달 〈르몽드〉에 기고한 글을 모아 펴내는 책이다. 전혀 수정하거나 재구성하지 않았다. 그저 몇 가지 그래프와

---

*   여기서 언급하는 모든 자료들뿐 아니라 100여 개국을 망라하는 수천 장의 분석자료와 문헌들은 WID.world 웹사이트에 공개되어 있다.
      또한 다음의 책을 참고하기 바란다. 이 또한 WID.world에서 열람이 가능하다.
      《세계불평등보고서 2018》, 파쿤도 알바레도 외 4명 지음.

**   '참여사회주의를 위한 요소들'에 대한 더 자세한 소개는 《자본과 이데올로기》 17장에서 찾아볼 수 있다.

표, 참고문헌, 그리고 〈르몽드〉 포털 사이트 내에 자리한 내 개인 블로그에 썼던 글을 일부 추가했을 뿐이다.* 그러니까 몇몇 글들은 상대적으로 오래되었음을 시작부터 인정하며, 일부 반복되는 내용도 있을 수 있다는 점에 양해를 구하고자 한다. 여기 실린 글들은 그저 한 사회과학 연구자가 상아탑과 1,000쪽짜리 두꺼운 저서들에서 벗어나 현실의 삶과 시사 문제에 참여하고자 하는 불완전한 시도라고 보아주면 좋겠다. 그러니 당연히 위험이 도사린다. 독자들께서 너그러운 마음으로 이 책을 읽고 자신만의 생각을 정리하고 사회참여를 실행하는 데 있어 몇 가지 생각거리를 찾는 기회로 활용하기만을 바랄 뿐이다.

평등을 향한 머나먼 길 그리고 참여사회주의

어떤 이들에게는 놀라울 선언으로 이야기를 시작해보자. 장기적 관점에서 보면 평등과 참여사회주의로 가는 긴 여정은 벌써 시작되었다고 볼 수 있다. 그 길은 이미 열려 있기에 우리 모두가 함께 힘을 모은다면 기술적 측면에서 불가능이란 없을 것이다. 역사 전반을 통해 우리는 불평등이란 무엇보다 이념적이고 정치적인 개념

---

* 내 〈르몽드〉 블로그를 참고. lemonde.fr/blog/piketty
관심 있는 독자는 또한 위의 블로그에서 내가 도표와 그래프를 작성하는 데 사용한 자료들을 찾아볼 수 있다. 일부 추가정보는 다음의 두 사이트를 참고하기 바란다.
WID.world
piketty.pse.ens.fr

이지 경제적이거나 기술적인 차원의 문제가 아님을 알 수 있다.

우리 시대 전반을 지배하는 암울함 속에서 이 같은 낙관적 시각이 분명 모순적으로 느껴질 수 있다. 하지만 정말이지 이 시각이 현실에 더 가깝다. 장기적으로 봤을 때 각종 불평등의 요소들은 과거보다 상당히 줄어들었다. 특히 이는 20세기에 도입된 새로운 방향의 사회정책과 조세정책에 힘입은 결과다. 물론 아직도 갈 길이 멀다. 하지만 역사의 교훈을 따른다면 충분히 지금까지보다 더 멀리 나아갈 수 있다.

예를 들어 지난 2세기 동안 사유재산 집중도의 변화 양상을 살펴보자. 무엇보다 먼저 최상위 1%의 자산(말하자면 대출을 제외한 모든 부동산 및 금융자산, 영업자산 등의 총액이다)은 20세기 내내 천문학적인 규모였다. 이러한 상황은 현재인 21세기 초반까지도 지속되고 있는데, 이는 프랑스 혁명이 약속한 평등의 가치가 적어도 사유재산과 소유권의 문제에 있어서는 여전히 현실이 아닌 이론에 머무르고 있음을 보여준다. 한편, 최상위 부유층 1%가 자산 보유에서 차지하는 비율은 20세기에 크게 줄어들었다. 제1차 세계대전 직전에는 인구 1%가 전체 자산의 55%를 소유하고 있었는데 현재는 인구 1%의 전체 자산 소유 비중은 25%로 줄어들었다. 그러나 이 비율은 여전히 하위 50%의 소유 비중과 비교할 때 5배나 높다. 하위 50% 인구는 기껏해야 전체 자산의 5%만을 보유하고 있다(문자 그대로 이들은 최상위 부유층 1%보다 그 수가 50배나 많은 집단임에도 불구하고 현실이 이러하다). 더욱 심각한 사실은 하위계층이 보유한 이 미미한 자산조차 1980년대와 1990년대를 거치면서 한층 축소되었다는 점이다. 이러한 경향은 미국이나 독일 그리고 유럽 다른 국가들에서뿐만 아니라 인도, 러시아나 중국에서도 찾아볼 수 있다.

요약해보면 이러하다. 개인 소유의 자산이 일부에게 집중되는 정도(즉, 이는 경제권력과 일맥상통한다)는 지난 세기에 비해 분명 낮아졌다. 하지만 그 축소의 추세가 사람들이 바라는 만큼 강력하게 발현되지는 않았다는 이야기다. 자산 불평등의 완화는 주로 '자산 중산층' 인구(자산 최상위 10% 집단과 하위 50% 사이의 중간 40%를 차지하는 인구라고 보면 된다)에게 도움이 되었다. 반면 하위 50% 자산에 속하는 사람들은 거의 혜택을 받지 못했다. 결국 전체 자산을 보면 최상위 10%가 소유한 비율은 눈에 띄게 감소하여 과거 전체에서 80~90%를 차지했던 것이 현재 50~60%가량으로 내려왔다(여전히 상당한 수준이긴 하다). 하지만 하위 50%가 보유한 비율은 그때나 지금이나 보잘것없기는 매한가지다(다음 쪽의 표를 참고). 하위 50%의 상황은 자산 측면보다 소득 측면에서 개선되었다. 유럽에서는 이들이 전체 소득에서 차지하는 비중이 10%를 겨우 넘기는 수준에서 약 20%로 늘어났다. 비록 이러한 개선 추세가 제한적이고 언제든 뒤집힐 수 있는 것이라 하더라도 말이다(1980년대 이후 미국에서는 하위 50%의 소득이 겨우 전체의 10%를 넘기는 수준으로 다시 추락한 바 있다).*

---

* 소득과 자산의 불평등이 역사적으로 어떻게 변화했는가에 대한 더 구체적인 분석은 《자본과 이데올로기》를 참고하되 특히 다음 번호의 도표들을 눈여겨보기 바란다.
4.1~4.3, 5.4~5.7, 10.1~10.7, 11.1~11.8, 13.8~13.9.
이 모든 도표들은 다음의 사이트에서 열람 가능하다. piketty.pse.ens.fr/ideologie

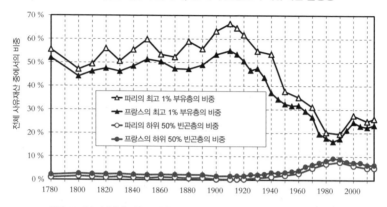

프랑스 혁명의 실패작, 19세기 프랑스의 사유재산 불평등

해석: 1910년 파리에서는 최고 부유층 1%를 구성하는 사람들이 총사유재산 중 67%를 보유했다. 이는 1810년의 49%, 그리고 1780년의 55%를 웃도는 수치다. 사유재산의 집중도는 프랑스 혁명 중에는 약간의 감소 추세를 보이다가 프랑스 전반, 특히 파리에서 19세기 내내 높아졌고 이러한 추세는 제1차 세계대전까지 이어졌다. 장기적으로 보았을 때 프랑스에서 불평등의 완화는 1914년부터 1945년까지 두 차례 세계대전 시기에 이루어진 것이지 1789년 프랑스 혁명의 결과로 이루어진 것이 아니다.

출처: 《자본과 이데올로기》의 도표 4.1 및 piketty.pse.ens.fr/ideologie

권리의 평등을 보장하는 사회복지국가

이렇게 복잡하고 모순적인 변화들을 포괄적으로 이해하려면 어떻게 해야 할까? 또 무엇보다 중요한 건 특히 유럽에서 지난 20세기 동안 불평등이 줄어든 현상을 어떻게 설명할 것인가 하는 점이다. 두 차례에 걸친 세계대전으로 인해 개인자산이 파괴된 부분을 제외하면 20세기에는 법적으로 보나 사회보장제도의 측면에서 보나 조세제도에 있어 상당한 변화가 있었고 세계대전이 이에 긍정적인 역할을 했다는 점은 분명히 강조해두어야 한다. 이러한 제도의 변화는 유럽의 상당수 국가에서 20세기 전반에 걸쳐 일어났다.

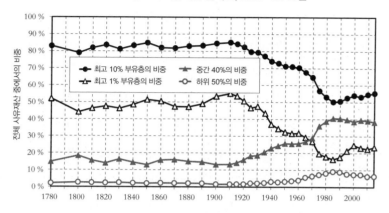

프랑스의 사유재산 분배도, 1780~2015년

- ● 최고 10% 부유층의 비중
- △ 최고 1% 부유층의 비중
- ▲ 중간 40%의 비중
- ○ 하위 50%의 비중

해석: 전체 사유재산에서 최고 부유층 1%가 차지하는 비중(부동산자산, 영업자산, 금융자산의 합계에서 부채를 제외한 액수)은 1780년부터 1910년까지 프랑스에서 80~90%의 비중을 차지한다. 자산의 분산 추세는 제1차 세계대전 직후에 나타나기 시작하여 1980년대 초반에 멈춘다. 사유재산의 분산 추세는 누구보다 '자산 중산층'이라 불릴 수 있는 중간 40% 인구에게 유리하게 작용했다. 여기서 자산 중산층이란 하위 50%를 의미하는 '서민층'과 상위 10%를 의미하는 '상류층' 사이의 중간집단을 뜻하는 표현으로 사용했다.
출처: 《자본과 이데올로기》의 도표 4.2 및 piketty.pse.ens.fr/ideologie

　　그중에서도 가장 결정적인 요소들 중 하나는 1910~1920년대와 1980~1990년대에 사회보장국가가 대두했다는 사실이다. 교육과 보건 분야에 대한 투자가 확대되었고, 노후연금 및 장애연금 제도 그리고 각종 사회보장체계(실업·가족·주거 보조금 등)가 확충되었다. 1910년 초반 서유럽에서는 국가소득 중 겨우 10%가량이 공공지출로 들어갔다. 구체적인 지출사항을 보면 그것도 질서 유지를 위한 비용이거나 군대 유지 및 식민영토 확장에 들어가는 돈이었다. 1980~1990년대에 이르자 공공지출의 총액은 국가소득의 40~50%를 차지하게 되었고 상당 부분이 교육, 보건, 연금과 사회 내의 재분배 기능을 위해 쓰이는 등 변화가 찾아왔다.*

　이러한 변화는 유럽에서 이전의 그 어떤 사회제도와 비교해도 교육, 보건 및 경제와 사회 분야의 안정성 등 사회의 기본재화에 대해 어느 정도 진입의 평등을 보장하는 사회를 이룰 수 있게 해주었다. 하지만 수명이 늘고 재학기간이 늘어나면서 사회보장에 대한 수요는 끊임없이 증가함에도 불구하고 1980~1990년대 이후 사회보장국가가 정체를 겪은 역사를 생각해보면 우리 사회에 완전히 보장된 건 아무것도 없음이 드러난다. 보건 영역을 보자. 코로나바이러스 사태로 인해 우리 사회가 보유하고 있는 병원시설과 인력이 얼마나 부족한가를 실감하는 씁쓸한 상황에 처했다. 2020년 전염병으로 인한 전 세계적 위기 가운데 가장 중요한 쟁점 중 하나는 바로 선진국들이 사회복지국가를 향하는 발걸음을 다시 과거처럼 옮길 수 있을까 하는 점, 그리고 빈곤국가들에서도 마침내 이러한 움직임이 시작될 수 있을까 하는 점이라고 생각한다.

　교육 분야에 대한 투자를 예로 들어보자. 20세기 초반에 전 연령대를 통틀어 교육에 대한 공공지출액은 서유럽의 경우 국가소득의 0.5%에도 못 미쳤다. 미국에서는 그보다 약간 높았는데, 당시 미국의 경제상황이 대체로 서유럽보다 나았기 때문이다. 구체적으로 말하자면 이렇다. 당시 교육제도는 극도로 엘리트 중심적이며 제한적인 체계였다. 그건 인구의 대다수가 재정상태

---

* 《자본과 이데올로기》 중 도표 10.14와 10.15 참조.

도 형편없는 콩나물 시루 같은 교실에서의 초등교육에 만족해야 했고 오직 아주 소수만이 중등 및 고등교육을 받을 수 있었다는 뜻이다. 교육에 대한 투자는 20세기 동안 10배 이상 증가하여 1980~1990년대에 이르자 국가소득의 5~6%를 차지하기에 이르렀고, 이로 인해 교육의 혜택이 훨씬 폭넓게 전달될 수 있었다. 우리가 활용할 수 있는 공개 자료들을 통해 이러한 변화가 지난 20세기 동안 평등을 확대하고 부를 강화하는 데 강력한 영향을 주었음을 확인할 수 있다.

하지만 각 학년의 학생수가 계속해서 크게 증가하고 있음에도 불구하고 지난 수십 년간 교육 전반에 대한 투자가 부진함에 따라 불평등이 재차 확대됨과 동시에 평균소득의 성장속도가 느려지는 결과가 나타났다.* 또한 교육에 대한 접근이라는 문제에 있어서 사회계층별 불평등이 극도로 악화된 현상이 지속되고 있다는 점을 강조할 필요가 있다. 이러한 현상은 특히 미국에서 더욱 분명하게 나타난다. 미국에서 고등교육기관에 진학할 가능성은 부모의 소득과 큰 관계가 있다(미국의 고등교육기관은 대부분 사립이며 유료다). 하지만 이러한 현상이 프랑스 같은 나라에서도 비슷하게 나타나기 시작했다. 프랑스에서 교육에 대한 정부 투자가 같은 학년 내에서도 매우 불공평하게 분배되고 있다는 점만 보아도 그렇다. 예를 들어서 선발과정이 있는 계열과 그렇지 않은 계열에 대

---

* 여기서 말하는 '성장' 개념을 앞으로 어떻게 사용하는 게 바람직한지에 대해서는 다시 언급하도록 한다.

한 국가예산이 매우 차이가 난다.* 전반적으로 보았을 때 프랑스에서는 2000년대 중반부터 대학생수가 크게 증가하였는데(200만 명을 살짝 넘기던 대학생수가 현재 300만 명 가까이 되었다), 정부 투자가 따라오지 않았다. 특히 인문계열이나 단기 기술과정에서 문제가 심각하다. 학생 1명당 투자액이 크게 감소했다는 사실은 사회자원이나 인력양성의 측면에서 아주 잘못된 정책이라고 본다.**

참여사회주의를 위해: 권력과 자산이 순환할 수 있게 하라

교육의 평등과 사회복지국가를 이루는 것만으로는 충분치 않다. 진정한 평등을 이루기 위해서는 권력 및 지배 관계 전반이 재고되어야 한다. 무엇보다 기업체 내에서 권력이 더 잘 분배될 필요가 있다.

　그 점에 관해서도 역시 20세기 모범 사례들을 교훈으로 삼아볼 수 있다. 유럽 내 여러 나라, 특히 독일과 스웨덴에서는 노동조합의 움직임과 사회민주당 계열의 정권을 통해 새로운 형태의 권력 배분체계를 정착시키는 데 성공하였다. 즉, '공동경영'이라는 형태로서 주주와 직원 들이 권력을 공유하는데, 노동자 혹은 직원 중에서 선출된 대표가 기업 이사회의 의석을 최대한 절반까지 차지하는 형식이다. 자본출자를 전혀 하지 않는 경우도 마찬가지다.

---

* 《자본과 이데올로기》 중 도표 0.8번과 17.1 참조.
** 2017년 10월 12일 기고문 「2018년 예산, 청년을 희생시키다」 참조.

그러한 체계가 이상적이라고 예찬하려는 게 아니다(표결 시 동수가 되면 항상 주주들이 최종결정권을 갖는다). 단지 전통적인 기업주주 논리에 상당한 변화가 생겼다는 점을 짚고 넘어가자는 말이다. 특히나 이런 체계는 직원들이 10~20%의 자본출자를 통해 소주주가 될 때 혹은 지역정부가 자본출자를 하는 경우, 이사회의 다수집단이 바뀌어버릴 수 있는 가능성을 내포한다. 자본출자의 측면에서는 초절대 다수를 차지하는 주주 1명과 마주했을 때도 마찬가지다. 그러한 체계가 처음 제시되었을 때 각 해당 국가에서는 주주들의 비명소리가 들렸고 사회적·정치적·법적 투쟁이 분명히 있었음에도 불구하고 처음의 예상과는 정반대로 경제발전에 전혀 해가 되지 않았다. 기업 내 권리가 훨씬 평등하게 분배됨에 따라 직원들이 기업의 장기 전략에 더 적극적으로 참여하게 된 덕택이다.

안타깝게도 주주들의 저항이 거세어짐에 따라 이러한 원칙이 전 세계적으로 더 폭넓게 적용되지는 못하고 있다. 프랑스나 영국, 미국 등지에서는 주주들이 여전히 거의 전권을 쥐고 있다.* 흥미로운 점은 프랑스 사회당의 정치인들이 마치 이웃 영국의 노동당 인사들처럼 1980년대까지는 기업의 국영화에 집중하는 입장을 견지했다는 사실이다. 기업 내 권력 분배라든지 이사회 표결권 등에서 변화를 추구한 스웨덴이나 독일 사회민주주의 정당들

---

* 대기업 이사회에서 12명 단위로 의석 하나를 내주는 소심한 법안이 2013년 도입되었다.

의 전략을 영국 노동당과 프랑스 사회당은 오히려 너무 소심한 조치라고 보았다. 소비에트 연방이 붕괴하면서 기업의 국영화를 기반으로 한 정책 기조는 무너져내렸고 결국 프랑스 사회당이나 영국 노동당은 1990년대와 2000년대에 걸쳐 소유권 구조에 있어서 변화를 가져올 법한 정책 도입을 거의 시도조차 하지 않았다. 독일과 스웨덴의 공동경영 체제에 대한 토의가 프랑스에서 약 10여 년 전부터 다시 시도되고 있다. 지금이야말로 그러한 원칙이 전 세계에 일반화되어야 할 때라고 생각한다.

무엇보다도 권력배분 구조의 개선을 위해서는 앞서 소개했던 움직임을 장기화하고 확장할 수 있어야 한다. 예를 들어, 모든 기업(소규모 기업까지 포함해서)에서 직원대표들이 표결권의 절반을 가져야 한다는 사실 이외에도, 특히 규모가 일정 수준을 넘는 기업들에서는 주주들에게 돌아가는 나머지 절반의 투표권 중 단일 최대 주주가 행사하는 표결권 비중에 상한선을 정하는 방도를 고민해볼 수 있다.* 이러한 방식을 동원하면 회사 직원이기도 하면서 단일 주주인 개인은 기업이 아직 소규모일 때는 다수표결권을 보유할 수

---

* 예를 들면 다음과 같은 방법이 있다. 직원이 10명 이하인 소기업에서는 개인주주가 최대 90%의 주주회의 표결권을 행사할 수 있게 한다. 이 상한선은 회사의 규모가 커지면 점차적으로 낮아져서 직원 100명 이상의 대기업인 경우 개인주주 1명이 행사할 수 있는 표결권은 10%로 제한한다. 만약 단일주주인 경우 미배정 표결권은 직원들의 몫에 더해지게 한다 (《자본과 이데올로기》의 17장을 참조).
이러한 제도는 이미 쥘리아 카제가 다음 책에서 제시한 미디어 기업에서의 주주회의 표결권 상한선 규정을 전체 산업 분야로 확대 적용하는 셈이다.
Julia Cagé, 「Sauver les médias. Capitalisme, financement participatif et démocratie」, Paris, Seuil, 〈La république des idées〉, 2015.

있지만 해당 기업이 성장해감에 따라 점차적으로 구성원들의 의견에 귀를 기울여야 하는 구조를 만들어갈 수 있다.*

이는 분명 상당한 변화임에도 불구하고 이러한 법적 제도상의 변화만으로는 충분치가 않다. 진정한 의미에서의 권력 순환을 보장하기 위해서는 세금체계와 상속체계의 변화도 동원되어야 한다. 권력배분의 개선만을 추구하는 게 아니라 소유권 자체가 더욱 잘 순환되도록 하기 위해서 말이다. 이미 앞에서 언급한 바와 같이 하위 50% 인구는 거의 아무것도 소유하지 못하고 있으며 이들이 전체 자산 통계에서 차지하는 비율은 19세기 이후 거의 나아진 바가 없다. 전 세계 부의 총량이 충분히 확대되기를 기다리기만 하면 소유권이 알아서 잘 분배될 거라 믿는다면 그것은 말도 안 되는 생각이다. 만약 그런 일이 가능했다면 이미 오래전 실현되었어야 하지 않겠는가. 바로 이러한 점 때문에 나는 보다 자발적인 해결책을 지지하는 입장이다. 바로, 모든 국민에게 '최소자산héritage minimal'을 지급하는 제도를 도입하자는 것인데, 현재 프랑스의 평균자산규모의 60% 정도인 12만 유로 수준의 액수를 25세

---

* 위에서 언급한 규정하에 자신을 포함해 5명을 고용하는 기업의 단일주주는 총표결권의 56%를 갖게 된다. 자신을 포함해 20명을 고용하는 기업의 단일주주는 43%를 갖게 되는데 주주로서의 표결권 40%(50% 중에서 80%)에 직원으로서의 표결권 3%(60%를 20명으로 나눔)가 더해진 결과다. 직원이 100명인 경우 단일주주의 표결권은 11%로 떨어진다. 주주로서 10%고 직원으로서 0.9%로 계산된다. 당연한 이야기지만 이러한 매개변수들은 단지 예시에 불과하며 시간을 들여 방대한 실험을 거쳐야만 결정될 수 있는 문제다.

가 되는 모든 국민에게 지급하는 방식을 말한다.* 이러한 자산이
모두에게 지급되기 위해서는 국가소득의 5%가량 되는 예산이 필
요한데, 이는 여러 세수를 합쳐서 충분히 조달 가능하다. 예를 들자
면 연간 누진자산세(말하자면 부동산, 금융자산, 영업자산의 합에 부채를
제한 금액이 과세대상이다)라든지 누진상속세를 활용할 수 있다.

　자산세와 상속세를 통해 전 국민에게 최소자산을 지급하는 방
안은 정부의 공공지출 총액에서 상대적으로 미미한 부분을 들이
면 충분히 가능하다고 본다. 아이디어를 조정해보는 차원에서, 이
상적인 조세체계에 대한 고찰을 이어가자면 이러하다. 국가소득
의 50% 정도 되는 세수(현재도 세수가 국가소득의 절반가량을 차지한
다. 하지만 여기서 제시하는 조세체계는 좀 더 공정하기 때문에, 앞으로의 증
세 가능성을 열어놓을 수 있다)를 위의 2가지 누진세에서 얻을 수 있
다. 한편으로는 자산과 상속에 대한 누진세 제도가 국가 수입의
약 5%를 조달할 수 있으며 이것만으로도 전 국민에게 최소자산
을 충분히 지급할 수 있다. 또 다른 한편으로는 소득, 사회보장제
도 분납금과 탄소세에 대해 통합누진세 체계를 도입한다면 (개별
탄소카드제도를 통해 저소득층을 보호하고 책임 있는 태도를 장려하면서 또
한 탄소배출이 가장 많은 경우 누진원칙에 따라 높은 탄소세를 부과하는 방
식이다) 국가소득의 45%에 해당하는 세수를 올릴 수 있다. 이 재

---

*　현재 하위 50%가 보유한 평균자산은 국내 평균자산 규모의 10% 정도다(그러니 국가소득 전
체의 5% 중 일부를 활용해도 괜찮다는 뜻이다). 여기에서 언급한 수치는 그러므로 하위 50%
의 평균자산의 6배에 이른다. 평균자산의 60% 수준에서 예상한 최소자산 규모는 현재 프랑스
의 중위 자산보다 살짝 높은 정도다.

원으로 그 외의 공공지출, 특히나 교육, 보건, 퇴직연금, 사회계층 간 재분배, 기본소득 보장 등의 사회복지 차원의 지출 전반 그리고 환경과 관련된 조치를 시행하는 데 드는 예산(교통 인프라, 에너지 전환, 단열 개선 등)을 충분히 조달할 수 있다.

여기서 몇 가지 부분은 좀 더 구체적으로 언급할 필요가 있다. 우선, 불평등의 감소와 권력 및 소유권의 영속적인 순환, 그리고 경제지표 재정의 등 사회적 가치에 근거한 전 세계적 제도 개선 계획에 뿌리를 두지 않고서는 그 어떠한 의미 있는 환경정책도 실행될 수 없다는 점을 명심해야 한다.* 나는 이 중 마지막에 언급한 새로운 경제지표 재정의라는 부분을 강조하고 싶다. 여전히 과거와 동일한 경제목표를 고수해서는 경제권력 순환이라는 가치를 결코 실현할 수 없다. 그러니 생각의 틀 자체를 바꾸어야 하는데, 이는 개인이나 지역 차원에서뿐 아니라(특히 개별 탄소카드제 도입 등) 국가 차원에서도 중요한 일이다. 국내총생산이라는 지표는 국가소득 개념으로 대체해야 한다(즉, 자본 소비량을 모두 제해야 된다는 뜻이다. 여기에는 자연자본까지 포함된다). 우리가 주목할 부분은 평균값이 아니라 분배의 양상이다. 그리고 수입을 중심으로 측정되는 이러한 지표들은 (모두가 인정할 수 있는 정의justice 규범을 만들어가는 데 있어 경제지표는 필수불가결한 요소다) 온전히 환경과 관련된 지수들 또한 도입하여 보완되어야

---

* 2019년 6월 11일 기고문 「중도파 환경주의라는 착각」 및 2019년 10월 15일 기고문 「순환경제를 옹호하며」 참조.

만 한다(탄소배출에 있어서 특히나 필요하다).*

　나는 또한 여기서 모두에게 혜택이 될 최소자산 제도('보편자본보조금'이라고 부를 수도 있겠다)는 공공지출 전체에서 극히 일부에 지나지 않는다는 점을 재차 강조하고 싶다. 왜냐하면 내가 꿈꾸는 정의로운 사회는 무엇보다 교육·보건·주거·환경 등의 기본재화에 모든 이들이 공정하게 접근할 수 있고, 그럼으로써 사회 내 경제활동에 온전한 참여가 가능한 사회이기 때문이다. 그렇기에 이상적인 사회란 금전적인 자원을 보조해주는 차원에 머물러서는 안 될 것이다. 다른 여러 가지 기본재화에 대한 접근이 모두에게 보장되어 있다고 가정하면(물론 기본소득 제도도 포함**) 모두에게 최소자산을 지급해주는 조치는 공정한 사회를 만드는 중요한 부가요소가 될 수 있다. 실제로, 10만 혹은 20만 유로의 자산을 갖게 되면 자기 자산이 전혀 없을 때 혹은 부채만 안고 있을 때와는 많은 게 달라진다. 아무것도 가진 게 없는 사람은 주어지는 것이 뭐든 그저 수용만 해야 하는 상태가 된다. 집세를 내야 하고 가족을 부양해야 하니 아무 월급이나, (거의) 아무 노동 조건이나 받아들이는 신세로 전락하는

---

*　탄소배출과 관련된 전 세계적 불평등 구조와 미국과 유럽에 최대 개별 탄소배출이 집중된 현상에 대해서는 25쪽 각주의 기고문 2편과 《자본과 이데올로기》 중 13.7번 도표, 그리고 아래 논문을 추가로 찾아보기 바란다.
　Lucas Chancel, 「Carbon and Inequality: From Kyoto to Paris」, WID.world, Working Paper Series n° 2015/7.

**　기본소득은 공정한 사회를 구성하는 중요한 요소 중 하나다. 다만 이는 더 폭넓은 요소들 안에 포함되어야만 하며 기본소득을 만병통치약이라고 생각해서도 안 된다는 단서가 붙는다. 2016년 12월 13일 기고문 「기본소득인가 아니면 정당한 임금지급인가?」를 참조하기 바란다.

것이다. 적은 금액이라도 자산을 보유하는 순간부터 그 사람에게는 선택권이 생긴다. 좋은 선택지를 받아들일 수 있는 여유를 갖고 불공정한 제안은 거부할 수 있는 입장이 된다. 자기 사업을 꾸릴 가능성도 생기고 자가주택을 구입하게 되므로 더 이상 집세를 내느라 가계재정을 축내지 않을 수 있다. 이처럼 사회의 소유권 구조를 재분배하면 전반적인 권력관계 및 지배관계 또한 재정의할 수 있다.

여기에 언급되는 비율이나 금액 등은 그저 예를 들어본 수치일 뿐이다. 어떤 이들은 내가 최고 층위의 소득세, 증여세, 보유세 납세자들을 대상으로 제안한 80~90%의 과세율이 지나치다고 생각할 것이다. 분명히 이것은 아주 복합적인 토론과 숙고의 과정을 거쳐야만 가능한 일이다. 나는 단지 그 정도의 과세율이 20세기를 거치면서 이미 여러 나라에 도입된 적이 있었다는 점을 상기시키고 싶다. 특히 미국에서도 1930년부터 1980년대까지 이런 강력한 과세제도가 시행된 바 있다. 내가 수집한 모든 역사자료를 보면 이러한 과세정책의 결과가 아주 훌륭했다는 결론을 내릴 수밖에 없다. 특히 이러한 과세 정책은 혁신을 전혀 방해한 적이 없었다. 오히려 정반대였다. 1990년부터 2020년 사이 미국에서 1인당 국가소득 성장률은 그 전 시기들과 비교했을 때 반토막이 되었다(이는 1980년대 레이건 정권 하에 누진세율이 반토막 난 이후의 결과다).* 20세기 미국의 번영은(더 일반화하자면 역사 속 모든 경제성장이란) 교육 분야의 분명한 발

---

* 《자본과 이데올로기》 중 11.13번 도표를 참고하기 바란다.

전에 기대어 있을 뿐 절대로 불평등의 확산에 근거하지 않았다. 내가 수집한 역사자료들을 살펴보면 모든 구성원이 몇십만 유로 정도의 자산을 보유하되 몇백만 유로 규모의 자산가는 아주 소수인 사회가 이상적이다. 그보다 더 큰 부자들의 경우, 즉 천만 단위나 억 단위, 하물며 수십억 단위의 유로를 보유한 자산가의 등장은 그저 일시적인 현상이어야 한다. 이상적인 사회라면 조세제도에 의해 좀 더 합리적이고 사회적으로 훨씬 유용한 자산규모로 돌아오게 되어 있어야 한다. 한편 내가 제안한 액수와 과세율이 너무 소심한 게 아니냐고 반문하는 이들도 있을 수 있다. 사실, 여기서 언급한 과세체계와 증여체계 안에서는 상속받을 게 실상 아무것도 없는 서민 가정의 청년들이 12만 유로를 지급받게 되고, 부유한 가정의 청년들은 상속액을 포함 60만 유로 정도의 자산을 보유하게 된다는 계산이 나온다.* 그러니 이 역시 결국 기회의 완전한 평등과는 거리가 아주 멀다. 기회의 평등이라는 원칙은 참으로 자주 등장하는 원칙임에도 불구하고 일관적으로 실행되는 일이 거의 없다. 내 생각에는 이 원칙을 훨씬 더 적극적으로 실천해나가는 게 가능하며 또한 그러한 것이 바람직하다.

어찌되었든, 이 책에서 언급한 과세율이나 액수는 그저 예시에 불과하다. 장기적으로 건설하고자 하는 이상적인 체계에 대한 고찰과 토론 과정의 일부일 뿐이라고 보아야 한다. 각 나라의 특정

---

* 상속세와 보편보조금을 적용한 후를 말한다.

한 역사적·정치적 맥락에 따라 선택할 수 있는 점진적인 전략에 대해 속단하려는 의도가 아니다. 예를 들어 현재 프랑스의 사회적 맥락에서 보면 가장 급선무는 부유세를 현대화하여 재도입하는 일이다. 사전 기입된 세금신고서 양식 그리고 과거 시행했던 것보다 훨씬 엄격한 세무조사를 도입할 필요가 있다. 이렇게 하면 부유세를 과세함과 동시에 프랑스의 자산세 항목 중에서 유난히 과중하고 불공정한 토지세의 부담도 감소시킬 수 있다(특히 자가주택

자산의 순환과 누진세

누진자산세 (모든 프랑스 청년에게 지급될 최소자산을 조달)			누진소득세 (친환경 사회복지국가를 이루기 위한 정책과 기본소득을 조달)	
평균자산 대비 배수(倍數)	자산에 부과되는 연간세율 (실제과세율)	상속세 (실제과세율)	평균자산 대비 배수	실제과세율 (사회보장분담금과 탄소세 포함)
0.5	0.1%	5%	0.5	10%
2	1%	20%	2	40%
5	2%	50%	5	50%
10	5%	60%	10	60%
100	10%	70%	100	70%
1,000	60%	80%	1,000	80%
10,000	90%	90%	10,000	90%

해석: 여기서 제안하는 조세체계에는 청년 모두에게 지급될 자본기금을 충당할 수 있는 누진자산세(연간 세금과 상속세로 나눠진다)와 기본소득 지급과 사회보장제도 및 친환경 정책(보건, 교육, 은퇴연금, 실업, 에너지 등)을 위해 사용될 누진소득세(사회보장분담금과 탄소배출에 부과되는 누진세가 합쳐진다)가 포함되어 있다. 자산의 순환을 촉진하는 이 제도는 참여사회주의의 주요 구성요소 중 하나다. 다른 구성요소로는 기업 내 임금노동자와 주주들이 동일한 비율로 표결권을 나눠 갖는 제도가 있다.

주해: 여기 사용한 예시에서 누진자산세는 국가소득의 약 5%를 징수하게 된다(그럼으로 해서 25세가 되는 프랑스 청년들에게 평균자산의 60%에 해당하는 자본기금을 지급할 수 있게 되는 것이다). 그리고 누진소득세의 경우는 국가소득의 45%가량을 징수하게 된다. 이 액수라면 세후 평균소득의 60%에 해당하는 연간 기본소득을 충당할 수 있고(여기에 국가소득의 5%가 소요된다), 나아가 사회보장과 친환경 정책을 위해 나머지 국가소득의 40%가량의 세수를 활용할 수 있게 된다.

출처: 《자본과 이데올로기》 도표 17.1

보유를 위해 대출을 받은 가구들에게 혜택이 갈 것이다).*

사회연방주의: 새로운 모습의 세계화를 이루기 위해

재차 분명히 해두자. 점진적으로 참여사회주의 체계로 향해가는 건 충분히 가능하다. 전 세계 국가들의 만장일치를 기다릴 필요 없이 각 국가별로 내부 사법체계와 조세제도 및 사회보장제도를 변화시킬 수 있으니 말이다. 게다가 이건 20세기에 여러 불평등 요소를 축소하고 사회보장국가를 건설하는 과정에서 이미 일어난 변화이기도 하다. 평등한 교육 그리고 사회보장국가라는 가치는 오늘날 국가별로 재추진될 수 있다. 독일이나 스웨덴이 유럽연합이나 국제연합의 허락을 받고 공동경영 방식을 도입했던 게 아니지 않은가. 따라서 다른 나라들 또한 지금이라도 당장 이 나라들과 비슷한 정책을 실행할 수 있다는 이야기다. 프랑스에서 부유세를 통한 세수는 2017년 이 세금이 폐지되기 전까지 급속하게 늘어나는 중이었다. 이는 절세목적의 망명을 선택하는 일이 일반화되리라는 우려가 기우에 불과했음을 증명해주며, 더 이상 지체하지 말고 개선된 형태의 부유세를 재도입하는 게 충분히 가능함을 보여주는 일이기도 하다.

이런 점을 짚었으니, 국제주의적 관점을 도입함으로써 그리고 좀

---

* 2017년 10월 10일 기고문 「부유세 폐지는 역사에 남을 실수」 및 2018년 12월 11일 기고문 「'노란조끼'와 조세정의」 참조.

더 개선된 기반 위에 국제세계의 체계를 재건하는 시도를 더욱 멀리까지, 또 더 속도를 내서 추진하는 일이 가능하다고 믿는다. 일반화하자면 국제주의가 세계무대에서 다시 한번 기회를 얻기 위해서는 지난 수십 년간 세계화를 주도한 절대적인 자유무역 추구의 이데올로기를 분명히 지양할 필요가 있다. 그 대신 다른 모습의 경제체계를 도입해야 한다. 경제정의와 조세정의 및 환경정의 분야에서 분명히 규정되고 또 검증될 수 있는 원칙들을 바탕으로 하는 사회 발전의 모델이 필요하다는 이야기다. 새로운 발전 모델은 궁극적인 목적에 있어 국제주의적인 성격을 띠어야 하고, 실제적인 실행방식에 있어 국가별 주권 존중 원칙에 기반해야 한다는 점이 중요하다. 즉 각 국가 혹은 각 정치 공동체가 지금처럼 주변 국가들의 만장일치 승인을 기다릴 필요 없이 외부세계와 교류하는 조건으로 자결권을 가질 수 있어야 한다는 뜻이다. 이 과정에서 가장 까다로운 것은 위와 같이 국제주의 사명을 띤 주권주의와 현재 순항 중인 민족주의 색채의 주권주의를 구별하기가 쉽지 않다는 점이다.

이쯤 해서 나는 여러 가지 접근법을 구별하는 방식에 대해 재차 강조하고 싶다. 이 부분이 공동의 미래를 위한 핵심 쟁점이라 생각한다.* 특히, 사회보장이나 세금 혹은 환경문제에서 일방적인

---

* 2020년 7월 14일 기고문 「국제주의의 재건」 참조.
　이 문제들에 대해서는 다음의 여러 기고문을 통해 여러 차례에 걸쳐 논의한 바 있다.
　2016년 11월 15일 기고문 「또 다른 세계화를 위하여」
　2019년 5월 14일 기고문 「유럽의 계급 분열」
　2020년 2월 11일 기고문 「국가자유주의에 맞서는 사회연방주의」

덤핑 조치를 실행하는 국가들에 대한 제재를 검토하기 이전에―
무역제재는 어찌되었든 항상 바람직한 방향의 행동을 장려하기
위한 목적을 띠어야 하며 또한 가역성을 갖추어야만 한다―다른
나라들에게 사회정의나 불평등 감소, 그리고 지구의 보존이라는
보편가치에 기초한 협력 모델을 제시하는 과정이 꼭 필요하다는
점을 기억하자. 이를 위해서는 무엇보다 어떠한 초국가 차원의 모
임이 전 세계의 공공재화(지구환경, 의료 분야 연구 등) 및 조세정의
와 환경정의를 위한 공동조치(대기업 및 최고소득층과 최대자산 보유
층에게 그리고 탄소배출에 적용될 공동과세제도)를 책임지도록 할 것인
가를 분명히 할 필요가 있다. 이는 유럽에서 특히 중요한 문제다.
유럽연합은 만장일치와 밀실회의라는 원칙에서 반드시 벗어나야
한다. '유럽 민주화를 위한 선언문'이 담고 있는 내용을 보면 이러
한 방향으로 나아갈 길을 제시한다. (불행히도 실제 힘은 별로 없지만)
프랑스와 독일의 공동 의회 설립 또한 타 회원국의 만장일치를 얻
어내지 않아도 구성원 중 일부 국가들이 연합함으로써 새로운 제
도를 만들어가는 게 얼마든지 가능함을 보여주는 사례다.*

　　유럽의 사례를 넘어서도 사회연방주의에 대한 논의는 훨씬 널
리 퍼져 영향력을 발휘하고 있다. 예를 들어 서아프리카 국가들의
경우 현재 공통화폐체계를 재정의하려는 노력 중이다. 이는 식민
지배의 흔적에서 완전히 벗어나고자 하는 노력의 일환이다. 이는

---

* 　2018년 12월 10일 기고문 「유럽 민주화를 위한 선언문」 및 2020년 2월 21일 기고문 「유럽의
　　조세정의 실현을 위한 둘도 없는 기회」 참조.

(자본의 유동성을 위해서라거나 가장 부유한 이들에게만 혜택이 돌아가는 식이 아니라) 청년과 인프라에 대한 투자를 바탕으로 진정한 개발 프로젝트에 지역화폐가 공헌할 수 있도록 제도를 만들어갈 기회라고 본다. 유럽에서는 서아프리카 경제화폐연합UEMOA이 특정 분야에서는 오히려 유로존보다 앞서고 있다는 점을 흔히 간과한다. 일례로 UEMOA는 이미 2008년부터 기업의 이윤에 대한 공동의 과세기준을 규정하고 각 회원국이 25%에서 30% 사이로 법인세를 부과하도록 강제하는 내부지침을 마련했다. 이는 지금까지 유럽연합에서도 하지 못하고 있는 일이다. 더욱 보편적으로 말하자면 지난 10년간 전 세계 차원에서 도입된 새로운 통화정책들은 조세 및 통화에 대한 접근법과 초국가적이고 역사적이며 비교에 바탕을 둔 관점 사이에서 어떠한 균형을 잡아갈 것인가를 고민하게끔 만들어진 정책들이다.*

여성주의와 다문화 그리고 보편주의에 입각한 사회주의를 위해

내가 소망하는 참여사회주의의 기반이 되는 가치는 여러 가지가 있다. 교육의 평등과 사회보장국가, 권력과 소유권의 영속적 순환, 사회연방주의, 그리고 지속가능하며 공정한 세계화 등이다. 이 각각의 부분에 있어서 20세기에 이미 벌어진 사회주의 및 사

---

* 2019년 7월 9일 기고문 「통화공급이 우리를 구할 것인가?」 및 2020년 5월 12일 기고문 「녹색화폐의 시대」 참조.

회민주주의 사회에서 행해진 다양한 실험들이 어떤 점에서 실패했는지를 냉철하게 점검할 필요가 있다.

지난 세기 수많은 사회주의 및 사회민주주의 계열의 정권들이 보여준 한계들 중 특히 이들이 가부장주의와 탈식민주의와 관련된 쟁점들을 충분히 감안하지 못했다는 점은 반드시 짚고 넘어가야 한다. 무엇보다도 이 문제들을 별도로 놓고 보아서는 안 된다는 게 중요하다. 이런 쟁점들은 전 세계 차원의 사회주의 가치의 설계도라는 틀 안에서 다루어져야 하며 그러한 설계의 기반은 사회 및 경제, 정치 권리의 진정한 평등이어야 한다.

현대에 이르기까지 인류 역사의 모든 사회들은 이렇게든 저렇게든 가부장제 사회였다. 남성의 지배는 20세기 초반까지 나타난 불공정 이데올로기들 전반에서 노골적으로 핵심적인 역할을 했다. 삼원적 사회구조의 이데올로기든 고유주의든 식민주의든 마찬가지다(삼원적 사회구조란 피케티의 전작 《21세기 자본》에서 언급한 개념으로, 자본주의의 등장 이전에 사회가 성직자, 귀족, 제3신분으로 나뉘어 각자 신분에 따라 정해진 일을 맡아 하는 사회구조를 말한다. 그리고 고유주의는 윤리와 도덕에 있어 모든 것을 소유권과 관련된 문제로 환원시키는 정치철학이다_옮긴이 주). 20세기를 지나오는 동안 남성 중심의 지배구조가 다소 미묘하게 변하긴 했지만 그렇다고 해서 그 실체가 완전히 약해진 건 아니었다. 예를 들자면 남성과 여성의 법적 권리가 정식으로 평등을 이루는 작업이 조금씩 이루어졌지만 여성은 가정주부가 되는 게 최고라는 이데올로기는 오히려 프랑스의 '영광의 30년trentes glorieuses' 시대(제2차 세계대전 이후 사회재건 과정에서 경제성장이 눈부셨

던 1945~1975년 안팎을 말한다_옮긴이 주)에 전성기를 맞았다. 1970년
대 초반 프랑스에서 노동임금의 80%는 남성에게 지급되었다.* 이
부분에 있어서도 핵심은 지표들과 그 지표들의 정치화라는 문제다.
'동등한 업무에서' 남녀 임금 격차가 15%에서 20%라고 말해버리
는 데서 그치는 경우가 너무나 흔하다. 진짜 문제는 여성들이 남성
들과 동등한 직업의 기회를 갖지 못하는 데 있는데 말이다. 은퇴 시
기가 가까워지면 평균임금의 격차(이 격차는 은퇴 이후에도 연금의 차이
를 불러오기에 결국 평생 지속된다. 경력 단절 기간은 제외한 수치다)는 사실
64%에 달한다. 가장 임금이 높은 직종들에서는 변화 속도가 너무
나 느리다. 지금과 같은 속도라면 여성과 남성의 임금 평등이 이루
어지는 시기는 2102년이라고 예상된다.**

이러한 움직임에 박차를 가하고 가부장주의 사회에서 진정으
로 벗어나기 위해서는 반드시 강제력 있고 검증 가능하며 제재가
동반된 조치들을 실행해야 한다. 이는 기업이나 행정기관, 대학교
뿐 아니라 정치조직 내 요직에 있는 사람들에게 모두 적용되어야
한다. 최근 연구결과에 따르면 여성들의 의견이 사회에 좀 더 잘
반영되면 빈곤층과 소외층 집단을 대표하는 기능 또한 개선된다
고 한다. 그러나 오늘날 의회의 현실은 이와 동떨어져 있다. 다시
말하자면 여성과 남성의 균등제(의회 내 논의를 중심으로 각종 위원회
나 의사결정단체에서 여성과 남성이 동수로 참여해야 한다는 뜻을 가진 개념

---

* 《자본과 이데올로기》 13장 참조.
** 2016년 11월 7일 기고문 「남녀 간 임금 격차는 19%인가 64%인가?」 참조.

이다. 균등제 혹은 남녀동수법 등으로 번역한다_옮긴이 주)가 사회계층 간의 균등제와 손을 맞잡고 함께 개선되어야 한다는 뜻이다.*

여성과 남성의 차별대우 문제는 인종이나 민족에 바탕을 둔 차별, 특히 취업에 있어서 발생하는 차별에 저항하는 움직임과 함께 고민할 필요가 있다. 우리 사회가 공동체로서 함께, 또 시민정신을 가지고 식민주의와 탈식민주의의 역사를 다시 쓸 때 이루어질 수 있는 일이다. 유럽과 미국 도처에 여전히 자리한 노예 상인들의 조각상을 비판하기 위해 길거리 시위에 나선 다양한 배경의 사람들을 보며 놀라는 이들이 있다. 하지만 이러한 공동의 역사에 대해 대책을 세우는 일은 정말로 꼭 필요한 작업이다.

아이티가 프랑스 정부에 1825년부터 1950년까지 상당한 금액의 채무를 갚아나가야 했다는 사실을 모르는 프랑스인들이 너무나 많다. 이는 아이티가 노예제에서 벗어나 자유를 얻은 대가로서, 그리고 아이티에서 노예를 소유했던 이들을 위한 재정 보상으로서 지불한 금액이었다(당시의 이데올로기에 따르자면 노예주들은 부당하게 자신의 사유재산을 빼앗긴 이들이었다). 이제 아이티는 프랑스에게 이 불공정한 '조공朝貢'을 배상해내라고 요구하고 있다. 아이티의 요구가 틀렸다고 하기 어렵고 배상 논의를 계속해서 미루기도 상당히 어려운 상황이다. 유럽 내에서는 두 차례에 걸친 세계대전에서 발생한 재산피해에 대한 보상이 여전히 이루어지고 있으니

---

* 다음의 책을 참고하기 바란다.
　Julia Cagé, 《Libres et egaux en voix》, Paris, Fayard, 2020.

말이다. 대체로, 프랑스와 영국에서 노예제 폐지는 항상 노예 소유주에게 보상을 해주는 방식으로 이루어졌고 오히려 당사자인 노예들에게는 주어진 게 전혀 없었다. 하지만 이 사실을 기꺼이 잊고 있는 사람들이 많은 듯하다. 노예신분에서 해방된 사람들에 대한 보상 문제는 미국의 남북전쟁이 끝날 무렵에서야 언급되기 시작했다. 유명한 '땅 40에이커와 노새 1마리' 이야기다(남북전쟁 이후 해방된 400만 흑인들에게 땅 40에이커와 노새 1마리씩을 나눠주기로 했으나 지켜지지 않았다. 이후 이 말은 흑인들이 마땅히 받아야 했던 보상을 뜻함과 동시에 백인들에 대한 원한과 배신감을 상징하는 문구가 되었다_옮긴이 주). 하지만 전쟁이 끝난 1865년에도, 1세기가 지나 1965년 흑인차별정책이 철폐되었을 때도 아무 보상이 없었다. 한편 제2차 세계대전 당시 불의의 감금생활을 겪은 일본계 미국인들에게는 1988년에 1인당 2만 달러의 보상금이 지급된 바 있다. 이러한 조치가 인종차별 피해를 입은 미국 흑인들에게도 이루어진다면 상징적으로 큰 의미가 있는 일이 되리라 생각한다.*

배상을 둘러싼 토의는 정당하고도 복합적인 작업이다. 이 토의는 우리 사회의 논의 규범과 공동 정의에 대한 신뢰를 쌓아가기 위해 필수불가결한 과정이다. 그렇기에 배상에 대한 논의는 반드시 보편주의의 시선에 뿌리를 두어야만 한다. 인종차별과 식민주의를 겪은 사회의 상처를 치료하기 위해서는 계속해서 여러 세대

---

* 2020년 6월 16일 기고문 「인종주의에 맞서다. 역사를 바로 세우다」 참조.

에 걸쳐 이루어지는 배상 논리에만 기대서는 안 된다. 무엇보다 미래지향적인 접근법을 지향해야 하며, 경제체제를 변화시켜야만 한다. 그 체계는 구성원 모두가 그 출신 배경과 상관없이 교육과 일자리 그리고 '최소자산'을 포함한 소유권 접근 권리를 동등하게 누리면서 불평등을 축소해가는 데 기반을 둔 모습이어야 한다. 위에서 언급한 일본계 미국인들에게 지급된 보상금과 같은 손해배상은 물론이거니와 이러한 경제체제를 갖추는 작업이 필요하다. 과거 행위에 대한 배상이라는 관점과 보편적인 권리라는 관점, 이 둘은 반목 관계가 아닌 상호보완 관계에 두고 이해해야만 한다.

국제사회 차원에서도 마찬가지다. 아이티와 관계된 배상 문제와 같은 정당성 있는 논의는 국제적 차원의 재분배를 실현하는 보편적 체계에 대한 고찰과 함께 이루어져야 한다. 특히 올해 우리 모두가 겪고 있는 전염병 위기는 지구상 모든 인구가 혜택을 누릴 수 있도록 최소한의 보건 및 교육 기금을 조성하는 문제에 대해 고민할 필요가 있음을 증명한다. 이러한 기금은 대기업들과 고소득자, 자산가 등 지구상에서 가장 부유한 경제주체들이 납부하는 세금 중 일부를 바탕으로 마련되어 전 세계 모든 국가에서 보편적인 권리로서 적용될 필요가 있다. 그들의 부는 어차피 전 세계가 통합된 현재의 경제체제를 통해 창출되었기 때문이기도 하고, 부가적으로는 지난 수 세기 동안 맹렬하게 자연자원과 인간자원을 착취해온 체계를 통해 형성되었으니 말이다. 그렇기 때문에 오늘날 사회적 차원에서 그리고 환경적 관점에서 지속가능성을 확보하기 위한 국제적 차원의 규제가 필요하다.*

내가 소망하는 참여사회주의는 하향식으로 이루어지지 않으리라는 점을 강조하면서 이 글을 마무리하고자 한다. 새로운 프롤레타리아 전위대가 나타나 해결책을 강제하기를 기다리지는 말자고 당부하고 싶다. 이 글에서 언급한 내용은 우리가 앞으로 이어가야 할 토론의 문을 여는 역할을 하는 것이지 절대로 모든 논의를 정리하지는 못한다. 진정한 변화는 시민들이 사회경제 분야의 현안 및 지표들을 다시금 제 것으로 만들어 모두가 공동의 논의에 참여할 때 가능해진다. 이 책에 모아둔 나의 글들이 그러한 과정에 기여하기를 바랄 뿐이다.

(2020년 9월)

---

* 2020년 4월 14일 기고문 「최악의 사태 피하기」 및 다음의 책 참조.
Simon Reid-Henry, 《Global Public Investment: Redesigning International Public Finance for Social Cohesion》, Londres, Queen Mary, 2020.

1장

또 다른
세계화를 위하여

힐러리, 애플 그리고 우리들

미국 대선이 이제 두 달도 남지 않았다. 만약 도널드 트럼프가 당
선된다면 미국뿐 아니라 전 세계 모든 나라에도 재난이라고 할 법
하다. 인종주의자에 천박한 데다 자기 자신과 자신이 쌓은 부에
취한 그는 미국 사회에 존재하는 최악의 가치들을 몸소 체화한 인
물이다. 그렇다 보니 힐러리 클린턴이 그를 떨쳐내지 못하고 있다
는 여론조사 결과가 우리 모두에게 충격으로 다가온다.

트럼프의 전략은 고전적이라 할 수 있다. 그는 세계화의 여파로
고생하고 있는 백인 소시민들을 대상으로 그들의 적은 흑인 소시
민들이요 이민자들이고 멕시코 사람들이며 무슬림교도들이라고
설파했고, 백인 억만장자인 본인이 나서서 이들을 제거하면 모든
게 다 나아질 거라고 선전했다. 트럼프는 계층 간 갈등을 피하기
위해 인종 갈등과 정체성 갈등을 악화시키고 있는 셈이다. 그는
이런 선전의 대가를 치르게 될 것이다. 지금처럼 인종 간 분열이
두드러지는 사회상은 미국 역사 전반을 관통하는 핵심적 배경이

며, 미국에서 사회보장국가라든지 연대라는 가치가 취약한 이유를 설명해주는 요소이기도 하다. 트럼프는 앞서 말한 전략을 최대한 밀어붙였다. 그런 가운데에서도 과거 양상과는 다르게 그의 전략에는 상당히 의미 있는 새로운 측면들이 존재한다. 우선 첫 번째로 트럼프는 '부자들은 부자일 만한 자격이 있는 사람이다'라는 이데올로기 그리고 시장과 사유재산의 신격화라는 이데올로기에 기대고 있다는 점이다. 이러한 이데올로기는 지난 수십 년간 미국에서 유례가 없을 정도로 극에 달했다.

두 번째는 이러한 정치 갈등 구조가 오늘날 미국 이외의 다른 나라에도 전파되는 경향을 보이고 있다는 점이다. 특히 유럽에서 이러한 현상이 두드러진다. 풀죽은 채 세계화 속 자본주의 법칙을 기정 사실로 받아들이며 체념하면서도 동시에 외국인 혐오 경향을 보이는 서민층 유권자들이 세계 곳곳에서 늘어나고 있다. 금융권이나 초대형 다국적 기업들에 대한 규제는 기대 자체가 큰 착각이기에 그나마 이민자와 외국인 들이라도 때려보자는 식이다. 자신들에게 크게 이득이 되지는 않아도 그렇게 하는 게 적어도 피해를 줄여줄 것이라 생각하는 이도 있다. 트럼프나 르펜(마린 르펜. 프랑스의 극우주의자로 '프랑스판 트럼프'라 불리는 인물이다_옮긴이 주)에게 표를 던지는 많은 유권자들은 마음 깊숙한 곳에 아주 간단한 확신을 품고 있다. 금융자본주의를 공격하거나 새로운 경제체제를 구상하기보다는 이민자들을 공격하는 게 훨씬 쉽다는 믿음이다.

모두에게 치명적인 이러한 위협을 마주한 와중에도 좌파와 중도파는 미적지근한 태도를 보일 뿐이다. 가끔은 심지어 주류 정체성 논란의 수사에 동조하기까지 한다(예를 들자면 안타깝게도 이번 여름에 발생한 프랑스의 부르키니 논란이 있다. 이른바 진보적이라고 자처한 총리까지 끼어들어 논란이 확대되었다). 또한 가장 흔히 저지르는 잘못은 서민들을 완전히 소외시키는 태도다. 서민층 유권자들이 잘못 투표했다고, 혹은 투표하러 가지도 않았다고 비난하는 것이다. 또한 이들은 자신들이 지지하는 정치인들을 위한 정치기부도 잘 하지 않는다고 비난받는다. 전진하기 위해서는 부자 몇 명의 통 큰 기부만한 게 없지 않은가(여기서 사용한 '전진하다'라는 표현은 프랑스어로 se mettre en marche인데 이는 집권여당의 이름을 빗댄 표현이다. 즉 집권당 La Republicque en Marche은 LRem, LRM등의 약자로 표기되며 한국에서는 '전진하는공화국'이라고 번역되거나 뒷부분을 음가표기하여 '앙마르슈'라고도 한다. 피케티는 여기서 부자들에게 혜택을 안기는 마크롱 정부의 정책을 비판하는 의미로 '전진'한다는 표현을 사용했다_옮긴이 주). 좌파와 중도 정당들은 이런 행동들로 인해 결국 시장이 왕이라는 교조의 선전 도구로 전락했다. 그들이 포퓰리스트 우파와 다른 점은 인종 간 그리고 문화 간 평등을 수호한다는 사실이다. 적어도 공식적으로는 그렇다. 그것만 해도 어딘가. 그럼으로 해서 좌파와 중도 세력은 소수집단minorités과 이민자들의 표를 보전하는 데 성공했을지 모르지만 토박이 프랑스 서민 유권자의 상당수를 잃었다. 이러한 상황이다 보니 세계 시장에서 가장 많은 혜택을 누리는 최상위 부자 집단들을 보호하는 일에 점점 더 눈에 띄게 집착하는 추세가 강해지고 있다.

우리 앞에 놓인 도전 과제는 엄청나지만 이에 대한 특효약 같은 건 존재하지 않는다. 다양한 차이점으로 인해 갈라져 있는 대규모 정치 공동체들 간에 연대라는 가치가 살아 숨 쉬게 만들어야 하는데, 이는 물론 쉬운 일이 아니다. 힐러리 클린턴은 2008년 대선 경선 당시 보편 의료보험을 제시하는 등 사회보장체계에 있어 버락 오바마보다 훨씬 진보적이고 야심 찬 공약을 내세운 바 있다.

클린턴 '왕조'에 대한 대중의 피로감과 더불어, 골드만삭스로부터 받은 엄청난 자문료를 받은 사실, 힐러리가 남편 빌 클린턴에게 정치기부를 했던 부유한 지지자들과 함께 보낸 시간들에 대한 이야기가 알려지면서 그는 점점 더 기득권층을 대변하는 후보라는 인상을 주고 있다. 힐러리는 이제 민주당 경선 당시 버니 샌더스를 택한 표심에서 교훈을 얻어 자신이야말로 서민들의 삶을 개선할 최선의 후보라는 점을 서민층 유권자들에게 설득력 있게 보여주어야만 한다. 그러기 위해서는 최저임금에 대한 제안이나 공공교육과 조세정의 등의 문제에 대한 대안 제시가 필요하다. 미국 민주당의 수뇌부 여럿이 힐러리를 떠밀어 마침내 다국적 기업이나 최고소득층에 대한 강력한 과세 계획을 발표하도록 만들었다. 최근 유럽에서 있었던 사건, 그러니까 아일랜드 영토 내에서의 이윤에 대해 유럽연합이 애플에게 엄청난 세금을 부과하기로 한 결정에 기초한다면 미국 재무부와 금융계(이들은 오직 다국적 기업이 이득을 본국으로 거둬들이는 과정에서 세금이 면제되기만을 간절히 원한다)가 가진 보수적인 입장을 거스르는 일이 가능할 수 있다. 최선의 해결책은 유럽에 최소한의 의미 있는 과세체계 정착에 대한 제안을 내놓는 일이다. 이러한 제도를 통해 유럽과 미국 출신의 다국적 기업들의 이윤에 대해 적어도 25~30%를 과세하는 방도를 고민해야 한다. 이렇게 하면 유럽연합의 지도부는 공동으로 최저법인세율 적용을 강제할 수 있다(한편 최근의 결정은 애플에게 그저 12.5%라는 아일랜드 국내법상의 세율을 적용하라는 요구를 하는 데 그쳤다. 이는 세율이 지나치게 낮다는 문제가 있을 뿐만 아니라, 경쟁국가 미국의 사법체계에 속한 미국 판사의 손에 유럽이 좌지우지되도록 내버려둔 데에도 문제가 있는 사건이었다). 이러한 접근을 통해 세계화에 대한 접근방식을 바꾸겠다는 진정한 의지를 보여줄 수 있다.

애플 혹은 그와 유사한 기업들이 세상에 상당한 혁신을 가져왔다는 점은 명백하다. 하지만 실상은 이렇다. 미국이나 유럽에서 중소기업들보다 오히려 훨씬 낮은 세율을 적용받는 혜택을 누리지 않았거나 하물며 수십 년에 걸쳐 축적된 공공분야의 연구와 공공인프라가 없었더라면 이 거대기업들은 탄생조차 불가능했을 게 분명하다(만약 애플 혹은 타 대기업 최고경영자들이 이 말이 사실과 다르다고 주장하려거든 구체적인 회계정보를 공개하여 그렇지 않다는 정확한 증거를 제시해야만 한다). 이제 이러한 복잡한 현실을 사람들에게 설명할 필요가 있으며, 그러기 위해서는 투명성과 정치적 용기가 필요하다. 이제 힐러리 클린턴이 그러한 모습을 분명히 보여주어야 할 순간이 왔다.

(2016년 9월 13일)

IMF와 불평등 그리고 경제연구

몇 주 전 IMF에서 내 책 《21세기 자본》에 설명된 불평등 메커니즘 몇 가지를 문제 삼는 연구결과를 발표했다.* 분명히 밝혀두지만 나의 저서가 불평등에 대한 대중의 토론을 촉발하는 데 기여했다는 사실에 대해서 참 기쁘게 생각한다. 그 토론에는 그 누구의 그 어떠한 참여도 환영이다! 그런데 방금 언급한 IMF의 연구는 상대적으로 빈약하고 설득력이 없다. 그 이유를 여기서 간략하게 설명해보겠다. 정확히 말하자면, 이번 IMF 연구의 주장과 유사한 논거들에 대해 이미 내 책에서 답을 해둔 바 있고(불행히도 내 책은 너무나 길다!) 좀 더 짧고 좀 더 최근의 글들을 통해서도 같은 문제들을

---

* 관련하여 토마 피케티 《21세기 자본》 이외에도 아래 글들을 참조하기 바란다.
 Marie Charel, 「Une étude du FMI conteste les théories de Thomas Piketty sur les inégalités」, Le Monde, 11 août 2016.
 여기서 언급한 IMF의 보고서 전문 Carlos Goes, 「Testing Piketty's Hypothesis on the Drivers of Income Inequality: Evidence from Panel VARs with Heterogeneous Dynamics」, IMF Working Paper, 2016.

언급했다.* 하지만 그 책의 내용에 대해 논의가 계속되는 건 아주 당연한 일이다. 책의 내용 중에서도 특히나 복잡하고 논란의 여지가 많은 문제들에 대해서라면 더욱더 그러하다.

이야기를 요약해보자. IMF의 연구는 자본수익률 r과 경제성장률 g의 차이인 r-g지수와 불평등 사이에 일관된 관계가 존재하지 않는다고 주장한다. 이러한 논지를 펼치기 위해 이 연구는 1980년과 2012년 사이 몇몇 선진국의 불평등 관련 측정 자료와 같은 기간 동안 동일 국가들의 r-g지수를 활용하여 이 두 변수들이 통계상 의미 있는 관계인지를 살펴보았다. 전문용어로 말하자면 이는 불평등지수와 r-g지수를 놓고 통계학적 회귀분석을 한 것이다. 회귀분석을 하겠다는 생각 자체가 틀린 것은 아니지만 적절한 자료를 사용해야만 한다는 조건이 붙는다. 문제는 IMF의 연구에서는 회귀분석의 양쪽 항목, 즉 불평등과 r-g지수 항목에 완전히 부적절한 자료들을 적용했다는 점이다. 결과적으로 이러한 회귀분석 작업을 통해 얻는 게 무엇인지 도무지 알 수가 없을 지경이다.

---

* 이 논의는 다음의 논문들에서 다루었다.

Thomas Piketty, 「About Capital in the Twenty-First Century」, American Economic Review, vol. 105, n° 5, 2015, pp. 48-53.

「Putting Distribution Back at the Center of Economics : Reflections on Capital in the Twenty-First Century」, Journal of Economic Perspectives, vol. 29, n° 1, 2015, p. 67-88.

「Vers une économie politique et historique. Réflexions sur le capital au XXIᵉ siècle」, Annales. Histoire, sciences sociales, vol. 70, n° 1, 2015, pp.125-138.

다른 글들은 다음 링크에서 확인할 수 있다. http://piketty.pse.ens.fr/fr/articles-de-presse/97

불평등지수 이야기부터 해보자. 첫 번째 문제점은 IMF가 자산의 불평등이 아니라 소득의 불평등지수를 사용했다는 사실이다. 소득의 불평등이 주로 노동소득에 의해 결정되는 순간 이 점은 큰 문제가 된다(노동소득이란 말하자면 노동에 따른 임금, 혹은 임금노동자가 아닌 경우 각자의 경제활동을 통한 소득을 의미한다. 이는 배당금, 이자소득, 임대수입 및 기타 다른 자본 소득보다 통계상 '소득' 항목에서 훨씬 큰 비중을 차지한다. 노동소득과 자본 소득의 비중은 시대나 나라에 따라 다르지만 IMF가 이번 연구에서 다룬 나라들과 기간에서는 보통 70 대 30 정도로 나타난다). 그런데 노동소득의 폭은 현실에서 노동시장의 작동에 관계된 온갖 메커니즘(즉, 교육에 대한 접근기회에 대한 불평등이라든지 기술의 변화와 국제경쟁, 노동조합의 역할과 최저임금의 변화, 기업의 거버넌스와 경영진의 보수 관련 규정 등등)에 좌우되는 요소인 것이지 그 어떤 경우에도 r-g지수에 달려 있는 문제가 아니다(내가 논의한 r-g지수란 오직 자본 소득과 그 분배의 역학관계에만 해당된다).

내 책에서 분석한 대로,* 또한 위에서 언급한 이후의 글들에서 언급한 대로, 1980년 이후 수많은 나라들에서 특히 미국에서 소득 불평등이 증가한 현상은 무엇보다 노동시장을 좌지우지하는 위와 같은 메커니즘들이 발생시킨 문제였다. 노동소득의 불평등 증가 현상을 이해하는 데 있어 이러한 여러 다른 영향들이 각각 어느 정도 중요성을 띠는가에 있어서는 학자들 사이에 의견이 분분한 것이 당연

---

* 《21세기 자본》 중 특히 7장부터 9장까지의 내용을 참조하기 바란다.

하다. 예를 들어 나는 나라 간 제도 및 정치적인 차이의 역할을 강조한다.* 또 어떤 학자들은 기술변화나 국제경쟁 등의 메커니즘이 지닌 역할에 더 무게를 두기도 한다(이런 요소들을 나도 부인하지는 않는다. 하지만 이것이 독일, 스웨덴, 프랑스나 일본보다 미국이나 영국에서 불평등이 훨씬 더 눈에 띄게 증가한 이유를 설명하지 못하는 것은 사실이다). 어찌되었든 간에 이러한 여러 메커니즘은 실제로 자본수익률 r과 경제성장률 g 사이의 간극과는 전혀 관계가 없다. 이러한 조건 하에 노동소득의 불평등에 의해 좌우되는 소득불평등의 전반적인 수치와 r-g 지수 사이의 회귀분석 작업은 전혀 의미 없는 일이다.

자산의 불평등 수치를 사용했더라면 회귀분석 작업이 의미 있었을 수 있다. 그랬더라면, 노동소득 불평등의 특정 수준을 기준으로 하고 또 다른 모든 요소들이 동일하다는 조건하에(특히 저축률), r-g 지수가 높을 때 자산의 분산에 나타나는 증폭 효과를 측정할 수 있었을지 모른다.《21세기 자본》에서 이야기한 바와 같이** 자산에 대해 찾아볼 수 있는 역사적인 자료들은—불행히도 지금으로서는 프랑스, 영국, 미국 및 스웨덴 등 극소수 국가들에서만 장기적인 자료를 찾아볼 수 있기에, IMF가 몹시 애착을 보이는 위와 같은 회귀분

---

* 특히 교육에 대한 접근에 있어서 불평등, 최저임금, 최고경영자들의 임금이 조세누진성에 끼치는 영향에 대해서는 다음의 논문을 참조.
Thomas Piketty, Emmanuel Saez et Stefanie Stantcheva, 「Optimal Taxation of Top Labor Incomes : A Tale of Three Elasticities」, American Economic Journal : Economic Policy, vol. 6, n° 1, 2014, p.230-271.

** 《21세기 자본》 중에서도 특히 10장부터 12장에서 논한 내용이다.

석에 활용하기에는 너무나 불충분하다─실제로 이러한 성격의 증폭 메커니즘을 활용하여 모든 나라에서 나타나는 지나친 자산 집중 현상(특히 19세기부터 제1차 세계대전에 이르는 기간 동안의 변화)을 설명하는 작업이 필요하다는 것을 잘 보여준다. 직관적으로 봤을 때 높은 수준의 자본(19세기에서부터 1914년에 이르는 기간과는 다르게 세금이나 인플레이션 혹은 전쟁으로 인한 파괴에 피해를 덜 입은 자본구간이다)일수록 수익이 늘고 전반적인 경제성장률이 감소 추세에 있기 때문에 과거에 이미 확립된 자산 불평등은 확대 및 유지되는 경향이 있다.* 질 포스텔 비네와 장 로랑 로장탈과 함께 등기소의 서고를 뒤져 프랑스 혁명 당시부터 현재까지 프랑스의 개인 차원 상속에 관한 자료를 분석해보았더니 이러한 메커니즘이 분명히 드러났다. 특히 이 자료 분석을 통해 부가 조성되는 연령의 특성이 역사상 어떠한 변화추세를 보였는지 이해하는 데 도움을 얻었다.** 그렇다고 이 모든 것이 r-g지수가 유일한 원인임을 증명한다는 말은 절대 아니다.

---

* 특정 수준의 노동 불평등과 관련하여 명료한 표본과 여기서 언급한 경향을 설명해주는 모의실험 결과를 찾아보려면 다음 자료를 이용하기 바란다.
  Thomas Piketty et Gabriel Zucman, 「Wealth and Inheritance in the Long Run」, in Anthony B. Atkinson et Francois Bourguignon (dir.), Handbook of Income Distribution, vol. 2B, Amsterdam, Elsevier, 2015, pp. 1303-1368.
** 특히 세 사람이 공저한 다음의 두 논문을 참조할 것.
  Thomas Piketty, Gilles Postel-Vinay et Jean-Laurent Rosenthal, 「Wealth Concentration in a Developing Economy : Paris and France, 1807-1994」, American Economic Review, vol. 96, n° 1, 2006, p. 236-256.
  「Inherited vs Self-made Wealth : Theory & Evidence from a Rentier Society (Paris, 1872-1927)」, Explorations in Economic History, vol. 51, n° C, 2014, p. 21-40.

불평등의 역사는 복잡하고 다차원적이며, 이에 대한 연구는 여전히 진행형이다. 하지만 적어도 이런 식으로 자산 불평등을 확대하는 메커니즘에 대해 고민하되, 적합한 자료를 선택해 시간을 들여 찬찬히 검토할 필요가 있음이 명백하게 드러난다.

사실 여기서 더 발전시키자면 소득과 자산에 대한 자료 수집을 계속해야만 한다. 한편으로는 노동, 직능, 임금 성립 등에 관한 불평등 그리고 다른 한편으로는 자본이나 자산 보유에 대한 접근기회, 보유 자산을 통한 이득과 관련된 불평등 현상과 관련하여 여러 가지 다른 메커니즘을 신경 써서 분별하는 태도가 물론 필요하다. 위의 2가지 상이한 메커니즘은 서로 관계가 있지만 각각 특정한 논리가 동원된다. 바로 이 부분에 대해서 세계불평등데이터베이스(이 장에서 피케티는 이 데이터베이스를 '부와 소득 wealth and income' 데이터베이스라고 소개했는데 공식명칭은 서문에 언급된 대로 세계불평등데이터베이스이다. 이후 WID로 표기한다_옮긴이 주)* 프로젝트에서 장기적으로 연구하고 있다. 파쿤도 알바레도, 토니 앳킨슨, 이매뉴얼 사에즈, 게이브리얼 저크먼 등의 동료들과 함께 우리는 15년 가까이 WID를 위한 자료를 모아왔다. 이 작업에 현재 전 세계 70개국 90명 넘는 연구자들이 참여하고 있다.

이러한 관점에서 보면 앞서 언급한 데이터베이스의 자료에 기반한 《21세기 자본》이 출간된 이후 가장 유익한 효과 중 하나는

---

* http://www.wid.world

그 전까지는 활용할 수 없었던 수많은 나라들의 자료, 특히 아시아와 아프리카 및 남아메리카 국가들의 세금 및 금융 등기 내용에 접근할 수 있게 되었다는 사실이다. 수집된 자료들을 어떤 방식으로 정리할지에 대한 구체적인 설명과 함께 새 자료 전체를 점차적으로 온라인에 공개할 예정이다.

IMF의 경제학자들은 기본이 잘못된 통계 회귀분석을 시도하거나 이미 구시대의 유물로 판명 난 이데올로기를 방어해서는 안 된다. 그들이 할 수 있는 유익한 작업은 재정 투명성 확보를 위한 공동의 계획을 위해 좀 더 시간을 할애하거나 불평등 탐구를 위해 더 좋은 자료를 수집하는 일에 참여하는 방향이어야 한다.

IMF의 연구결과가 보여주는 두 번째 문제는 첫 번째 문제점만큼이나 심각하다. 이 보고서에서 r-g지수를 측정하는 방식 자체가 잘못되었기 때문이다. IMF는 실상 자본의 수익률 r을 계산하기 위해서 국채 이자율 수치들을 사용하고 있다. IMF는 그렇게 생각하는지 모르겠지만 대규모 금융 포트폴리오나 상당한 규모의 자산을 국채에 맡겨놓는 일은 잘 없기 때문에 이는 문제가 된다. 《21세기 자본》에서 설명한 바와 같이* 지난 수십 년간 전 세계에서 고액의 사유자산이 폭발적으로 증가한 현상을 설명하기 위해서는 자산의 규모에 따라 수익률이 크게 차이가 났다는 사실을 반드시 고려해야 한다. 다시 말하자면 리브레 A(1818년 프랑스의 왕 루

---

* 《21세기 자본》에서 특히 12장에 주목하기 바란다.

이 18세가 처음 만든 저축계좌로 현재까지도 프랑스 국민들의 기본적금 역할을 하며 이자에 세금이 붙지 않는다. 2010년만 해도 이자율이 4%였으나 계속 추락하여 2020년에는 0.5%에 이르렀다_옮긴이 주)의 소유자와 주식이나 금융 파생상품 투자를 위주로 하는 대형 포트폴리오의 소유자는 자본수익률 r에 대한 접근권이 서로 전혀 다를 수밖에 없다. IMF처럼 이러한 현실을 완전히 무시하는 순간 자산 불평등의 역학에 있어 자본수익률 r의 영향이 어떤지를 알아본다는 건 거의 불가능하다.

실제로 세계 갑부의 순위 자료를 분석해보면(이러한 자료도 완벽하다고는 할 수 없지만 적어도 자동소득신고제에 기반해서 공식적으로 수집되는 자료들보다는 훨씬 현실에 가깝게 갑부들의 현황을 알 수 있게 해준다), 전 세계 최상위 자산은 1980년대 이후 연간 6~7%의 속도로 증가해온 반면 전 세계 평균자산은 2.1% 증가했다. 한편 같은 기간에 전 세계 평균소득은 1.4% 증가하는 데 그쳤다.

이러한 변화 또한 다면적이고 복합적인 현상들의 산물이다. 자연자원과(러시아 억만장자들이 석유와 천연가스 매장량을 만들어낸 게 아니지 않은가. 그들은 그저 법적 소유주가 되어 돈을 벌고 포트폴리오를 다양화했을 뿐이다) 과거 정부독점이었던 산업(예를 들어 운 좋은 몇몇 수혜자들에게 저가에 넘겨진 통신사업 같은 경우다. 여러 나라에서 그러했지만 특히 멕시코의 갑부 카를로스 슬림의 사례를 생각해볼 수 있다)의 민영화 물결과 마찬가지로 IT 분야의 신흥 강자와 혁신사업가 들 또한 이러한 변화에 분명 그들의 역할을 했다. 또한 자산이 일정 수준 이상을 넘어서면 기계적으로, 그것도 평균보다 빠른 속도로 증가한

전 세계 최상위 자산의 성장률, 1987~2013년

연평균 실제성장률 (인플레이션을 제한 수치)	1987~2013년
10억 명당 1명 비율의 최상위 부자들의 경우 (1980년에 30억 명당 30명 정도였다면 2010년에는 45억 명당 45명 정도)	6.8%
2,000만 명당 1명 비율의 상위 부자들의 경우 (1980년에 30억 명당 약 150명 정도라면 2010년에는 45억 명당 225명 정도)	6.4%
성인 1명당 전 세계 평균자산	2.1%
성인 1명당 전 세계 평균소득	1.4%
전 세계 성인 인구	1.9%
전 세계 총생산	3.3%

해석: 1987년부터 2013년 사이에 전 세계 최상위 자산의 경우 연간 6~7% 성장한 반면 전 세계 평균자산은 2.1%, 그리고 전 세계 평균소득은 1.4% 성장했다. 이 모든 비율 계산은 인플레이션을 제한 수치로, 1987년부터 2013년 사이에 연간 2.3% 정도다.

출처: 《21세기 자본》 중 도표 12.1 및 piketty.pse.ens.fr/capital21c

다는 사실에 주목하자. 이런 현상을 심지어 처음 종잣돈이 어디서 났는가와도 전혀 상관 없다.

이는 또한 미국 유명 대학들의 기금 투자에 따른 수익률 자료를 차근히 따져보아도 확인할 수 있는 사실이다(개인의 자산 포트폴리오와는 달리 이런 종류의 자료는 적어도 대중에게 공개할 만한 가치가 있다). 이 자료를 보면 1980년부터 2010년까지 대학의 자본기금이 평균 8.2%의 매우 높은 수익률을 보였음을 알 수 있다. 기금의 규모에 따라 수익률은 크게 차이가 난다. 즉, 기금 규모가 가장 작은 대학의 경우 수익률은 6% 정도였던 반면 가장 큰 규모를 운용하는 대학은 10%가 넘는 수익률을 기록했다.

이는 다시 말하자면 미국 대학의 기금이 국채에 투자되지 않은 지 이미 아주 오래되었다는 뜻이다. 구체적인 자료들을 살펴보면 대학 기금 자산의 경우와는 반대로 매우 높은 수익률을 보이는 경우 아주 위험성이 높고 복잡한 자산에 투자되고 있음을 알 수 있는데(주식 및 선물 파생상품이라든지 비상장기업 등등) 이러한 포트폴리오에는 개인투자자들이 아예 접근조차 할 수 없다. 또한 안타깝게도 개인투자자들의 포트폴리오에 대해서는 그렇게 구체적인 자료를 찾아볼 수 없었다. 그럼에도 불구하고 아마도 덜 극단적인 양상이기는 하겠지만 개인투자자들의 경우에도 이와 유사한 현상이 벌어지고 있을 거라고 충분히 가늠해볼 수 있다. 자산규모가 다른 이들 사이의 수익률 불평등을 완전히 배제한 채, 게다가 이 자율을 국채 기준으로 획일적으로 계산해서 r-g지수의 불공평한 영향을 분석하려 든 IMF의 연구는 어찌되었든 간에 별로 진지한 작업으로 여겨지지 않는다.

마지막으로 덧붙이고 싶은 말이 있다. 나는 이러한 종류의 논란을 민주적 토론에 있어 아주 자연스럽고 건전한 과정이라고 생각한다는 점이다. 경제문제 '전문가'들이 알아서 서로 의견일치를 보고 나면 나머지 사회구성원들은 이에 따라 결론을 내릴 수 있기를 바라는 사람들도 있을지 모르겠지만 말이다. 그런 관점도 충분히 이해가 되기는 하지만 그건 오판이라고 생각한다. 경제학이 속해 있고 따로 분리해서 생각할 수 없는 사회과학이라는 분야에서

미국 대학의 자본기금 수익률, 1980~2010년

연간 실제 평균수익률 (운용비용과 인플레이션을 제한 수치)	1980~2010년
미국 대학 전체(850개 대학)	8.2%
하버드, 예일, 프린스턴대학교의 수익률	10.2%
그중 10억 달러 이상의 기금이 있는 대학의 경우 (60개 대학)	8.8%
그중 5억 달러에서 10억 달러 사이의 기금이 있는 대학의 경우(66개 대학)	7.8%
그중 1억 달러에서 5억 달러 사이의 기금이 있는 대학의 경우(226개 대학)	7.1%
그중 기금이 1억 달러 이하인 대학의 경우 (498개 대학)	6.2%

해석: 1980년부터 2010년 사이에 미국 대학의 자본기금은 8.2%의 평균 실제수익률을 보였다. 초기 기금의 규모 자체가 컸기 때문에 수익률도 높았다고 볼 수 있다. 위의 수익률은 모든 운용비용이나 인플레이션(1980년부터 2010년까지 연간 2.4% 정도로 계산)을 제한 수치다.

출처: 《21세기 자본》 중 도표 12.2 및 piketty.pse.ens.fr/capital21c

의 연구는 각자의 생각이 어떻든 간에 지금도, 앞으로도 불완전하 며 이제 막 첫걸음을 떼었을 뿐이기 때문이다.* 사회과학 연구의 사명은 완전히 정해진 확정적인 결과를 산출해내는 데 있지 않다. 보편 경제학 법칙이란 존재하지 않는다. 그저 다양한 역사적 경험 과 불완전한 자료들만이 존재할 뿐이며, 이들을 끈기 있게 검토하

---

* 예를 들어서 앞에서 이미 인용한 마리 카렐의 글에서 이러한 관점이 드러난다.
　Marie Charel, 「Une étude du FMI conteste les théories de Thomas Piketty sur les inégalites」.

여 그 가운데 임시적이고 불확실하나마 몇 가지 교훈을 도출하고
자 노력할 뿐이다. 독자들 또한 이 사람이든 저 사람이든 권위 있
다는 누군가의 논거에 휘둘리기보다는 각자가 이러한 의문과 자
료 들을 동원하여 자신만의 의견을 세우도록 해야 한다.

(2016년 9월 20일)

프랑스 우파와 유럽의 예산 편성 기준

프랑스인들은 왜 우울할까, 가끔 자문해본다. 답은 상당히 간단 명료하다. 유로존 국가들이 정부가 저지른 실수로 인해 제2차 세계대전 이후 최장의 경기침체를 겪고 있기 때문이다. 유로존의 경제활동은 2017년에야 겨우 2007년 수준을 회복하리라 전망된다. 지역별 그리고 사회계층별로 엄청나게 격차가 벌어지고 청년층과 서민층에서 불완전고용의 문제가 폭발하긴 하겠지만 말이다. 이러는 동안 세계 다른 경제권들은 계속해서 성장하고 있다. 중국은 물론이거니와 미국 또한 마찬가지다. 미국은 2008년이 경제위기의 시발점이었으나 경기부양을 위해 정부예산 편성 시 유연성을 과시했다. 프랑스는 2007년 말 실업률이 겨우 7% 정도였으나 2016년 말 현재 10%에 달하고 있으니 실업자 증가율이 거의 50%에 가까운 셈이다. 프랑스나 독일 혹은 유럽연합의 정부인사들은 실업률이 이렇게 폭발적으로 증가하는 현상에 대해 '갑자기 노동시장이 유연성을 상실해서'라거나 '버스 노선이 충분히 자유화되지 않아서'(2015년 이른바 '마크롱 법안'이 실행되었는데, 이는 방대한 영역을 아우르는 경제 관련 법안으로, 이 중에는 일자리 창출 등을 목표로 프랑스 내 장거리 노선 버스의 민영화 방안이 포함되어 있었다_옮긴이 주) 라는 말을 아직도 너무 자주 한다. 물론 그건 사실과 다르다. 유연성 확보 혹은 경쟁력을 논하는 그 유명한 구조조정이라는 논리에 대한 논의가 대개 부적절한 방식으로 이루어지는 것은 사실이지만 그렇다고 구조조정에 대한 논의 자체를 완전히 폐기하자는 말은 아니다. 2008년부터 실업률이 폭발적으로 증가한 이유는 무엇보다 긴축정책, 더 구체적으로 말하자면 너무나 급하게 재정적자를 줄이기 위한 시도에서 비롯되었다는 말을 하고 싶을 따름이다. 이로 인해 2011년에서 2013년 사이 유로존에서는 경제활동이 위축되었고 지금까지도 완전히 회복했다고 보기 어려운 상황이다. 따라서 긴축정책의 오류를 인정하는 데서 논의를 시작한다면 이야기가 훨씬 수월하게 이어질 것이다. 차분하게 사실관계를 분석해보면 반박하기 어렵다.* 이제 이러한 결정을 내렸던 여러 정치가들은, 우파든 좌파든, 프랑스든 독일이든 간에 이 시기에 대한 공통의 진단을 내려야 하며 무엇보다 미래를 위해서 기꺼이 교훈을 찾으려는 마음의 자세를 갖추어야 한다.

이러한 관점에서 프랑스의 우파 정당 경선에 출마한 후보들이 —경선에 승리할 경우 2017년 봄 대통령 선거와 총선에도 이들이 승리할 가능성이 매우 높다— 재정적자를 줄이는 데 급해 보이

---

* 2016년 1월 8일자 〈르몽드〉에 기고한 「2007~2015 – 이토록 기나긴 경기침체」를 참조할 것. piketty.blog.lemonde.fr

지 않는다는 사실은 꽤나 고무적이다. 하지만 여기에는 2가지 조건이 있다. 우선, 미약하나마 이렇게 마련된 재정 소득은 취약계층 보호와 미래를 위한 투자에 쓰여야만 한다. 재산세 폐지라든지 대규모 상속에 대한 과세 및 고소득자 세금 감면 등 최고소득층에게 세제 혜택을 안기는 데 쓰여서는 안 된다는 뜻이다. 우파 후보자들이 가장 빈곤한 계층을 외면한 채 최상위 부자들을 편애하는 길을 택한다면 이는 시대를 역행하는 셈이다. 또한 극우정당 국민전선Front National, FN에게 길을 활짝 열어주는 셈이다(국민전선은 1972년 창당된 극우 군소정당이었으나 2000년대 이후 세력이 확대되고 있다. 2002년, 창립자이자 당수 장 마리 르펜이 대선 2차 투표에 진출하는 파란을 일으켰다. 2011년 딸 마린 르펜이 당권을 이어받았으며 2018년에 당명을 국민연합 Rassemblement National로 바꾸었다. 이 글은 개명 시점 전에 쓴 것이므로 FN으로 지칭했다_옮긴이 주). 국민전선은 세금제도에 관해 프랑스 서민층을 대변한다고 나설 게 분명하고 유세 과정에서 프랑스 국민의 정체성을 운운하고 외국인 혐오를 선동하는 구호를 동원할 게 뻔하다. 공제금액을 축소할 때 우선순위는 재산세 완화에 있어야 한다. 그래서 처음으로 주택을 구매하고자 하는 일반적인 가구들의 부담을 줄여주어야 한다. 그리고 현재 정권을 잡고 있는 사회당 정부에서 통과시킨, 이해도 가지 않고 비효율적이기까지 한 '경쟁력과 고용을 위한 세금공제CICE, Crédit d'impôt pour la compétitivité et l'emploi'(프랑수아 올랑드 대통령이 야심 차게 도입한 세제개혁안이지만 급세 부작용이 드러났다. 이하 CICE로 표기_옮긴이 주) 대신 고용시장에 부담을 주는 기업의 분납금을 구조적으로 감축하는 방안을 우선순위로 고려해야 한다. 또 하나 희망사항이 있다면 우파가 정권을 잡는다고 해도 좌파 정권이 집권한 동안 드디어 법안 통과까지 성공시킨 원천징수제를 결국 폐지하는 바보짓을 하지 않았으면 하는 것이다. 차기 우파 정권이 할 일은 우리의 뒤떨어진 조세 및 사회보장체계를 근대화하는 일이다. 다시 말하자면 무엇보다 다음 세대를 위해 연금체계를 일원화하는 작업이 필요하다는 뜻이다.

또 하나 매우 중요한 점은 우파든 좌파든 프랑스의 정치인들이 유럽의 예산 기준에 대한 개혁안을 내놓아야 할 때가 되었다는 사실이다. 현재 기준을 제대로 대체할 수 있는 대안을 제시하지도 않은 채 계속해서 정해진 기준을 침범하기만 하는 일이 이어져서는 안 된다. 지난 몇 년간 얻은 큰 교훈이 있다면 유럽연합 내 자동처리의 원칙은 적절한 민주적 절차를 우회하는 방식이며 그러한 접근으로는 예측 불가한 경제 변화에 예산정책을 맞추어갈 수 없다는 사실이다. 바로 그 이유로 인해 2011년부터 2013년까지 유럽은 재차 위기를 맞았다. 해결 방법이 무한대인 건 아니다. 과거의 경직된 원칙들은 이제 진정한 의미에서의 유로존 의회를 구성하여 다수결 표결 방식으로 대체해야 한다. 이는 유로화를 사용하는 국가들이 각국 인구에 따라 의석을 배정받는 식으로 의회를 구성하는 방안이다 (예를 들어 독일이 전체 의석 중 24%를 차지하고, 프랑스와 스페인, 이탈리아의 의석을 합치면 51% 정도다). 또한 의회에서의 표결은 공공의 장에서 이루어지며 찬반양론을 다 고려하는 방식의 토론을 거친 후에 실행되어야 한다. 이러한 기관이 생긴다면 진정한 의미의 유로존 자체 예산을 확립하기 위해 필요한 민주주의 절차상의 정당성이 갖춰진다. 만약 프랑스가 구체적인 제안을 한다면 독일은 아마도 참고 차원으로 제시된 규정 그리고 가중다수결(가중다수제majorité qualifiée라고도 하는 이 방식은 유럽연합 내 의사결정 제도 중 하나다. 각 회원국은 나라별 1표가 아닌 인구 비중 등을 고려해 표를 배정받는다. 혹은 일반 의회 절차에서 특정 법안 통과를 위해 절대다수결, 즉 50% 이상 득표가 아니라 특정 비중 이상이 충족되어야만 하도록 규정한 경우를 말한다_옮긴이 주) 방식으로 이루어진 타협안이라도 받아들이는 게 맞다. 더욱이 2012년 유럽연합의 조약으로 인해 재정이 심하게 긴축되었기 때문에 개혁이 훨씬 시급해진 판이다. 2012년의 조치로 이제는 최대 총생산의 0.5% 수준의 재정적자를 향해 가고 있는데, 이는 이자율이 상승세로 돌아서는 순간 수십 년간 엄청난 기초재정 흑자를 불러일으키게 될 것이다. 기억을 더듬어보면, 에라스무스 프로그램(유럽 국가들이 대학 내 구성원의 다양성을 확보하기 위해 1987년부터 시작한 교환학생 프로그램. 유럽연합의 초석이라는 평가를 받는다_옮긴이 주) 운영에는 20억 유로가 들어가는 데 반해 공공부채로 인한 이자는 유럽에서 이미 연간 2,000억 유로에 달한다. 이런 와중에 우리가 잊고 있는 부분이 있다. 유럽공동체는 사실 1950년대에 미래를 향한 투자를 위해 부채탕감을 실행하는 과정에서 세워졌다는 사실이다. 특히 독일과 프랑스는 부채탕감의 주요 수혜자들이었다. 프랑스의 우파 정치인들은 참으로 어려운 상황 속에서 정권을 잡을 준비를 하고 있다. 그들이 정말 정권을 잡을 자격이 있는 사람들이기를 바랄 뿐이다.

(2016년 10월 18일)

남녀 간 임금 격차는
19%인가, 64%인가?

오늘 프랑스에서는 남녀 간 임금 격차를 규탄하기 위한 시위가 열린다. 오늘의 키워드는 '19%'다. 이는 동일 업무를 하는 남성과 여성 사이의 평균임금 격차를 의미한다. 다시 말하자면 마치 여성들은 매해 11월 7일 16시 34분부터는 남성들을 위해 일하는 셈이다 (프랑스의 임금 격차를 다른 방식으로 표현하면 여성 임금은 남성 임금 대비, 1년 중 11월 7일 16시 34분까지 일하는 데서 끝나고 그 이후 시간은 무상으로 일하는 셈이라고 한다_옮긴이 주). 상징적으로 의미 있는 숫자이긴 하지만 실제 현실에서는 상황이 훨씬 더 나쁘다는 사실을 잊어서는 안 된다. 애초에 여성에게는 남성과 동일 업무를 수행할 기회 자체부터 잘 주어지지 않기 때문이다.

우선 남성과 여성의 평균 노동임금의 비교 추이를 살펴보는 것으로 이야기를 시작해보자. 2014년 프랑스에서 나이대별로 모든 종류의 직장을 합산하고 실업 중인 사람들도 포함한 수치다. 나이가 들수록 그 격차가 눈에 띄게 증가함을 볼 수 있는데, 일을 처음

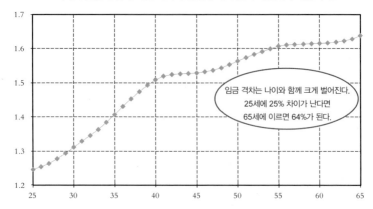

2014년 프랑스의 남녀 간 임금 격차:
나이가 들수록 남녀 간 임금 격차가 매우 크게 벌어진다.
나이가 들면서 맡게 되는 직책이 성별에 따라 점차 차별되기 때문이다.

> 임금 격차는 나이와 함께 크게 벌어진다.
> 25세에 25% 차이가 난다면
> 65세에 이르면 64%가 된다.

해석: 나이에 따른 남녀의 평균노동소득비율(노동시장 비참여자를 포함)을 표시한 도표다. 노동소득이란 노동급여, 은퇴연금, 실업보조금 및 비급여성 활동을 통한 소득을 포함한다.
출처: piketty.pse.ens.fr

시작하는 나이대에서는 1.2 정도였던 격차가 은퇴할 무렵이 되면 1.6으로 벌어진다.*

다시 말하면 25세 무렵에는 여성이 남성만큼이나 일을 하는 경우가 많고 평균적으로 봤을 때 비슷한 업무를 하고 있다. 그러니까 25%로 측정되는 소득 격차는 '대략' 등가의 업무를 하는데 임금을 차등 지급받기 때문이라고 설명할 수 있다(임금 격차는 추정치

---

* 이러한 결과는 베르트랑 가르뱅티와 조나탕 구피유 르브레가 프랑스의 불평등 역학에 대해 수행하고 있는 연구에서 도출된 내용이다. 전체 내용은 다음의 링크에서 찾아볼 수 있다. http://piketty.pse.ens.fr/files/GGP-2016DINASlides.pdf

에 따라 10~20%에 이르는데, 그렇기 때문에 오늘 시위의 키워드에도 혼란이 있다. 게다가 격차를 설명하는 데에는 2가지 방법이 있다. 예를 들어, 여성이 남성보다 평균 16% 적은 임금을 받는다고 할 수 있고, 남성이 여성보다 19% 더 많은 임금을 받는다고 할 수 있다. 나는 후자의 설명을 택했다). 하지만 경력을 쌓아가다 보면 여성들은 최고임금을 받는 지위까지 승진하는 경우가 훨씬 적기 때문에 나이가 들면서 남녀 간의 임금 격차는 확연히 벌어진다. 50세 무렵이 되면 임금 격차는 60%를 넘어서고 은퇴 직전 연령에서는 64%에 달한다. 위의 도표는 남녀 임금 격차 문제에 흔히 언급되는 '일단 다른 조건이 동일하다고 보았을 때'라는 논리의 한계를 증명한다. 다시 말하자면 이렇다. 동일 업무에 동일한 자격을 가진 이들 사이에는 물론 격차가 '겨우' 10%에서 20%다. 이조차도 사실 이미 상당한 격차이지만 말이다. 하지만 중요한 사실은 '다른 조건이 동일한' 업무를 맡게 되는 경우 자체가 적다는 점이다.

안도감을 주는 사실 하나는 위의 도표가 (현재 50~60세인) 이전 세대의 여성일수록 다음 세대의 여성보다 경력 단절을 겪는 경우가 더 많았고 직장에서의 차별이나 성별로 인한 차별을 겪은 경험이 더 많았다는 점이다. 다시 말해 점차적으로 상황이 개선되고 있으므로, 위의 도표가 보여주는 곡선이 자연적으로 직선을 그리기까지 이제 조금만 더 기다리면 될 것이라는 말이다. 하지만 불행히도 그 곡선이 자연스럽게 직선이 되기를 기다리려면 정말 오랜 시간이 필요할 게 뻔하다. 다음의 도표가 보여주는 1970년대 이후 다양한 고소득 직종에서 여성 비율의 변화 추이를 보면 알

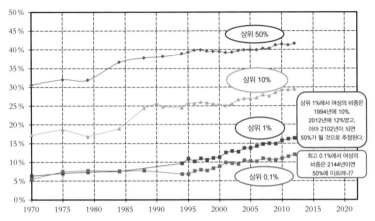

프랑스에서 높은 노동소득에 이르는 여성의 비중:
현재 속도라면 균등임금에 이르는 시기는 2102년으로 추정

상위 50%

상위 10%

상위 1%

상위 0.1%

상위 1%에서 여성의 비중은
1994년에 10%,
2012년에 12%였고,
아마 2102년이 되면
50%가 될 것으로 추정된다.

최고 0.1%에서 여성의
비중은 2144년이면
50%에 이르려나?

해석: 이 그래프는 여러 다른 노동소득 분위수에서 속한 여성의 비중을 보여준다.
출처: piketty.pse.ens.fr

수 있다.

이 도표를 보면 가장 임금이 높은 직종에서는 여성들의 숫자가 여전히 크게 부족하다는 사실을 알 수 있다. 특히나 최고소득 1%에서의 상황이 단적인 예다. 이 층위에서 여성 비중은 분명 지난 수십 년간 나아지기는 했으나 개선 속도가 너무나 더뎠다. 1970년에 5%에서 10%가 여성이었다면 1994년에는 10%, 2012년에는 16%에 그쳤다. 이런 속도라면 임금 격차가 해소되는 시기는 2102년으로 예측할 수 있다. 그건 너무 먼 세상 이야기가 아닌가.

(2016년 11월 7일)

또 다른 세계화를 위하여

일단 이것부터 짚고 넘어가자. 트럼프가 대통령에 당선된 원인은 무엇보다 지난 수십 년간 미국에서 경제적으로나 지역별로 불평등이 폭발했기 때문이며 연이어 등장한 미국 정부가 그 문제들에 제대로 대응하지 못했기 때문이다. 클린턴 정부와 오바마 정부는 레이건과 부시 부자가 이끈 연방정부가 시작한 자유화 및 시장경제를 신성시하는 추세를 그저 따라가기에 급급했다. 심지어 클린턴 정부 때는 금융 및 무역 분야에서 규제완화 정책을 펼쳐서 상황을 더 악화시키기까지 했다. 힐러리는 재계와 유착했다는 의심을 받은 데다가 민주당 지지층인 정치 및 언론계 엘리트들은 경선 당시 샌더스에게 몰렸던 표심을 제대로 읽어내지 못했다. 그로 인해 상황은 이렇게 끝나고 말았다. 힐러리 클린턴은 털끝 하나 차이로 유권자표 집계에서는 이겼다. 하지만 핵심 주의 선거인단 표를 가져오기에는 청년층과 서민층의 참여가 너무 저조했다.

가장 슬픈 사실은 트럼프의 정책안이 불평등 추세를 강화할 게

뻔하다는 점이다. 그는 오바마 정권에서 어렵사리 도입한 빈곤노
동층을 위한 의료보험을 폐지하려고 준비 중이다. 또 기업이 창출
하는 이윤에 대한 연방정부의 법인세율을 35%에서 15%로 낮추
는 세금덤핑을 시행할 태세다. 유럽에서 법인세 감세 정책을 경쟁
적으로 시작한 후 미국은 지금까지 그 유혹을 잘 피해왔는데, 결
국 무너지고 마는 형세다. 게다가 미국의 정치적 갈등이 점차적
으로 인종화하는 움직임이 보이기에, 새로운 타협점을 찾지 못한
다면 앞으로의 전망은 매우 어둡다. 미국 인구의 다수를 구성하는
백인은 구조적으로 60%가 한 정당(공화당을 말함_옮긴이 주)에 투표
하고, 나머지 소수민족 집단 유권자들은 70% 이상이 상대 정당
(민주당을 말함_옮긴이 주)에 투표하는 가운데 백인은 다수의 지위를
빠르게 잃어가고 있다. 2000년 선거에서 실제 투표를 한 유권자
중 백인의 비율이 80%였는데 반해 2016년 선거에서는 그 비중이
70%로 줄어들었다. 2040년이 되면 미국의 백인 유권자 비율은
50%로 내려가리라 예상된다.

　이러한 상황이 유럽과 전 세계에 전하는 중요한 교훈은 세계화
의 방향을 근본부터 재고해야 한다는 것이다. 우리 시대 가장 중
요한 현안은 불평등 확산과 기후변화 문제다. 그러니 이러한 문제
점들에 대응할 수 있는 국제적 협약을 마련해야 하며 공정하고 지
속가능한 개발 모델을 추진해야만 한다. 필요하다면 이러한 새로
운 종류의 국제적 합의에 무역을 좀 더 용이하게 하는 방안들을
포함시킬 수도 있다. 하지만 무역자유화가 더 이상 국제합의의 핵
심이 되어서는 안 된다. 무역은 원래 있어야 하는 자리로 되돌아

가야 한다. 즉, 무역이란 좀 더 높은 목적을 위한 수단일 뿐이라는 뜻이다. 구체적으로 말하자면 관세나 다른 종류의 무역장벽을 축소하는 내용을 담은 국제협약은 더 이상 비준되어서는 안 된다. 반드시 해당 협약에, 그것도 첫 장부터, 조세 및 기후 관련 덤핑 조치에 맞서 싸울 수 있는 구체적인 수치와 강제성을 가진 규정들이 포함되어 있을 때에만 받아들여져야 한다. 예를 들어 공동으로 부과할 법인세 최소세율을 정한다든지 탄소배출에 대해 검증과 제재가 가능한 목표를 설정하는 방식에 대해 명기하는 방안을 고려해야 한다. 아무 대가도 정해놓지 않은 채 그저 자유무역 협정을 논한다는 건 이제 어불성설인 시대가 되었다.

이러한 관점에서 보면, 유럽연합과 캐나다 정부 사이에 논의되고 있는 포괄적경제무역협정CETA, Comprehensive and Economic Trade Agreement(캐나다와 유럽연합이 추진하는 자유무역협정으로 2014년에 협상은 이미 종료되었고 2017년 9월에 잠정 시행되어 기존 관세의 98%가 제거되었다. 하지만 2020년 말 기준으로 아직 유럽연합의 16개 회원국만이 비준한 상태다_옮긴이 주)는 구시대적인 협약으로 반드시 거부해야 한다. 이 협약은 아주 뼛속까지 무역중심적이며 조세 및 기후 분야에 대한 강제성 있는 방안을 전혀 담고 있지 않다. 오히려 '투자자 보호'에 큰 영역을 할애하고 있다. 모두에게 동등하게 적용되는 공공법원을 우회하여, 사설법정이 조정업무를 맡고 다국적기업이 정부를 제소할 수 있다고 명시하고 있는 것이다. 이 협약이 제시하는 틀은 명백히 불충분하다. 특히 조정관이자 법관에게 지급될 보수 등과 같은 핵심 사안들에 대한 규정이 미흡하므로 얼마든지 일탈

행위가 가능하다는 사실은 애초부터 예상할 수 있다. 미국의 사법 분야 제국주의가 강화되면서 우리 기업들에게 그들만의 법칙을 지키고 조공을 내라는 식의 강요가 잦아지는 이 시점에 공공사법 체계가 약화되는 건 있어선 안 될 일이다. 우선순위가 되어야 할 일은 오히려 결정사항이 제대로 이행될 수 있도록 유럽 내 전담 검찰관과 법정 체계를 확립하는 식의 강력한 공공권력 체계를 세우는 작업이다.

파리협정 당시 온난화의 허용치를 1.5℃로 제한하는, 철저히 이론상의 목표를 설정한 것은 대체 무슨 의미가 있는가(이 목표를 위해서라면 캐나다가 얼마 전 개발을 재개한 알베르타 주의 오일샌드에서 나오는 석탄연료 같은 것은 그냥 땅에 고이 묻어두는 게 맞다). 목표만 정해놓고 몇 달 지나 기후온난화에 대해 입도 뻥긋하지 않으면서 오히려 그에 반하는 무역협정을 체결할 거라면 말이다. 공정하고 지속가능한 개발을 위한 동반자 관계를 지향하는 캐나다와 유럽 사이의 균형 잡힌 협약이 되려면 양측의 탄소배출 목표량을 구체적으로 명기하고 그를 달성하기 위한 방안들 또한 구체적으로 밝혀두는 것에서 시작해야 한다.

세금덤핑과 최소한의 법인세율 문제에 있어서도 분명 유럽에서 완전한 패러다임의 전환이 일어나야 한다. 유럽연합은 애초부터 자유무역지대로 설립된 공동체이기에 공동조세정책이 없었다. 하지만 공동조세를 향해 나아가는 움직임은 불가피하다. 공동조세라는 기조에는 합의해놓고(지금으로서는 유럽이 그나마 조금이나마 한 발자국 나아간 유일한 분야라고 할 수 있다) 각자 회원국들이 원하는 대로 자국의 법인세율을 거의 0%로 만들어 기업 유치에 나선다면 그러한 노력이 무슨 의미가 있겠는가? 이제는 세계화에 대한 정치담론을 전환할 시기다. 무역은 좋은 것이지만 지속적이고 공정한 발전은 무역뿐 아니라 공공서비스, 인프라, 교육 및 보건 체계를 필요로 한다. 그리고 이 모든 것은 공정한 세금제도를 바탕으로 해야 한다. 그러한 부분이 갖춰지지 않는다면 언젠가는 트럼프주의가 온 세상을 휩쓸어버릴지도 모른다.

(2016년 11월 15일)

기본소득인가, 정당한 임금지급인가?

현재 프랑스에서 벌어지는 기본소득에 대한 논란에는 최소한 하나의 순기능이 있다. 프랑스의 모든 국민이 누구든 최소한의 소득을 누려야 한다는 일종의 사회적 공감대가 형성되어 있다는 사실을 상기시켜준다는 점이다. '최소한의 소득'이 과연 얼마인가에 대해서 의견의 불일치가 발생한다. 현재 '적극적연대급여'(프랑스어로 revenu de solidarité active이며 흔히 약자인 RSA라고 한다. 실업자들의 직업현장 복귀를 장려할 목적의 국가보조금이다_옮긴이 주)는 아이가 없는 성인 1명에게 한 달 530유로로 정해져 있다. 어떤 이들은 이를 충분하다고 보지만 어떤 이들은 800유로는 되어야 한다고 본다. 하지만 우파든 좌파든 프랑스 사람이면 누구나 그리고 다른 여러 유럽 국가의 시민들도 이 정도 규모의 최저 소득이 있어야 한다는 데에는 동의하는 듯하다. 미국의 경우는 아이가 없는 빈곤층 인구는 그저 '식료품교환권'을 배급받는 데 그친다. 사회보장 국가는커녕 '후견인' 국가 심지어 감옥 같은 국가만이 존재하는 것이다. 그러니 이러한 사회적 공감대가 형성되어 있는 프랑스의 상황에 대해 기뻐해야 하는 건 맞지만 그렇다고 그저 만족하고만 있어서도 안 된다.

기본소득에 대한 논의에서 문제점이 있다면 너무나 쉽게 진짜 현안을 비껴간다는 점, 그리고 솔직히 말해서 기본소득으로 사회 정의라는 것을 에누리해버리는 경향이 드러난다는 점이다. 사회 정의의 진짜 문제는 한 달 소득이 적어도 530유로여야 하는가 아니면 800유로는 되어야 하는가에서 멈추는 게 아니다. 정의로운 사회에 살고자 한다면 소득 및 자산의 분배 전반에 걸쳐서 훨씬 야심찬 목표를 설정해야 한다. 권력과 기회의 분배에 있어서도 마찬가지다.

우리는 노동에 대한 정당한 대가가 주어지는 사회를 만들기 위해 포부를 크게 가져야 한다. 다시 말해 단순히 기본소득을 보장하는 게 아니라 노동에 대한 정당한 임금 지급이 원칙인 사회라고 할 수 있다. 정당한 임금을 실현하려면 서로 보완관계에 있는 제도와 정책들, 즉 교육 분야를 포함한 공공서비스, 노동 및 단체 관련 법제 그리고 조세체계 등을 전반적으로 재고할 필요가 있다.

우선 프랑스의 위선적인 교육제도를 개선해야 한다. 프랑스의 교육제도는 여러 종류의 불평등을 재생산하거나 심지어 확대하고 있다. 유난히 고등교육에서 그런 추세가 확실히 드러난다. 서민층 학생들이 가장 많이 등록하는 대학 학과들에는 '엘리트 계열'이라 부를 만한 학과들과 비교해서 재정지원이 너무나 부족하다. 교육환경은 점점 더 악화되고 있다. 대학생 전체 세대가 지금도 미어터지는 대형 강의실에서 수업을 들어야 하는 상황이다. 초등과 중등교육에서도 상황은 마찬가지다. 취약지역 학교에는 다른 학교에 비해 계약직 교사나 경험이 적은 교사들이 유난히 많고 학생 1인당 공공투자 액수는 훨씬 적은 게 현실이다. 자원 할당에 대해 투명하고 확인 가능한 정책이 없으니 그저 취약 지역의 학교들을 '우선교육지역ZEP, Zone d'éducation prioritaire'이라는 이름으로 낙인 찍어놓았다(1981년부터 시행된 프랑스의 '우선적교육' 정책의 일환이다. 각종 사회 불평등으로 인해 학업성취도에 크게 영향을 받는 서민지역 학교들이 지정되었다. 1999년 우선교육네트워크REP, Réseaux d'éducation prioritaire 체계 도입으로 보완되었다_옮긴이 주). 여기에서 사회계층혼합mixité sociale을 추진하고자 하는 노력은 흔적조차 찾아볼 수 없다는 게 또 문제다. 사립학교들이 공공재정의 혜택을 받으면서도 자기 입맛대로 학생을 받는 행태도 계속되고 있다. 이런 상황이다 보니 선거 때마다 유세용 문구로 반복되는 '기회의 평등'이라는 말은 현실과는 여전히 거리가 매우 멀다.

정당한 임금이 지급되는 사회로 가려면 노동조합이나 최저임금제 그리고 봉급체계 등의 역할에 대한 비방은 멈춰야 한다. 직원 대표가 갖는 역할에 대해서도 다시 생각해볼 필요가 있다. 이 사회에서 직원대표들이 적극적인 역할을 하는 나라들에서는 ― 스웨덴이나 독일 같은 곳에서는 직원대표가 이사회에서 3분의 1에서 절반까지의 표결권을 행사한다―봉급체계상 구간별 차이가 더 적고 기업전략 수립에 직원들이 더 적극적으로 참여하며, 또한 생산효율성에서도 훨씬 높은 성과를 내고 있다. 직장 내 권력을 나누어 가지는 방식에 있어서 완전히 새로운 형태를 생각하지 말란 법은 없다. 직원과 주주 사이의 합의체에서 경영자들을 선출하는 방법을 예로 들어보자. 이는 직원이 선택한 경영인과 주주가 뽑은 경영인 간 역할상의 문제, 그리고 주주들이 자동으로 과반수를 차지하는 관행을 극복하기 위함이다.

자본이 가진 권력 그리고 그 권력이 영속화되는 것을 제한하기 위해서 조세체계 또한 맡은 바 역할을 해야만 한다. 특히 보유재산에 누진과세를 도입해 자산의 보유라는 것을 단순히 임시적일 뿐인 권한으로 전환시켜야 한다. 적어도 자산보유액이 최고로 높은 이들에게는 이러한 누진세 적용을 반드시 해야 한다. 상속권도 일시적이어야 하지만 이를 단지 당사자의 일생 동안으로 제한하는 방법도 고려해야 한다. 이러한 조치들을 시행하기는커녕 정계 우파에서는 별것도 아닌 프랑스 부유세 폐지에 열을 올리고 있다. 차라리 이 제도를 토지세와 합쳐서 소규모의 자산을 가진 이들에게 큰 부담이 되는 토지세를 오히려 감세하는 방향으로 가는게 마땅하다. 마지막으로, 누진소득세가 정당한 임금지급에 기여하려면 소득편차를 정말 최소한으로 줄이는 방식으로 가야 한다. 역사적으로 보면 미국의 최고소득층에 대한 추가세율이 1930년부터 1980년까지 평균 82%에 달했다. 이는 극소수의 사람들에게 천문학적인 보수가 지급되는 것을 제지하는 효과가 있었고, 적은 임금을 받는 이들에게 그 혜택이 골고루 돌아갈 수 있었으며, 경제적으로도 효율적인 조치였다.

마지막으로 하나만 더 언급하겠다. 원천징수제를 도입하면 저임금노동자들의 월급명세서에 기본소득을 직접 지급하는 게 가능해진다. 현재 최저임금을 받는 상근 근로자의 경우 세금 공제 후 1,150유로를 수령한다. 이는 세전 최저임금인 1,460유로에서 '일반사회보장부담금CSG, Contribution sociale généralisée' 등의 각종 사회보장제 분납금을 합친 310유로를 제한 금액이다. 따로 신청한다는 조건하에 몇 달 후에 월 130유로의 상당의 '경제활동 추가수당prime d'activité'를 수령할 수 있다. 그러니 원천징수하는 분담금을 줄여서 직접 근로자의 손에 들어오는 공제 후 임금소득의 금액을 늘리는 게 명백히 낫다고 볼 수 있다. 현재 방식은 세금 공제 후 2,000유로 월급을 받는 이들에게까지 매달 500유로 기본소득을 우선 지급한 다음에 나중에 그 금액을 원천징수에 추가하여 결국 회수하는 모양새다. 이 방식을 고집하는 이유를 나로서는 도무지 이해할 수가 없다.

정의에 대한 토론의 장에서 이제는 제대로 된 질문들을 던지게 되기를 바란다.

(2016년 12월 13일)

앤서니 B. 앳킨슨 교수를 추모하며

2017년 1월 1일 아침, 오랜 투병 끝에 앤서니 B. 앳킨슨 교수님이 향년 72세를 일기로 세상을 떠났다. 그가 떠난 자리에 헤아릴 수 없이 큰 공백이 남았다. '토니'라 불린 앤서니 앳킨슨은 경제학자들 중에서도 아주 특별한 위치를 차지하는 학자다. 그는 반세기에 걸쳐 온갖 역경에 굴하지 않고 자신의 연구에서 불평등 문제를 핵심으로 다루어왔다. 또한 경제학이란 무엇보다 사회적이고 도덕적인 학문이라는 것을 보여준 연구자이기도 하다. 토니 앳킨슨은 1944년에 태어나 1969년에 첫 저서를 출간했다. 1969년부터 2016년까지 그는 저서 50여 권, 논문 350여 편 이상을 집필했고 * 그가 남긴 저작을 통해 부와 불평등 그리고 빈곤의 분배 현상에 대한 전 세계적인 연구가 뿌리부터 변화할 수 있었다. 앳킨슨 교

---

*   https://www.tony-atkinson.com

수는 또한 1970년대부터 여러 중요한 경제이론들을 제시한 학자이기도 한데 특히 '최적과세optimal taxation' 이론을 예로 들 수 있다.

하지만 그의 가장 중요하고 심오한 연구는 역시 불평등을 역사적이고 경험적으로 분석한 저작들에서 찾아볼 수 있다. 물론 그는 이론적 모델에 대해서도 완벽하게 통달했던 사람이고, 절도와 중용의 미덕을 갖추어 이론을 활용했다. 역사적이고 실증적이며 동시에 이론적이기도 한 연구방식, 극도의 엄격하면서도 성실한 연구태도, 그리고 사회과학 연구자로서의 관점과 영국인이자 유럽인 그리고 세계시민으로서의 관점을 통합한 그의 연구윤리는 수십 년 전부터 학생들과 젊은 연구자들이 본받아야 할 귀감이었다. 앳킨슨은 사이먼 쿠즈네츠와 함께 사회과학과 정치경제학에서 새로운 분야를 상당히 폭넓게 개척했는데, 바로 소득과 자산의 분배에 대한 역사상 동력에 대한 연구였다.

장기간에 걸쳐 분배의 문제를 다루는 것은 19세기에도 정치경제학의 핵심쟁점이었다. 토머스 맬서스, 데이비드 리카도, 칼 마르크스 등이 이 주제를 깊이 다루었다. 하지만 19세기 연구자들에게는 자료가 제한되어 있었고 순수하게 이론적 사변思辨에 의존해야만 하는 경우가 많았다. 20세기 후반에 와서야 쿠즈네츠와 앳킨슨이 등장하여 진정으로 역사적 자료를 바탕으로 한 연구가 발전했다고 할 수 있다. 1953년 저서《소득과 저축에서 소득 상위 계층이 차지하는 비중》에서 쿠즈네츠는 자신이 확립하는 데 기여한 미국 최초의 국민소득계정과 연방소득세(오랜 정치적 갈등 끝에 1913년에 도입되었다)에 대한 자료들을 바탕으로 소득의 분포에 대한 역사적인 일련의 연구결과를 발표했다. 당시 그래도 좋은 소식이 있었다면 불평등이 축소되고 있다는 사실이었다.

1978년 앨런 해리슨과 공저한《영국에서 개인재산의 분포The Distribution of Personal Wealth in Britain》라는 저서를 통해 앳킨슨은 쿠즈네츠의 연구를 확장함과 동시에 넘어선다. 앳킨슨은 1910년부터 1970년대까지 영국의 상속문서들을 체계적으로 검토한 끝에 여러 가지의 경제·사회·정치적인 영향력들이 자산 분포의 변화 추세를 (개인자산의 변화는 이 소란스러운 20세기 동안 유난히도 눈에 띄게 일어났다) 이해하는 데 얼마나 도움을 주는지 멋지게 증명해냈다. 거의 온전히 통계 구축에 할애된 쿠즈네츠의 저서와 비교할 때 앳킨슨의 책은 훨씬 더 진보한 저작이다. 더욱 완전하게 역사적이고 이론적이면서 통계적인 분석 방식을 통합하였기 때문이다.

이 책 이후에 나온 역사 속 소득과 자산 불평등에서 나타난 역학을 다룬 모든 연구는 어떤 면에서는 위에서 언급한 쿠즈네츠와 앳킨슨의 선구자적인 저작을 뒤쫓아가는 입장에 있는 것이라 보아도 무방하다. 특히나 WID*에서 수합하고 있는 자료도 그러한 경우로, 이 데이터베이스를 수립하는 과정에서도 토니 앳킨슨은 공동창립자이자 공동디렉터로 참여했다.

개인적인 이야기를 하자면, 나는 런던정경대학교의 학생이었던 1991년 가을, 앳킨슨 교수를 만나는 행운을 누렸다. 어디에도

---

* http://www.wid.world

비할 수 없이 따뜻하고 친절한 교수님의 조언은 내가 추후 행보를 정하는 데 결정적인 영향을 주었다. 2001년 《20세기 프랑스의 고소득자》라는 책을 펴낸 지 얼마 되지 않았을 때 운 좋게도 교수님의 열렬한 지지를 받았다. 토니는 프랑스의 불평등에 대한 역사적 분석을 다룬 내 연구저작을 최초로 읽은 사람이었다. 그는 즉시 영국(그때까지 영국에서도 아직 소득에 대한 역사적인 자료들이 분석된 바 없었다)의 사례 검토를 시작으로 이어 수많은 나라들의 경우를 들여다 보았다. 우리는 각각 2007년과 2010년에 20개국 이상을 포괄하는 두 권의 두꺼운 저서를 공동으로 편집하기도 하였다. 이러한 연구가 WID의 기반이 되었고 2013년 출간된 《21세기 자본》의 기틀이 되었다. 《21세기 자본》은 토니 앳킨슨 교수의 한결 같은 지지가 없었다면 세상에 나오지도 못했을 책이다.

사료를 바탕으로 한 선구적인 연구 이외에도 수십 년 전부터 앳킨슨은 현대사회의 불평등과 빈곤 측량에 대한 비교분석에 있어서 세계적인 권위자요 최고의 전문가 중 한 사람이었고 그 문제들에 대해 전 세계적 협력을 이끌어내기 위해 애썼다. 그의 마지막 저서가 된 《불평등을 넘어Inequality》(프랑스에는 《불평등》이라는 제목으로 2016년 쇠이유Seuil출판사에서 펴냈다)에서 그는 이전 그 어느 저서들에서보다도 개인적인 단상을 소개하면서 무엇보다 실행에 방점을 둔 제안을 했다. 그럼으로써 새로운 급진개혁주의란 어때야 하는지 그 틀을 우리에게 보여준 셈이다. 앳킨슨 교수 안에는 베버리지가 숨어 있었고 독자들은 이것을 놓쳐서는 안 된다(윌리엄 베버리지는 영국의 경제학자로 제2차 세계대전 이후 영국의 사회보장제도의 기반을 닦았다_옮긴이 주). 신중하기로 알려진 현자 앳킨슨은 마지막 책에서 갑옷을 벗고 싸움판에 뛰어들 각오로 구체적이고 혁신적이며 설득력 있는 일련의 대안들을 제시한다. 언제나 대안이 있음을 그리고 사회진보와 평등을 위한 투쟁은 바로 지금 바로 여기서 전개되어야 함을 보여주는 것이 그의 목적이었다. 재미있고 우아하며 심오한 앳킨슨의 유작은 꼭 읽어볼 가치가 있다. 정치경제학과 영국 특유의 진보주의가 더해져 최상의 조화를 보여주는 책이다.

앳킨슨은 한없이 너그러우면서도 엄격한 연구자였으며, 우리 모두에게 영감의 원천이었다. 그의 친절한 성품은 주지의 사실이었다. 지난 수년간 병마와 싸우는 중에도 그는 여전히 아주 활발하게 활동했다. 엄청난 규모의 연구 프로젝트에 참여했으며 마지막 몇 주까지도 동료나 친구들과 꾸준히 연락을 주고받았다. 앳킨슨 교수님이 돌아가신 지금 각종 불평등의 심화는 프랑스 사회의 주요 현안 중 하나가 되었다. 그는 불평등을 측량하고 분석하고 이에 대응할 수 있는 수단에 대해 고민하는 데 일생을 바쳤다. 불평등과의 투쟁에서 앳킨슨의 저작은 계속해서 살아 숨 쉬리라 믿는다. 돌아가신 자리에는 다시 메꿀래야 메꿀 수 없는 빈자리만 남아 있다.

(2017년 1월 3일)

프랑스와 독일의 생산성에 대하여

2017년이 이제 막 시작되었다. 올해 봄에 프랑스에서 선거가 있을 예정이고 가을에는 독일에서 선거가 치뤄진다. 이러한 시기에 유럽공동체 내부 논의를 소모적으로 만드는 근본적인 쟁점 하나를 재차 짚어보는 일이 꼭 필요하다고 생각한다. 번성 중인 독일과 추락 중인 프랑스라는 식의 대립구도로 흔히 이야기되는 양국 간 경제 불균형에 대한 선입견이 바로 그 주제다. '선입견'이라고 말하는 이유는, 이제 이 글을 통해 보겠지만 프랑스와 독일의 생산성이 사실 거의 동일한 수준이기 때문이다(생산성은 노동시간당 총생산으로 계산하는데, 경제성과를 측정하는 데 있어서 가장 적절한 지수라고는 할 수 없다). 게다가 양국의 생산성은 전 세계 최고 수준에 있는데, 이는 브렉시트 지지자와 트럼프주의자 들이 어떻게 생각하든 간에 유럽의 사회 모델이 앞으로도 번성하리라는 의미이기도 하다. 이번 글은 또한 2016년 1년간 내가 블로그에서뿐 아니라 지난달 칼럼 「기본소득인가, 정당한 임금지급인가?」에서 언급했던 여러 주제들을 다시 한번 짚고 넘어갈 기회이기도 하다.*

가장 놀라운 사실부터 살펴보자. 국내총생산PIB, Produit intérieur brut(한 해 동안 한 국가 내에서 생산된 물건과 서비스 가치의 합이다)을 노동시간으로(급여노동자와 비급여노동자를 모두 포함) 나누는 방식으로 노동의 평균생산성을 계산한다고 해보자. 그러면 프랑스는 미국이나 독일과 거의 똑같은 수준으로 2015년 기준 시간당 55유로의 생산성 가치를 보인다. 이는 영국이나 이탈리아보다(시간당약 42유로) 25% 높은 수준이며, 1970년과 비교하면 3배 가까이 늘어난 수치다(당시 생산성은 2015년 수치보다 20유로 낮았다. 모든 수치는2015년 기준 유로화로 구매력 평가를 한 결과로, 다시 말하자면 각 나라별로 다른 인플레이션과 물가 수준이 감안된 수치라는 뜻이다).

노동시간 계산을 위해 사용할 수 있는 자료들이 불완전하다는 점, 그리고 이러한 수치들의 정확도를 과대평가해서는 안 된다는 점을 일찌감치 분명히 말해두고 싶다. 게다가 '노동시간당 총생산'이라는 개념 자체가 이미 추상적이고 지나치게 단순화된 경향이 있다. 실제로 이러한 비교를 하려면 각국의 경제체제와 노동 및 생산체계 전반을 반영해야 한다. 산업 분야와 기업체들 간 존재하는 차이의 폭이 끝도 없이 넓다. 그러니 이러한 모두를 단 하나의 지수로 요약해내려는 시도는 참으로 헛된 일에 가깝다. 그렇지만 굳이 국가들 간에 생산성 비교를 해본다면 시간당 총생산이

---

* 앞서 소개한 「2007~2015 - 이토록 기나긴 경기침체」 및 2016년 6월 28일 기고문 「'브렉시트' 이후 유럽의 재건」을 참조하기 바란다. piketty.blog.lemonde.fr

그나마 가장 일리 있는 개념이다(노동시간당 총생산을 통한 분석의 한계를 인지하고 있다는 조건 하에 유용한 작업일 수 있다. 국가주의적인 편견을 극복하거나 몇몇 비교 수치들을 정리하는 데 도움이 될 수도 있기 때문이다).

이 글에서 사용하는 일련의 노동시간 자료는 OECD 공식자료임을 미리 밝혀둔다. 미국 연방정부의 노동통계청BLS, U.S. Bureau of Labor Statistics 또한 전 세계 국가들의 노동시간을 일련의 자료로 정리하는 작업을 하는 기관이다. 이러한 일련의 자료마다 존재하는 약간의 차이점들을 넘어서면 사용할 수 있는 모든 자료들, 특히 OECD와 BLS의 자료들을 통해 알아낼 수 있는 사실이 있다. 바로 노동시간당 총생산이 프랑스나 독일 혹은 미국에서 대략 비슷하다는 사실이다(수치가 부정확할 수밖에 없다는 사실을 감안한다면 위 세 나라 사이의 차이는 분명히 구분하기가 불가능할 정도로 너무나 미세하다). 반면 영국이나 이탈리아 혹은 일본 같은 나라들은 위의 세 나라보다 생산성이 20~25% 더 낮다는 사실이 드러난다. 현재 접근할 수 있는 자료들을 통해 가늠해보면 이러한 비교수치가 지금으로서는 유효하다고 할 수 있다.

또 한 가지 지적할 점은 통계상 의미 있는 수준으로 프랑스, 독일, 미국의 생산성을 넘어서는 나라는 세상 어디에도 없다는 사실이다. 적어도 유사한 경제 규모와 구조를 가진 나라들에서는 그러하다. 물론 생산구조가 아주 특정한 성격을 가진 작은 규모의 나라에서는 노동시간당 총생산이 눈에 띄게 높은 현상을 포착할 수 있기는 하다. 예를 들어 아랍에미리트나 노르웨이 같은 산유국 혹은 룩셈부르크 같은 조세피난처의 경우가 그러하다. 하지만 이는

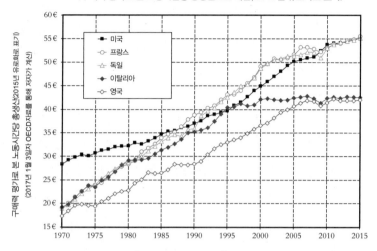

1970~2015년까지의 노동생산성
(구매력 평가로 본 노동시간당 총생산으로 계산, 2015년 유로화로 표기)

해석: 노동시간당 총생산으로 계산하는 노동생산성(2015년 유로화로 계산하되 구매력으로 평가)은 1950년에 독일과 프랑스에서 8유로였으나 2015년에 이르면 55유로에 이른다. 독일과 프랑스는 1985년부터 1990년 즈음에 미국의 생산성을 따라잡은(혹은 살짝 넘어선) 반면 영국의 생산성은 20% 낮은 수준에 머물렀다.

출처: 《자본과 이데올로기》 중 도표 11.3 및 piketty.pse.ens.fr/ideologie

아주 특이한 논리에 근거한 예외적인 사례일 뿐이다.

오늘날 프랑스의 노동시간당 생산이 55유로에 달한다는 사실을 알면 일부 독자들은 당장 상사에게 가서 임금 인상 협상을 시작하려들지도 모르겠다. 그리고 실제로는 이 수치의 의미에 대해 여러 가지 의문을 제기할 사람이 더 많으리라 생각한다. 그러니 분명히 말해두자. 이것은 평균 수치다. 노동시간당 물건과 서비스 생산은 특정 직업과 산업에서 10~20유로인 반면 또 다른 분야에서는 100~200유로에 이른다(그렇다고 후자라고 해서 반드시 특히 힘든 직종인 것은 아니다). 또, 직장인들의 임금협상 및 권력관계의 밀고 당기기에 있어서 타인의 노동을 자신의 몫으로 챙겨가는 사람들도 있으리라는 가능성을 배제할 수 없다. 55유로라는 평균 수치는 이렇게 다양하고 미묘한 상황들을 설명해주지 못한다.

'국내총생산'이라는 개념 자체가 여러 가지 문제를 안고 있다는 점 또한 지적하고자 한다. 통계기관들은 '국내순생산Produit intérieur net' 수치에 집중해주는 게 바람직하다. 국내순생산이란 국내총생산에서 국가 고정자본의 소비를 제한 후의 값인데 이는 자본이나 시설(건물과 기계 보수, 컴퓨터 교체 등)의 감가상각에 해당한다. 이러한 자본재의 감가상각은 실제로 그 누구에게도 소득이 되어 돌아가지 않는다. 임금노동자나 주주에게도 마찬가지이며 오히려 시간이 흐름에 따라 감가상각으로 인한 비용은 더 커지는 경향이 있다. 1970년대 선진국에서 고정자본의 소비는 국내총생산의 10% 정도였는데 이제 15%를 넘어선다(이는 설비가 노후되는 속도에 가속이 붙음을 뜻한다). 이러한 사실은 위에서 계산된 노동생산성의 개선 수치에 적어도 어느 정도는 오류가 포함되어 있었음을 시사한다. 이와 마찬가지로, 자연자본의 소비를 올바른 방식으로 감안하면 전 세계 총생산 성장치의 일부는 상쇄되어 없어지는 셈이 된다(연간 자연자원의 추출은 전 세계 총생산의 증가율과 비슷한 약 3% 정도인데 시간이 흐름에 따라 자연자원의 가치가 어떻게 매겨지느냐에 따라 그 비율이 늘어나는 경향이 있다). 하지만 이러한 요소도 지금 우리가 논의하고자 하는 국가 간 비교에는 영향을 주지 않는다.

마지막으로 앞서 언급한 시간당 55유로의 가치로 환산된 평균

생산성은 이윤을 포함하고 있음을 밝혀둔다(산업 분야에 따라 혹은 자본집약적 특성에 따라 이는 20%에서 40% 사이다). 그리고 모든 직간접세(부가가치세 혹은 생산활동에 부과되는 여러 가지 세금 등)라든지 온갖 사회보장 분납금 비용을 감안하기 전의 수치라는 점 또한 밝혀두는 바이다. 그러니 위에서 말한 55유로와 임금노동자들의 실제 월급명세서에 찍히는 세제 후 급여 사이에는 큰 간극이 있게 된다. 이 문제에 대한 본격적인 논의를 하려면 지금 이 글이 다룰 수 있는 영역에서 크게 벗어난다. 이 글에서는 무엇보다 국가 간 생산성 수준을 비교하고자 하는 것뿐이다. 위에서 언급한 생산성 계산의 결과를 표시하는 또 다른 방법은 각 나라의 생산성을 미국의 생산성과 비교하는 방법이다. 미국이 오랫동안 생산성 영역에서 다른 나라들을 크게 앞서갔기 때문이다.

요약하자면, 프랑스와 독일의 생산성은 1970년에는 미국 생산성의 65~70% 정도였다. 이 두 나라는 1970년대부터 1980년대까지 뒤떨어진 부분을 완전히 따라잡았고 1990년 이후로는 거의 미국과 동일한 위치에 있다(2008년 세계 경제위기 직전에는 오히려 미국보다 조금 앞섰다가 그 이후로는 약간 뒤처졌지만 차이는 미미하다. 유로존 경제가 적어도 지금까지의 경과보다는 경제위기를 더 잘 극복하기만을 기대해본다).*

제2차 세계대전 직후로 거슬러 올라가면 프랑스와 독일의 생

---

* 「2007~2015 – 이토록 기나긴 경기침체」에서 언급한 내용이다.

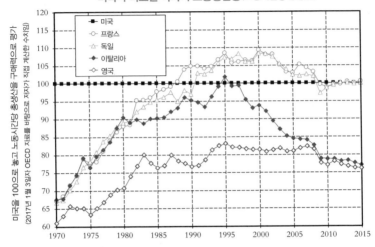

미국과 비교한 각국의 노동생산성(노동시간당 총생산)

해석: 노동시간당 총생산으로 계산하는 노동생산성에서(2015년의 유로화로 계산하되 구매력 평가) 1950 년에는 미국이 서유럽보다 2배 앞섰다. 독일과 프랑스는 1985~1990년 즈음 미국의 수준을 따라잡 았지만(혹은 살짝 넘어섰지만), 영국은 대략 20% 더 낮은 수준에 머물렀다.

출처: 《자본과 이데올로기》 중 도표 11.4 및 piketty.pse.ens.fr/ideologie

산성은 미국의 50%에 겨우 턱걸이하는 수준이었으니 두 나라가 미국을 따라잡았다는 사실은 더욱 놀랍기만 하다. 생산성 분야에서 유럽은 이미 오래전부터 미국에 뒤처져 있었다는 사실을 유념할 필요가 있다(이미 19세기와 20세기 초에 크게 뒤떨어져 있었고 제1차 세계대전 직전까지도 그랬다. 두 차례 세계대전으로 인해 격차는 더욱 벌어졌다). 전통적인 설명방식으로는 그 이유를 교육 분야에서 유럽이 미국에 비해 상대적으로 뒤떨어졌기 때문이라고 본다. 인구가 적었던 미국은 19세기 초에 이미 전체 인구가 문맹을 벗어났으나 프랑스에서는 19세기 말이 되어서야 문맹퇴치를 이룰 수 있었다. 이때 미국은 이미 교육 부문에서 그 상위단계로 진행했다. 중등교육이 대중으로 확대된 데 이어 고등교육체계까지 자리 잡았다. '영광의 30년'간 교육에 투자한 덕에 프랑스와 독일은 1950년부터 1990년까지의 기간 동안 미국과의 격차를 따라잡는 역사적인 성과를 거둔다. 오늘날 진정한 현안은 이와 같은 행보를 유지하고 확대하는 일이다.

반대로 미국 수준을 단 한 번도 따라잡은 적 없는 영국의 생산성이 여전히 뒤떨어지는 이유를 설명할 때는 대체로 역사상 교육체계가 탄탄하지 못했기 때문이라고 본다. 마찬가지로 이탈리아가 1990년대 중반부터 뒤떨어지기 시작한 현상 또한 어느 정도는 이탈리아 정부의 교육 분야 투자가 미흡했기 때문이라고 볼 수 있다(이탈리아는 끝도 없는 공공부채의 늪에 빠져 있기 때문인데 프랑스와 독일은 다행히도 제2차 세계대전 이후 인플레이션과 부채탕감 등의 조치 덕분에 이 문제를 해결했다).

또 하나 강조할 점은 현재 미국의 높은 생산성은 상당한 불평등을 동반한다는 사실이다. 미국은 19세기에는 구대륙 유럽보다 훨씬 평등한 사회였고 적어도 20세기 중반까지는 그러했다. 하지만 최근 수십 년간 불평등 확산 현상이 훨씬 심하게 나타났고, 특히 교육 분야에서 그러한 변화가 두드러진다. 위계질서의 꼭대기에 세계 유수의 대학들이 포진하고 있고 (안타깝게도 가장 유복한 이들만이 진학할 수 있다), 다른 한편으로는 대다수 학생들이 진학할 수는 있지만 상대적으로 수준이 현격히 떨어지는 중등 및 고등교육 체계가 존재하는 것이 미국 교육의 현실이다. 이는 왜 하위 50% 미국인들의 소득이 1980년부터 전혀 증가하지 않았는지, 반대로 같

은 기간 상위 10% 미국인들의 소득은 크게 증가했는지를 설명해
주는 요소다.*

　자화자찬의 유혹에 빠지지 않더라도(독일의 인구변화 추이나 프랑
스의 세제 및 사회보장제도 개혁 등의 과제가 여전히 산재해 있으니 자화자
찬은 얼토당토않다), 프랑스와 독일에서 구축한 사회, 교육 및 경제
모델이 미국보다 더욱 바람직하다는 사실을 분명히 인정해야 한
다. 두 나라는 미국의 생산성을 따라잡을 정도로 세계 최고의 생
산성에 도달했으면서도 미국 사회보다 훨씬 더 평등한 체계가 가
능하다는 걸 보여주고 있기 때문이다.

　이제 인구당 총생산 수치를 검토해보자. 유럽에서는 이 수치가
연간 3만 5,000유로 정도 된다. 즉 한 달에 3,000유로에 살짝 못
미치는 수준이다. 독일의 수치가 위의 평균보다 조금 높고 프랑스
와 영국의 수치는 이보다 좀 적다. 미국의 연간 4만 5,000유로 수
준에 비교하면 25% 정도 적은 금액이다.

　하지만 이 인구당 총생산 수치가 미국에서 더 높은 이유는 단지
미국의 절대 노동시간이 유럽보다 더 길기 때문이라는 사실을 알
아야 한다. 프랑스나 독일에 비해 미국의 생산성 자체가 높은 것
이 아니다. 마찬가지의 논리로, 오직 노동시간이 더 길다는 이유
로 영국은 최약체에 가까운 생산성 수치를 다소나마 보완할 수 있

---

*　Thomas Piketty, Emmanuel Saez et Gabriel Zucman, 「Distributional National
　Accounts: Methods and Estimates for the United States」, National Bureau of
　Economic Research, Working Paper n° 22945, 2016.

었고 인구당 총생산 수치에서 프랑스와 같은 수준에 올라설 수 있었다.

이러한 노동시간의 격차를 조금 더 잘 이해하기 위해서는 일자리당 노동시간과 1인당 일자리의 숫자를 구별해야만 한다. 우선 일자리당 노동시간에서부터 시작해보자.

확인할 수 있는 바는 일자리당 노동시간의 연간 평균이 프랑스에서보다 독일에서 더 짧다는 사실이다(이는 프랑스에 비상근 일자리가 훨씬 더 발달했다는 데에서 기인하는데, 그렇다고 이것이 노동자들이 자발적으로 비상근 일자리를 더 많이 선택했다는 뜻은 아니다. 하지만 일자리가 아예 없는 것보다는 비상근 일자리가 있는 게 훨씬 바람직하다). 이 경미한 수준의 차이점을 넘어서면 여전히 프랑스와 독일의 궤적에는 상당 부분 유사성이 있다는 걸 알 수 있다. 두 나라는 1960년대 이후로 '영광의 30년' 동안, 즉 경제성장률이 매우 높았던 시기에 평균 노동시간을 상당히 줄이는 데 성공해서 1970년에 연간 2,000시간에 가깝던 평균 노동시간이(대략 연간 48주 일하면서 주당 노동시간이 42시간가량) 현재는 평균 1,500시간 미만으로 단축되었다(연간 노동기간 44주 동안 대략 일주일에 35시간 일하는 셈이다). 반면 주당 노동시간은 훨씬 길고 유급휴가가 훨씬 적음에도 불구하고(미국이나 영국에서는 공휴일을 빼고 유급휴가가 약 2주밖에 되지 않는다) 미국과 영국에서는 같은 기간 동안 노동시간이 결코 크게 줄어들지 않았다.

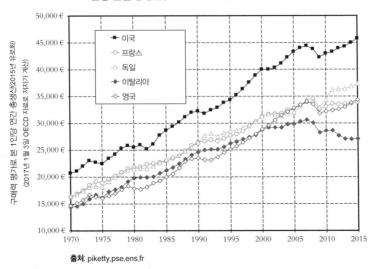

1인당 연간 총생산, 1970~2015년 (2015년 유로화 가치 환산)

y축: 구매력 평가로 본 1인당 연간 총생산(2015년 유로화) (2017년 1월 3일 OECD 자료로 저자가 계산)

- ■ 미국
- ○ 프랑스
- △ 독일
- ◆ 이탈리아
- ◇ 영국

출처: piketty.pse.ens.fr

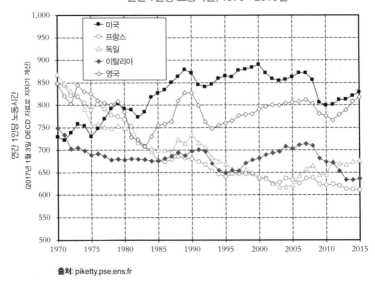

연간 1인당 노동시간, 1970~2015년

y축: 연간 1인당 노동시간 (2017년 1월 3일 OECD 자료로 저자가 계산)

- ■ 미국
- ○ 프랑스
- △ 독일
- ◆ 이탈리아
- ◇ 영국

출처: piketty.pse.ens.fr

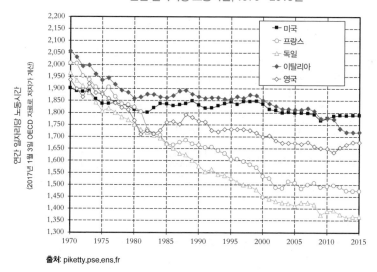

연간 일자리당 노동시간, 1970~2015년

연간 일자리당 노동시간
(2017년 1월 3일 OECD 자료로 저자가 계산)

범례:
- 미국
- 프랑스
- 독일
- 이탈리아
- 영국

출처: piketty.pse.ens.fr

지금 노동시간 단축과 휴가 연장이 무조건 좋은 일이라고 말하려는 게 아니다. 게다가 노동시간이 어느 정도의 속도로 단축되어야 하는가의 문제는 대단히도 복잡하고 미묘한 문제다. 분명한 사실은 장기적으로 보았을 때 생산성 개선을 추구하는 이유 중 하나는 개인의 삶, 가족과의 삶, 문화와 여가를 즐기는 삶을 위해 좀 더 많은 시간을 쓸 수 있도록 만들어가는 데 있다는 점이고, 그렇다면 프랑스와 독일이 밟아온 궤도가 미국과 영국의 사례보다 그와 같은 목적에 더 잘 부합하고 있는 것으로 보인다는 사실이다.

이제는 안 좋은 이야기, 그러니까 프랑스의 취업률 악화 이야기를 해보자. 독일의 취업률과 비교했을 때 2005년 수치는 상대적으로 격차가 줄었음을 보여주는데(거의 2%p 차이밖에 나지 않았다.

100명당 독일에는 44개, 프랑스에는 42개의 일자리가 있다는 계산이었다),
이후 경제위기를 거치면서 눈에 띄게 차이가 나기 시작하여 이제
는 독일에서 취업률이 49%가 넘는다면 프랑스에서는 42%에 그
쳐 격차가 7%p 넘게 벌어졌다.

이 변화 추이를 나이대별로 나누어 검토해보면 25~54세 집단
의 취업률은 프랑스건 다른 나라건 간에 항상 80%대를 유지해왔
음을 볼 수 있다. 문제는 지난 수년간 15~24세 집단과 55~64세
집단에서 실업 증가 속도에 발맞추어 그 격차가 크게 벌어졌다는
사실이다.

이 글에서는 프랑스 노동시장 악화의 수많은 이유에 대해 논하

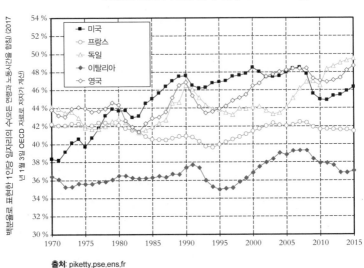

백분율로 표현한 1인당 일자리수, 1970~2015년

출처: piketty.pse.ens.fr

지 않겠다. 이러한 상황에 대한 책임은 적어도 어느 정도 유로존의 잘못된 예산정책에 있다. 그 정책은 어이없게도 2011~2013년 사이에 경제활동이 재추락하는 결과를 가져왔다.* 지금도 그 악영향에서 겨우 벗어나고 있는 상태다. 책임을 져야 할 당사자는 무엇보다 지난 수년간 프랑스와 독일을 이끈 여러 정부들이다. 반드시 개혁해야 할 대상이자 최악의 예산안을 담은 유럽연합 수정조약을 타결하는 데 프랑스와 독일 정부가 큰 역할을 했기 때문이다.**

하지만 프랑스만의 특수 상황도 또한 존재한다. 우선 프랑스 산업의 특수성이 독일에서만큼 경제 발전의 원동력이 되지 못한다는 점이 있다. 예를 들자면 독일은 기업의 거버넌스와 전략에 있어 직원들의 참여와 투자를 강화하는 데 집중해왔고*** 직업교육 체계도 잘 갖춰져 있다. 이는 특히 프랑스가 독일에서 배워야 할 점이기도 하다. 또 하나의 특성은 프랑스의 경우 사회보장제도를 지탱하기 위해 민간기업의 임금노동자들에게 지나치게 의존하고 있다는 점이다. 이 부분은 조세정책 전반에 대한 개혁(끝도 없이 미뤄지고만 있다)을 통해 개선해야만 하는 부분이다 (조세제도를 대대적으로 개혁하는 대신에 프랑스는 이렇게 저렇게 응급처치만 계속해왔다. 일례를 들자면 이미 이해하기 어려운 프랑스의 조세제도 및 사회보장체계에 또

---

* 「2007~2015 - 이토록 기나긴 경기침체」 참조.
** 위의 기고문 및 「'브렉시트' 이후 유럽의 재건」 참조.
*** 「기본소득인가, 정당한 임금지급인가?」 참조.

한 겹의 복잡함을 더해놓은 CICE 제도 도입이 있다).* 프랑스에서는 연금제도 또한 이해하기 어려운 데다 너무나 다양한 체계로 분화되어 있기 때문에 이를 통일하는 작업이 급선무다.** 특히나 청년층을 안심시키기 위해서 꼭 필요한 일이다(현재로서는 우리의 연금체계가 괜찮은 재정상태를 유지하고 있기는 하지만 유럽에서 이탈리아 다음으로 비용이 많이 들어가는 체계이기도 하다. 게다가 너무나 불투명하게 운영되고 있기 때문에 그 누구도 자신이 어떤 연금혜택을 받을지 알 방도가 전혀 없다).

나는 이 글에서 단지 2가지를 강조하고자 한다. 우선 현재 프랑스의 노동시장이 약화된 현상은 위에서 언급한 생산성 예상치가 지나치게 낙관적이라는 오류가 존재한다는 사실을 시사한다. 특히 노동시장에서 소외된 사람들이 대체로 가장 학력이 낮은 이들인 경우가 많다는 점을 기억하자. 만약에 노동시간이 2005년 이후로 독일과 동일한 변화양상을 보였고, 또 그 결과로 새 일자리들이 기존 일자리보다 평균 30% 낮은 생산성을 보였을 것이라고 가정해 일련의 생산성 수치들을 조정해보면 그때는 다음의 표와 같은 결과가 나온다.

다시 말하자면 2000년부터 2015년까지 프랑스의 생산성이 추

---

* Camille Landais, Thomas Piketty et Emmanuel Saez, 「Pour une revolution fiscale. Un impot sur le revenu pour le XXIe siecle」, Paris, Seuil, 〈La république des idées〉, 2012.

** Antoine Bozio et Thomas Piketty, 《Pour un nouveau systeme de retraite. Des comptes individuels de cotisations finances par repartition》, Paris, Rue d'Ulm, 2008.

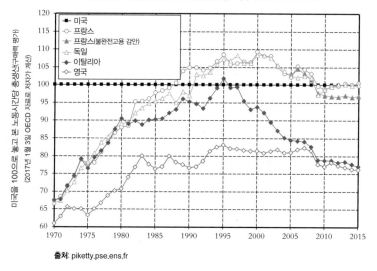

불완전고용을 감안한 노동생산성 지수(총생산/노동시간)

출처: piketty.pse.ens.fr

락하는 추세를 보이고 있다는 것이다. 물론 아직은 이탈리아의 수준으로 추락한 건 아니다. 불완전고용이라는 요소를 감안하기 위해 어떤 가설을 채택하든 간에 프랑스의 생산성은 여전히 영국과 비교하면 분명히 더 높고, 독일이나 미국의 생산성에 매우 근접해 있다. 하지만 이러한 생산성 하락 추세는 잠재적으로 걱정스러운 일이다. 1950년대부터 1990년까지처럼 경제성장의 기세를 유지하고자 한다면 반드시 해결해야 할 문제다.

이러한 관점에서 볼 때, 프랑수아 올랑드 대통령의 5년 임기 동안 가장 잘못된 정책은 바로 교육에 대한 투자가 미흡했다는 점이다. 특히 대학교나 그 외 고등교육 기관에 배정된 정부예산을 살펴보면 이 점을 분명히 알 수 있다. 고등교육을 위한 예산은

2012년부터 정체상태인데 (너무나 미약한, 명목상 예산 증가가 아주 미약하게나마 있었지만 인플레이션 수치와 거의 같았다), 같은 기간 동안 고등교육기관에 등록한 학생수는 10% 가까이 증가했다. 다시 말하자면, 2012년부터 2017년까지 올랑드 대통령의 임기 동안 혁신경제, 지식사회라는 슬로건만 엄청나게 자주 언급되었을 뿐 오히려 학생 1인당 교육에 실제 투자된 금액은 명백하게 감소했다는 뜻이다. 올랑드 정부가 분별력이 있었더라면 제대로 방향도 못 잡고 준비도 되지 않은 노동시장의 유연성 논의에 시간을 낭비하지 않았어야 한다.* 길게 보면 경제 발전은 무엇보다 교육에 대한 투자에 따라 결정된다는 사실을 깨달아 그에 따른 조치를 취했어야 한다고 생각한다.

여기서 강조하고자 하는 두 번째 요점은 다음과 같다. 프랑스와 독일에서 경제문제에 대한 논의를 할 때 두 나라 사이의 '경쟁력'의 차이에 지나치게 치우치는 경우가 많다. 다시 말해, 프랑스의 무역적자와 독일의 무역흑자를 대조하는 데 천착한다는 이야기다. 하지만 한 국가의 경제성과를 판단하기 위해 적절한 기준은 상당히 허술한 개념인 경쟁력이 아니라 바로 생산성이다. 생산성이 비슷한 수준의 나라들이라고 해도 다소간의 자발적인 이유로 인해 무역수지에서 일시적이나마 각국의 경제상황이 완전히 달라질 수 있다. 예를 들어보자. 어떤 나라들은 수입보다 수출을 더

---

* 2016년 6월 2일 기고문 「너무나 엉망진창이 되어버린 노동법」 참조.
  piketty.blog.lemonde.fr.

많이 하고자 할 수 있다. 외국에 보유 자산을 축적하여 장래를 대비하기 위한 선택이다. 이러한 정책은 생산인구 감소를 예상하는 노화 국가들의 경우에 정당화될 수 있는 방안이다. 전통적으로 이러한 분석은 독일이나 일본처럼 인구노화가 진행 중인 나라들이 계속해서 무역흑자를 고집하는 현상을 어느 정도까지는 설명할 수 있게 해주었다. 이와 비교할 때 국가 내 인구구성이 더 젊은 미국이나 영국, 프랑스의 경우에는 자국 영토 내에서 투자를 더 해야 하고 내수소비를 증진해야 하기 때문에 이로 인해 무역수지 적자가 발생할 가능성이 있다. 하지만 중요한 점은 이러한 무역수지 적자나 흑자의 상황은 오직 잠시 동안만 이어져야 하고 장기적으로는 반드시 상쇄되어야만 한다는 점이다. 특히나 무역수지 흑자를 끊임없이 기록하는 건 아무 도움이 되지 않는다(그러면 그 나라는 영원히 자국이 아니라 전 세계 무역상대국을 위해서만 국내생산활동을 한다는 뜻인데 이는 전혀 바람직하지 않다).

이제 실제 상황이 어떠한지 살펴보자. 우선 확인 가능한 사실은 이러하다. 전반적인 수출입의 규모는(이는 국내총생산 수치 중에서 수출입의 비중을 말한다) 1970년대 이후로 크게 확대되었으며(이는 국제무역과 무역 분야의 세계화 추세가 확대되는 현상으로 나타난다), 그 비중은 미국이나 일본보다 프랑스와 독일에서 더 크다. 이 말은 유럽의 경제는 좀 더 규모가 작고 상호 간에 더욱 단단히 통합되어 있다는 뜻인데, 무역 분야를 보면 더욱이 그러하다.

또 하나 눈에 띄는 사실은 무역수지의 흑자 시기와 적자 시기는 더 긴 시간의 흐름 안에서 보면 서로 상쇄·보완하는 경향이 있

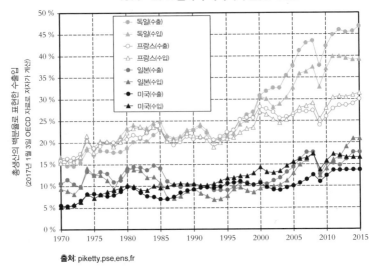

1970~2015년까지 각국의 수출입(백분율)

출처: piketty.pse.ens.fr

다는 점이다. 예를 들어 일본은 1990년대와 2000년대에 무역흑자를 기록했으나 (연간 국내총생산의 1~2% 수준) 2011년부터는 상당한 수준으로 적자(현재 국내총생산에서 -3%)를 보이고 있다. 프랑스는 1992년부터 2004년까지 무역수지 흑자(평균적으로 국내총생산의 1~2%)를 기록하였다. 2005년부터는 꾸준히 적자를 기록하면서 2015년에는 국내총생산의 -1.4%에 이르게 되었다. 1980년부터 2015년까지의 자료를 가지고 전체 평균을 내보면 프랑스는 거의 완벽하게 경상수지 균형을 이룬다. 총 수치는 전체 기간 국내총생산을 합산했을 때 -0.2% 정도가 된다(1990년부터 2015년까지만 보면 +0.1%다). 일본의 경우 전체 기간의 무역수지 흑자가 조금 앞선다는 계산이 나온다(1980년부터 2015까지 +1%, 1990년과 2015년 사이 기간 동안에는 +0.6%를 기록했다). 이를 통해 왜 일본이 외국에 금융자산을 넉넉히 축적해왔는지를 알 수 있다. 지금 와서는 일본이 해외자산으로부터 자금을 끌어오고 있으니 말이다.

무역수지가 균형을 이루지 못하는 경우도 물론 있다. 미국이 바로 그러한 사례다. 미국은 거의 항시적인 무역적자 상태에 있는데, 1980~2015년 사이에 국내총생산의 -2.6%가 평균치다 (1990년부터 2015년까지 기간만을 보면 -2.9%에 달한다). 그렇지만 미국의 외채현황은 무역수지 적자의 축적으로 발생할 수 있는 최악의 상황에 비하면 훨씬 낫다. 미국은 자국의 채무에 대해서는 (미국의 화폐와 정치제도에 대한 신뢰 덕에) 낮은 이자를 지급하는 반면 자국의 해외투자를 통해서는 고수익률의 이득을 보기 때문이다(이는 특히 미국의 금융체계나 상업은행들의 덕을 보는 부분이다).

반대로 더 극단적인 불균형의 예를 들자면 독일을 이야기할 수 있다. 2000년까지 독일은 프랑스와 비슷하게 무역수지가 거의 균형상태를 이루었다. 그런데 2000년부터 2015년까지 평균적으로 국내총생산의 5%에 달하는 무역흑자를 기록하고 있다(1990년부터 2015년까지의 기간을 보면 3.2%, 1980년부터 2015년까지를 보면 1.7%다. 1980년부터 2000년까지 기간을 따로 떼어보면 독일의 무역수지는 평균 -0.9%였고 반면 같은 기간 프랑스는 무역수지 흑자 +0.2%를 기록했다). 독일의 무역수지 흑자는 심지어 2012년부터는 국내총생산의 6%를 넘겼으며, 2015년에는 거의 8%에 육박했다.

구체적으로 이 수치가 의미하는 바는 어떻게 보면 독일에서 생산되는 물건과 서비스의 상당 부분이 독일이 아닌 전 세계 다른 나라들에서 소비되고 투자된다는 뜻이다. 무역수지 불균형의 규모를 표시하는 또 한 가지, 완벽하게 호환되는 방법이 있다면 국내 소비와 투자의 비중을(즉 해당 국가의 영토 내에서 이루어지는 경제활동) 국내총생산(즉 그 영토 내에서의 물자와 서비스 생산량)의 백분율로 계산하는 방법이다.

이렇게 했을때 100%를 넘어서면 그 나라는 자체 생산 이상으로 소비와 투자를 한다는 뜻인데, 이건 다시 말해 무역수지 적자 상태라는 말이다. 반대로 100% 아래라면 그건 한마디로 무역수지 흑자의 반대급부다. 대부분의 나라들은 평균적으로 100%에 아주 근접한 수치를 보인다. 그런데 독일의 경우는 그 수치가 2015년 92%로 추락했고 이는 전 세계 경제사에서도 초유의 사례

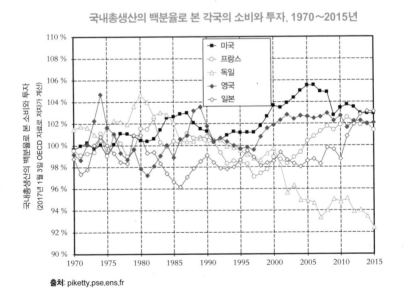

국내총생산의 백분율로 본 각국의 소비와 투자, 1970∼2015년

출처: piketty.pse.ens.fr

라 할 수 있다.

요약하면 이런 뜻이다. 프랑스와 독일은 생산성에서 비슷한 수준에 있지만 각자 높은 생산성을 활용하는 방법에서 다르다. 최근 몇 년간 프랑스가 100단위의 물자와 서비스를 생산했다치면 국내에서 101 혹은 102단위를 소비해왔다. 반대로 독일은 100단위를 생산했다고 하면 영토 내에서 단지 92단위만을 소비하고 투자했다. 이 차이가 그다지 크게 보이지 않을 수도 있다. 하지만 이러한 현상이 매년 반복된다고 가정해보자. 국가 재정으로나 사회적으로나 상당한 불균형이 발생하게 되고 궁극에는 전 유럽에 엄청난 폭발력을 발휘할 위험까지 있는 일이다.

대체 어쩌다 여기까지 왔는가, 그리고 어떤 조치를 취해야 하는가? 우선은 독일의 인구노화와 인구감소가 어느 정도까지는 무역수지 흑자 현상을 설명할 수 있다. 미래를 위해 자산을 축적해둘 필요가 있기 때문이다. 하지만 이렇게까지 엄청난 규모의 흑자를 합리적으로 설명하기엔 부족하다. 사실 독일이 진정한 의미에서 자발적으로 한 선택이라고 할 수 없다고 보는 게 맞다. 지나친 무역수지 흑자가 지속되는 상황은 수백만의 경제주체들이 내리는 결정이 모두 분산되어 있다는 데에서 기인한다. 또 하나, 적절하게 이를 조정할 메커니즘이 없기 때문이기도 하다. 간단하게 다시 말하자면 날고 있는 비행기 안에 조종사가 없다는 말이다. 아니 적어도 대기 중인 조종사가 그다지 정교하지 못한 인물이라는 뜻이다.

통일 이후 독일 연방정부는 내내 '독일 내 생산기지(동독과 서독의 경제수준과 산업의 특성 차이에 따라 통일로 인한 충격으로 인해 산업기반, 특히 구 동독 지역에서의 산업기반이 무너질 것을 우려했다는 의미의 표현이다_옮긴이 주)'가 경제적으로 급격한 타격을 입을까 봐 대단히 겁을 먹었다. 독일 정부는 경쟁력을 제고하기 위해 잇따라 임금 동결을 시행했고, 아마도 그러한 방향으로 지나치게 나아간 게 아닌가 싶다. 자신들에게 유리하도록 극도로 정교하게 고안된 유럽의 통합체계 덕분에 독일 기업들은 중유럽 및 동유럽 국가들이 유럽연합에 합류한 후 이들 나라에서 큰 이득을 창출할 수 있었다. 이는 특히나 수출입의 전반적인 수준이 폭발적으로 높아진 데서 확인할 수 있다. 2000년에는 독일의 수출입이 프랑스와 비슷한 수준으로 국내총생산의 25~30% 정도였다. 2015년에 이르자 프랑스의 수출입 비중은 30%에 머무른 데 비해 독일은 훨씬 높아져서 국내총생산의 40~45%까지 달하게 된다(앞의 표 참조).

이런 맥락에서 발생한 무역수지 흑자는 아마도 완전히 예상할 수 있었던 것은 아니었으리라고 본다. 우연성 또한 크게 작용하여 발생한 일인 것이다. 이는 나름대로 세계화에 영향을 주는 경제 분야의 세력들이 얼마나 강력한지를 보여주는 사례라고도 할 수 있다. 공권력으로는 아직 그러한 세력들을 적절히 규제하지 못하고 있는 것이다.

또한 독일 정도로 규모 있는 나라가 상당히 장기적으로 이 정도의 무역수지 흑자를 기록하는 일이 세계 경제사에서, 적어도 무역 관련 통계가 존재한 19세기 초 이후로 전례를 찾아볼 수 없는 일이라는 점은 꼭 짚어보아야 한다(무역수지 흑자를 기록하더라도 2~3%

를 넘는 일이 거의 없었던 일본이나 중국과 비교해도 엄청나게 높은 수치다).
국내총생산의 10%에 육박하는 무역수지 흑자를 기록한 경우로
는 인구가 적은 일부 산유국들이 유일하다. 당연히 그런 나라들은
국내총생산의 절대수치가 독일보다 훨씬 적다.

독일의 무역수지 흑자가 객관적으로 과하다는 또 하나의 징후
는 기업들과 금융계가 해외에 투자를 잘못했다는 점에서 드러난
다. 미국의 경우와는 다르게, 독일이 해외에 축적한 금융자산은
무역흑자의 총합이 발생시킬 수 있는 액수보다 훨씬 미약하다.

이제 해결책은 물론 독일에서 교육체계뿐 아니라 인프라 건설
에 있어서 임금을 부양하고, 소비와 투자를 장려하는 일이라고 생
각한다. 하지만 안타깝게도 이러한 조치는 너무나 느리게 실행되
는 중이다. 이민 정책 등을 포함한 다른 분야에서는 상당히 훌륭
한 자질을 지닌 독일 지도자들이지만 자신들의 엄청난 책임에도
불구하고 이 글에서 논의한 핵심적인 영역에 있어서 독일 시민들
에게 현안들을 제대로 설명하는 데에는 소홀했다. 심지어 무역수
지 흑자가 마치 국가적인 자랑인 양, 독일 경제가 지닌 미덕의 증
거인 양 선전하는 경향을 보였다. 독일은 다른 유럽연합 회원국에
항상 충고하는 역할을 하면서 모두가 독일만 따라하면 다 잘될 거
라고 생각하는 경향도 있다. 논리적으로도 말이 안 되는 얘기다.
유로존의 모든 회원국들이 자국 내 총생산의 8% 정도의 무역수
지 흑자를 기록한다면, 그 정도의 잉여분을 흡수할 수 있는 나라
들은 지구상에 존재하지 않는다. 국내총생산의 규모로 볼 때 유로
존과 맞먹는 크기의 나라가 존재하지 않는 것이다. 있다 해도 8%

의 무역적자를 감당할 수 있을 리 없다. 이렇게 독일이 불합리한 일탈을 지속하는 사태는 세계화 그리고 국가 간의 과도한 경쟁이 가져온 위험 중 하나라는 사실이 참으로 안타깝다. 각 나라는 무엇보다 자기만의 틈새를 찾아내서 나부터 살고 보자는 태도를 갖고 있으니 말이다.

다행히도 세상에는 다른 힘들도 작용하고 있다. 더욱이 우리에게는 유럽이라는 공동체이자 가치에 대한 애착이 그 역할을 한다. 독일 외 다른 나라들, 예를 들어 프랑스와 이탈리아 그리고 스페인부터라도(이 세 나라를 합치면 유로존 역내총생산과 인구의 50%가 넘는다. 독일의 비중은 전체에서 27% 정도다) 유로존을 민주적으로 재구성하는 구체적인 제안을 한다고 가정해보자(그 제안의 핵심사항으로 공동으로 구성된 의회가 민주적인 방식으로 결정하는 경제부양책과 공공부채 모라토리엄 등을 생각할 수 있다).* 그렇다면 아직은 어떠한 타협점이 찾아질 수 있다고 믿는다. 하지만 현재 상황에 대한 해결책이 독일로부터 나오거나 언급한 여러 가지 변화들이 순조롭게 진행되리라고는 생각하지 않는다. 민주주의 방식을 고수하되 힘겨루기가 벌어지리라 예상할 수 있다. 그저 희망사항이 있다면 너무 격렬한 충격요법이 동원되지 않았으면 하는 바람뿐이다. 브렉시트가 이미 벌어진 지금, 더 이상 유럽이 어디까지 분열될까 하는 의문에서 벗어나기 어려우니 말이다.

---

* 「브렉시트」 이후 유럽의 재건」 참조.

글을 마무리하면서 긍정적인 한마디를 덧붙이고자 한다. 미국이나 영국 또는 전 세계 다른 지역들과 비교하면 프랑스와 독일 두 나라에는 중요한 공통점이 있다. 프랑스와 독일은 1914년부터 1945년에 이르는 세계대전 시대에 자행된 자기파괴라는 심연에서 헤어나와 수십 년의 기간 동안 전 세계에서 가장 사회복지가 잘 되어 있으면서도 생산적인 국가경제가 꽃피울 수 있도록 적절한 제도와 정책들을 도입해왔다. 이 두 나라는 공정하고 지속가능한 발전 모델을 추진하기 위해 여전히 함께해야 할 일들이 많다. 물론 그러기 위해서는 미래를 향해 나아가는 걸 방해할 뿐인 상호 비교의 오류에 빠져들지 않아야 하며, 서로에게 그리고 역사를 통해 여전히 배울 게 많다는 사실을 인정하는 자세가 필요하다.

(2017년 1월 5일)

포퓰리즘 만세!

프랑스의 새 대통령이 선출될 날이 이제 넉 달도 채 남지 않았다. 여성 대통령일지도 모르겠다. 이는 국수주의 우파 정치인 마린 르 펜이 대선 승리에 가까이 다가가고 있을 수도 있다는 뜻이다. 여론조사 결과로는 그렇지 않긴 하다. 하지만 트럼프와 브렉시트의 시대를 사는 지금, 여론조사의 예측이 다시 한번 틀릴 가능성도 배제할 수 없다. 이번 대선에서 르펜이 당선되는 대참사를 모면한다고 해도, 다음 대선에 르펜이 자유주의 우파 진영에 선 유일하게 믿음직한 야당 지도자로 자리매김할지 모른다는 현실적인 위험이 도사리고 있다. 급진좌파 정치인 장 뤽 멜랑숑의 성공을 기원해보지만 유감스럽게도 아주 개연성 있는 시나리오라 하기는 어렵다.

이 두 후보에게는 공통점이 있다. 이들은 유럽연합의 조약이 야기한 문제들, 국가 간 심화되어가는 경쟁구도를 문제 삼는다. 르펜과 멜랑숑 두 사람 다 세계화의 물결에 소외되었다고 느끼는 유권자들을 끌어들일 수 있다는 전략이다. 물론 이 두 후보에게는 서로 결정적으로 다른 부분이 있다. 종종 분열을 조장하는 수사와 가끔은 걱정스럽기까지 한 지정학적 상상력을 드러냄에도 불구하고 멜랑숑 후보는 마린 르펜과는 다르게 일말의 국제주의적이고 진보적인 경향을 유지하고 있다는 점이다.

이번 대선에서 위험한 요소는 이 둘을 제외한 모든 주요 정치 세력들과 대형 언론사들이 모두 멜랑숑과 르펜을 도매금으로 취급한다는 점, 그리고 이 둘에게 '포퓰리스트'라는 꼬리표를 붙이는 데 그치고 있다는 점이다. 정계에서 궁극의 모욕을 주는 용도의 표현으로 새롭게 등장한 '포퓰리스트'라는 말은 이미 미국 정계에서 샌더스를 부르는 말로 사용되면서 대중에게 유명해졌다. 그리고 이 용어는 미국에서와 마찬가지로 근본적인 문제를 은폐하는 말장난이 될 위험을 안고 있다. 포퓰리즘이란 건 한마디로 세계화와 불평등의 확대라는 상황 속에 소외된 선진국 내 서민들의 막연하지만 정당한 반응이라고 할 수 있다. 우리 시대의 현안들에 대해 명쾌한 대안을 도출하기 위해서는 가장 국제주의적인 포퓰리즘의 요소들에 기댈 필요가 있다. 가장 국제주의적인 포퓰리즘이란 세계 각지에서 등장하고 있는 포데모스, 시리자 그리고 샌더스나 멜랑숑 같은 정치인들이 체화하는 급진좌파를 의미한다(포데모스Podemos는 2014년 창당된 스페인의 극좌 정당으로 그해 유럽 의회에 4석을 확보했고 2019년 스페인 총선에서 30석을 얻어 제4의 당으로 떠올랐다. 급진좌파연합인 시리자ΣΥPIZA는 2015년 그리스 총선에서 승리해 집권당이 되었던 반자본주의 좌파 정당이다_옮긴이 주). 그렇지 못하면 국수주의와 외국인 혐오주의에 치우친 세력이 모든 걸 휩쓸어 버릴 위험이 있다.

안타까운 일은 자유주의 우파 후보 프랑수아 피용과 중도파 후보 에마뉘엘 마크롱이 사실 부정의 전략을 선택하고 있다는 점이다. 둘 다 2012년에 수정·발효된 유럽연합 조약의 온전한 '현상유지'를 옹호하는 입장이다. 사실 놀랄 일은 아니다. 전자는 그 조약 협상에 직접 참여한 사람이고, 후자는 이를 실행에 옮긴 정부관계자였으니 말이다(피용은 사르코지 정부의 국무총리(2007~2012)를 지내며 유럽연합의 기본조약을 수정하기 위한 협상에 참여했고, 마크롱은 2012년에 올랑드의 대통령실 부실장이었다가 이후 대선 출마를 선언할 때까지 경제장관을 역임했다_옮긴이 주). 수많은 여론조사 결과를 통해 확인할 수 있는 추세가 있다면 바로 피용과 마크롱 두 사람을 선호하는 투표자들은 세계화 속에서 혜택을 본 계층이라는 점이다. 가톨릭 계열의 지지를 받는 전자와 보보스BOBOS(자본가 계급을 뜻하는 부르주아와 자유분방한 예술가를 의미하는 보헤미안을 합성한 신조어다. 고급스러운 예술적 가치를 즐기는 동시에 물질적 실리를 누리는 정보화 시대의 신엘리트 계층을 뜻하며 1990년대 미국 경제의 일시적인 호황으로 나타났다_옮긴이 주)가 선호하는 후자라는 점에서 미묘한 차이는 있지만 이는 사회 계층 차원의 차이와 비교하면 너무나 부수적인 차이일 뿐이다. 이 두 사람 모두 자신이 합리적인 사고를 대변한다고 자부한다. 프랑스가 독일과 유럽연합 그리고 시장의 신뢰를 다시 얻으려면 공공지출과 적자를 줄이고 부유세를 폐지해야 하며 부가가치세를 인상해야 한다고 주장한다. 그래야만 협력 국가와 기관 들에게도 프랑스의 긴축정책과 국채에 대해 뭔가 손써달라고 요구할 수 있다는 논지다.

이러한 담론의 문제점은 겉으로는 합리적으로 보이지만 실상 전혀 그렇지 않다는 데 있다. 2012년 유럽연합의 수정조약은 희대의 실수에 가깝다. 이는 유로존을 치명적인 함정에 빠트렸고 미래에 대한 투자의 길을 막아버렸다. 역사 속 경험을 되짚어보면 예외적 조치 없이 현재 수준의 공공부채를 해결한다는 건 불가능에 가깝다는 걸 알 수 있다. 1차 재정수지 흑자(세금 등의 수입을 제외한 정부의 총지출을 '1차 재정수지 흑자'라 한다_옮긴이 주)의 덫에 빠진 채 수십 년의 세월을 허비하지 않고서는 말이다. 그렇게 되면 유럽의 모든 투자 역량 전반에 장기적인 피해가 간다.

1815년부터 1914년까지 영국은 자국 내 지주들에게 돈을 갚고 혁명전쟁들로 인해 발생한 엄청난 부채(당시 국내총생산의 200%에 달했다)를 해결하기 위해서 한 세기 내내 엄청난 재정흑자를 발생시키는 정책을 시행했다. 그러한 잘못된 선택으로 인해 교육에 대한 투자가 저하되고 결국 추후 국가경제 전반이 궤도를 이탈하는 결과를 초래했다. 1945년부터 1955년까지 독일과 프랑스는 그와 반대되는 정책을 통해 유사한 수준의 채무를 신속하게 해결할 수 있었다. 구체적으로는 부채탕감, 인플레이션 그리고 민간자본에 대한 예외적인 공제 조치 등을 포함하는 정책이었다. 바로 이러한 방식으로 전후 독일과 프랑스는 국가의 성장을 위해 꼭 필요한 투자에 나설 수 있었다. 오늘날 우리도 이와 같은 방법을 택해야 한다. 독일에게 유로존만의 의회 설치를 종용해서 반드시 민주적 절차의 정당성을 갖추어 채무 부담을 낮추는 길을 찾아야 한다. 그렇게 하지 못하면 이미 이탈리아에서 나타나고 있는 투자 지연 및 생산성 저하 현상이 프랑스는 물론 유로존 전체에 나타나게 될 위험이 있다(이미 그러한 신호가 포착되고 있다).[*]

　얼마 전 출간된 역작《프랑스의 세계사》[**]의 공저자들이 잘 보여주듯이 역사를 되짚어보면 현재 유럽이 처해 있는 폐색 상태를 벗어나는 데 도움을 얻을 수 있다. 그 책은 국가정체성에 집착하는 프랑스 국내의 추세에 진정한 치유책이 될 법한 내용을 담고 있다. 좀 따분하고 덜 신나는 이야기일 수 있겠지만 우리는 정부 여당인 사회당 내 경선에 몰두해야 하는 상황을 받아들여야만 한다(급진좌파 정당과 공동경선을 치르는 계획이 성사되지 못했으므로 '정부 여당 경선'이라고 부르도록 한다. 이 일로 인해 급진좌파 정당이 정부와 한층 더 거리를 두게 될 위험이 커졌다는 점이 무엇보다 걱정이다.). 사회당 내 경선을 통해 유럽연합의 법규들에 대해 근본적인 의문을 제기할 수 있는 후보를 찾아내는 과정이 꼭 필요하다. 마뉘엘 발스나 뱅상 페용보다는 브누아 아몽과 아르노 몽트부르가 그러한 계열에 가까워 보인다. 물론 그들 또한 보편소득과 '메이드 인 프랑스'에 대한 그들의 입장에서 벗어나야 한다는, 그리고 2012년 유럽연합이 도입한 수정조약을 대체할 구체적인 대안을 드디어 제시할 수 있다는 조건하에 말이다(이 부분은 가장 최근 진행된 TV 토론에서 거의

---

[*]　2017년 1월 5일 기고문 「프랑스와 독일의 생산성에 대하여」 참조.

[**]　Patrick Boucheron (dir.), 《Histoire mondiale de la France》, Paris, Seuil, 2017.

수박 겉핥기 식으로 지나갔다. 아마도 후보들 모두가 5년 전에 그 조약의 비준에 찬성표를 던졌던 사람들이기 때문인 듯하다. 그렇기에 더욱 더 구체적인 대안을 제시하는 일이 가장 시급한 현안 중 하나다). 아직 상황이 끝나지 않았다. 하지만 정말로 시급한 건 르펜이 이끄는 국민전선이 우세한 자리를 차지하는 걸 무슨 일이 있어도 막아내는 일이다.

(2017년 1월 17일)

민주적인 유로존 정부 구성을 위해

유로존에는 공동예산과 공동세금을 관리하고 대출과 투자능력을 지니며 성장 전략 및 지속가능하고 공정한 발전 모델을 바탕으로 한 경제정부가 필요하다. 언젠가 이 모든 요소를 갖추기 위해 유로존에 가장 필요한 것은 공동의 의사결정 권한을 가진 민주적 기관이다. 유로존 정부가 어떤 민주주의 기관 앞에 책임이 있는가를 명시하지 않는다면 유로존 경제정부에 대한 논의 자체가 의미 없다.

현재로서 유로존의 주요 의사결정 기관은 유로존 국가들의 재무장관회의라고 할 수 있다. 문제는 이 회의가 의사결정을 거의 못 하고 있다는 점이다. 벌써 몇 년째 유로존에서는 더 이상 유지할 수 없는 그리스 부채에 대한 구조조정을 놓고 결론을 내지 못한 채 끝도 없이 결정을 뒤로 미루고만 있는 형편이다.

또 다른 예를 들어보자. 벌써 몇 년째 법인세 관련 논란과 추문이 반복해서 발생하고 있다. 다국적 기업들이 엄청난 규모로 법인세를 교묘하게 회피하고 있다는 건 이제 누구나 아는 사실이다.

심지어 법인세율 자체가 말도 안 되게 낮은데도 상황이 이러하다. 그럼에도 불구하고 유로존은 그 어떠한 명료한 결정도 내리지 못한 채 공동과세기준을 도입하자는 이야기만 계속할 뿐 구체적인 최소 공동과세율에 대한 진지한 논의는 시작조차 하지 못했다. 유로존 각각의 회원국이 자국 법인세율을 사실상 0%에 가깝게 매겨서 대형기업의 본사 유치경쟁에 달려드는 상황에서 공동과세기준에 합의하는 게 대체 무슨 의미가 있단 말인가?

재무장관회의가 이렇게 무기력한 이유는 거의 대부분의 경우 만장일치를 원칙으로 움직이고 있기 때문이다. 예를 들어 역내 조세문제에 있어서 룩셈부르크같이 작은 나라가 거부권을 행사하면 그걸로 모든 결정사항이 무위로 돌아갈 수 있다. 드물지만 원칙상 다수결 표결 방식이 가능한 문제에 있어서는 유로존의 대국들이 '실질적인' 거부권을 행사해왔다. 그리스 문제만 해도 그렇다. 독일 정부와 독일 재무장관이 그리스가 앞으로 수십 년간 국내총생산의 3.5%에 달하는 엄청난 1차 재정수지 흑자를 유지해야 한다는 말도 안 되는 생각에 사로잡혀 있는 바람에 어떠한 의사결정도 못 하고 있는 것이다.

문제는 재무장관회의의 구조 자체에 있다. 이 회의는 각국의 이익을 챙기느라(사실 꼭 그렇지도 않지만 그렇게 인식되고 있다) 무기력과 태만에 젖어 있는 기구다. 재무장관 단 1명이 독일의 8,000만 국민, 프랑스의 6,500만 국민을 대표해야 하는 순간, 그는 자신이 재무장관회의 내에서 소수의견에 속하는 상황을 평온하게 받아들이기 어려워진다. 그렇기에 다수결 의사결정이 순조롭게 이루어질 리 만무하고, 심지어 공공의 논의 또한 어려워진다.

결국 이러한 재무장관회의를 대체할 유로존의 진정한 의회기구를 설치할 필요가 있다는 이야기다. 각 나라가 본국 의회에서 차출한 일정 숫자의 국회의원을 파견하되 그 숫자는 각 인구에 비례하며 여러 정당을 대변할 수 있도록 하는 새로운 의회기구를 구성해야 한다. 예를 들어 모든 정당을 아우른다는 것을 원칙으로 독일 연방의회에서는 30명의 의원을 파견하고 프랑스 의회에서는 25명을 보내는 식으로 말이다. 그러면 그리스 부채나 법인세 문제에 대한 의견이 독일을 포함해서 각 회원국 내 매우 다양하게 존재한다는 사실이 드러나게 된다. 이렇게 하면 각 국가별로 이견을 극복하고 다수결의 원칙으로 유로존의 의사결정이 가능해질 수 있다. 이 이야기를 하는 김에 독일이 유로존 전체 인구의 24%, 프랑스와 이탈리아, 스페인을 합쳐 51%, 그리고 벨기에와 그리스, 포르투갈과 그 외 국가들이 나머지 25%를 차지한다는 사실을 다시 한번 상기하도록 하자.

또 다른 대안이 있다면 유럽의회 내에 유로존을 대표하는 하위기관을 설치하는 방법이 있을 수 있다. 하지만 나는 개인적으로 각국 의회를 유로존 의회의 기반으로 삼는 원칙이 분명히 더 나은 방법이라고 생각한다. 한편으로 그렇게 해야 각국의 납세자들을 납득시키는 데 필요한 민주적인 정당성을 확보할 수 있기도 하고, 다른 한편으로는 이 중요한 민주주의적 혁신을 통해 유럽연합 내에 훨씬 단단하게 통합되어 있고 자체 기관들을 갖춘 하위 핵심조직을 갖추는 일이 꼭 필요하다고 보기 때문이다.

어찌되었든 간에, 이번 프랑스 대선의 후보들은 유로존 내의 민주적인 정부 구성을 마침내 이루기 위한 구체적인 제안을 반드시 내놓아야 한다. 그렇지 않으면 유럽의 재도약과 유로존 내 경제정부를 꾸리는 현안에 대한 모든 논의들은 그저 희망사항에 불과하게 될 우려가 있다.

(2017년 2월 1일)

중국 내 불평등에 대해

트럼프 정권과 브렉시트 사태와 함께 서구 사회의 민주주의 모델은 추락일로에 있다. 중국 언론은 이러한 상황에 아주 신이 난 듯하다. 중국 정부의 공식 영문 일간지인 〈글로벌 타임스〉는 여러 지면을 할애하여 국수주의, 외국인 혐오주의, 분리주의, 리얼리티 TV, 저속함과 돈이 최고인 서구 사회의 파괴적인 조합을 비난하고 있다. 결국 서양이 전 세계에 강요하려 드는 훌륭한 정치체제나 이른바 자유선거라는 제도는 그런 악습의 조합이라는 결과를 가져올 뿐이니 이제 훈수는 그만두라는 게 그들의 요지다.

중국 정부는 최근에 '세계 경제 거버넌스에서 정당의 역할'이라는 국제회의를 개최했다(영문 명칭은 'The CPC in Dialogue with the World 2016'이며, 2016년 10월에 중국 충칭에서 열린 50여 개국 300여 명이 참석한 국제회의다_옮긴이 주). 이 행사를 통해 중국공산당이 전달하고자 하는 메시지는 분명했다. 중국공산당과 같은 탄탄한 매개집단(중국공산당 당원 숫자는 중국의 전체 성인 인구 중 약 10% 정도로

9,000만 명에 달한다. 성인 인구의 10%라고 하면 미국이나 프랑스에서 경선 투표에 참여하는 유권자 비율과 같다)에 의지함으로써 국가정체성 논의에 천착해야 하며 그렇게 해야 유권자들이 슈퍼마켓에 가서 쇼핑하듯이 행동하는 데 따른 분열가능성에서 벗어날 수 있다는 메시지, 그리고 그렇게 할 때 비로소 제대로 된 토의와 의사결정이 가능하고 안정적이면서 조화롭고 숙고 끝에 고안된 경제발전 모델 구상도 가능하다는 메시지를 전하려는 행사였다.

하지만 이 과정을 통해 중국 정권은 과도한 자신감이라는 오류를 저지를 위험에 더 많이 노출된다. 중국 모델의 한계는 이미 잘 알려져 있다. 투명성이 결코 확보되지 않고 있을 뿐만 아니라, 이러한 정권의 불투명성에 대해 비판하면 누구나 극심한 탄압을 겪는다.

공식 통계에 따르면 중국은 여전히 불평등이 별로 존재하지 않는 나라이자 경제성장의 열매가 공평하게 분배되고 있는 나라라고 한다. 최근 리 양과 게이브리얼 저크먼 그리고 내가 공동으로 연구한 결과에 따르면 이건 신뢰할 수 있는 자료가 아니다.* 지금까지 없었던 자료들을(특히 세금과 재산에 관한 자료를 국가 내의 조사결과 및 국가계정 등과 대조하는 작업을 거쳤다) 조합함으로써 우리는 중국의 공식자료가 중국의 불평등 수준과 그 변화 양상을 상당히 과

*   Thomas Piketty, Li Yang et Gabriel Zucman, 〈Capital Accumulation, Private Property and Rising Inequality in China, 1978-2015〉, WID.world, Working Paper Series n° 2017/6.

소평가하고 있음을 증명할 수 있었다.

1978년부터 2015년까지 중국의 경제성장이 빈곤 탈출을 가능케 했다는 데에는 이론의 여지가 없다. 세계총생산에서 중국의 비중은 1978년 기준 4%도 채 되지 않았지만 2015년에 이르자 18%까지 늘어났다. 반면 같은 기간 동안 세계인구 대비 중국인구의 비중은 22%에서 19%로 약간 줄어들었다. 2015년 기준으로 구매력 평가치를 유로화로 이야기해보면 중국의 1인당 국가소득은 1978년 150유로도 안 되던 데서 1,000유로 근처로 성장했다. 만약 중국의 평균소득이 유럽이나 북미의 수준에 비해 3~4배 적다고 해도, 절대숫자가 1억 3,000만이나 되는 중국의 최상위 부유층 인구는 부유한 선진국의 평균소득에 육박하는 소득에 다다랐다.

문제는 소득 하위 50%의 중국인들에게 돌아간 경제성장의 혜택이 평균치보다 2배 적었다는 사실이다. 우리의 예측에 따르면 (이 결과는 중국 내 불평등에 대한 하한선으로 간주해야 한다), 중국 국가소득의 하위 50%가 차지하는 비중은 1978년부터 2015년 사이에 28%에서 15%로 줄어든 반면에 상위 10%의 비중은 26%에서 41%로 증가했다. 이러한 변화 추세는 그 규모가 놀라울 정도다. 즉, 중국 내 사회적 불평등은 유럽의 수준을 분명하게 넘어선 데다가 미국에서나 찾아볼 법한 극심한 양상으로 빠르게 근접해가고 있다는 뜻이다.

사유재산의 집중도를 보면 이러한 경향이 훨씬 더 눈에 도드라진다. 1995년부터 2015년 사이에 중국의 부유층 상위 10%가 보유한 사유재산의 비중은 41%에서 67%로 늘었다. 그 20년 사이 같은 분야에서 중국은 스웨덴의 수치보다 아래에서 시작하여 이제 미국의 수치에 육박하게 된 것이다. 이러한 현상은 부동산자산(최근 거의 완전히 사유화되었다)을 소유할 수 있는 기회가 아주 불공정하게 주어지고 있음을 보여주며, 또한 투명성이 매우 결여된 상태에서 아주 소수의 사람들을 대상으로 기업체의 부분적 민영화 작업이 진행 중이라는 사실을 증명한다. 이러한 속도라면 중국은 일종의 '부자공산주의', 즉 자본주의 사회보다도 사유재산이 더욱 한정된 일부에게 집중되어 있고 그 모든 걸 유일정당인 중국공산당이 좌지우지하는 사회체제를 만들어내고 있는 셈이다.

하지만 한 가지 핵심적인 차이점은 짚고 넘어가야 한다. 중국 국가자본(부동산, 기업, 땅, 인프라와 시설)에서 중국 정부가 보유한 비중이 많이 줄어들기는 했지만 여전히 상당하다는 사실이다. 우리의 연구결과에 따르면 공공자본 중 정부 보유 비중은 1978년 국가자본의 70%였는데 2006년 이후 30% 내외로 안착했다. 경제위기 이후 오히려 그 비중이 약간 늘어나기도 했는데 이는 여러 공공기업들의 경영권을 다시 가져온 데서 비롯된 결과다.

자본주의 국가에서는 1950년부터 1980년에 이르는 복합경제체계 시기 동안 공공자본의 비중이 20~30% 사이로 유지되었다. 이 비율은 1980년 이후로 무너져내렸는데, 공공자산을 민영화하여 국가 부채가 하늘로 치솟는 걸 방치하기 시작했기 때문이다. 2007년을 기준으로 이탈리아가 결국 공공자본 적자를 기록하였다. 이 말인즉슨 부채가 자산보다 많다는 뜻이다. 2015년에 이르자 미국, 영국과 일본 또한 그 대열이 합류했고 프랑스와 독일 또한 겨우 턱걸이로 공공자본 흑자를 기록하였다. 다시 말하자면 민간 소유주들이 국가자본의 전부를 보유하고 있을 뿐 아니라 추후의 세수로부터도 인출권을 갖고 있다는 뜻이 된다. 이러한 상황은 공공권력이 지니고 있는 규제능력을 심각하게 저해한다.

이러한 상황에서 중국 정부의 접근은 상당히 장래성을 갖고 있긴 하다. 단, 중국 정부기관들은 최대 다수 국민들에게 이러한 잠재성이 혜택으로 돌아간다는 걸 보여줄 수 있어야 한다. 중국 사람들은 더 이상 서양의 훈계를 듣고 싶어하지 않는다. 하지만 자국 최고 지도자들의 훈계는 과연 얼마나 더 참아낼지, 그 점이 미지수다.

(2017년 2월 14일)

유로존 의회는
어떤 형태를 갖출 것인가?

지난주 〈르몽드〉의 지면을 통해 브누아 아몽(2017년 프랑스 사회당의 대선 후보_옮긴이 주)이 설치 지지의사를 밝힌 유로존 의회란 어떤 모습일까?* 정치적 구성은 어떻게 이루어질까? 이 의회기구를 통해 "긴축정책 지지자들을 소수 세력으로 만들어놓을 수 있을까? 유로존에 마침내 민주적인 정부조직이 들어설 수 있다는 뜻인가?**

아예 처음부터 짚고 넘어가자. 만병통치 의회도, 완벽한 조약도 존재할 수 없다. 제도상 그 어떤 변화가 있더라도 그 자체만으로 유럽 시민들을 모두 조화롭게 만들 수는 없다. '민주화조약'이라 줄여 부르는 '유로존의 거버넌스를 민주화하기 위한 조약'을 위한

---

*   브누아 아몽의 인터뷰 기사.
    Benoit Hamon (entretien), 「Mon objectif en Europe: mettre l'austérité en minorité」, Le Monde, 16 mars, 2017.

**   2017년 2월 1일 기고문 「민주적인 유로존 정부 구성을 위해」 참조.

프로젝트는 그저 논의의 시발점일 뿐이다.* 앞으로 모두가 자유롭게 의견을 제시하면서 폭넓게 토론하고 개선해야 한다.

위에 언급한 조약은 유럽의 저명한 법률 전문가들이 함께 작성한 문서다. 저자로는 파리낭테르대학교의 공법학 교수 스테파니 에네트, 그리고 팡테옹소르본 파리제1대학교와 프랑스 국립과학연구센터CNRS의 정치학자 기욤 사크리스트 및 앙투안 보셰가 참여했다. 이 조약 프로젝트는 적어도 그 존재 자체로서 유럽이 좀 더 민주적이고 사회적일 수 있음을 보여준다는 측면에서 가치가 있다. 유럽연합이 비준했던 모든 조약들을 근본적으로 문제 삼지 않으면서도 미래로 나아가고자 하는 국가들의 지지에 의지한다. 여기에는 독일, 프랑스, 이탈리아와 스페인이 포함되는데, 이 나라들만 합쳐도 유로존 전체 인구와 역내총생산의 76%를 차지한다. 이 민주화 프로젝트가 특별한 이유는 정치 지도자들이 흔히 언급하는 유럽연합 관련 제안들의 모호한 성격을 배격하고 무엇보다 세밀하고 구체적인 기반을 바탕으로 논지를 세우고자 하기 때문이다.

구체적으로 이야기해보자. 이 민주화조약에 따라 유로존의회가 만들어진다면 그 구성과 정치적 방향성은 어떠해야 할 것인가?

---

* 프랑스어판과 영어판으로 된 이 협약의 전문은 각각 다음 링크에서 찾아볼 수 있다. (프랑스어판) http://piketty.pse.ens.fr/files/TDEM%20-%20Version%20finale%209mars2017.pdf (영어판) http://piketty.pse.ens.fr/files/T-DEM%20-%20Final%20english%20version%209march2017.pdf. 또한 출판본으로는 다음을 참조할 것.
Stephanie Hennette, Thomas Piketty, 《Guillaume Sacriste et Antoine Vauchez, Pour un traité de démocratisation de l'Europe》, Paris, Seuil, 2017.

여러 가지 시나리오를 생각할 수 있다. 전체 100명 안팎의 압축된 형태의 의회부터 확대된 형태의 의회(민주화조약의 4조는 최대 400명까지를 언급한다)까지 가능하다.

압축 의회를 선택할 경우 각 회원국의 국회에서 100명을 모은다는 가정을 해보자. 이 경우 독일 인구가 유로존 전체 인구의 24%를 차지하므로 독일의회에서 24명을 파견하고, 프랑스 의회는 20명, 이탈리아 의회는 18명, 그리고 스페인 의회는 14명 등등의 순으로 구성된다. 모든 유로존 회원국이 적어도 1석은 차지할 수 있게 하려면 (민주화조약 4조) 다섯 의석이 별도로 마련되어야 하며, 이렇게 해서 각국의 국회의원들로 105명의 유로존 의회를 구성할 수 있다(유로존 전체 인구를 100으로 보았을 때 자국 인구가 1에 못 미치는 나라들이 여럿 있기 때문이다_옮긴이 주). 여기에 유럽의회를 대표하는 25명을 추가하면 총 130명이 된다. 이렇게 되면 구성원의 80%가 각 나라의 국회를 대표하는 105명, 그리고 나머지가 유럽의회를 대표하는 25명이라는 뜻이다(민주화조약 4조). 이렇게 작은 규모로 의회를 구성할 때의 장점은 물론 효율성이다(표0 참고).*

그 반대로 확대된 모형의 의회는 정치적 다양성을 더 잘 반영할 수 있다는 장점이 있다. 인구가 적은 나라들까지도 최소 3석을 확보하게 되기 때문이다. 이 형태에서 유로존 의회의 총인원은 400명이며, 이 중 회원국의 국회에서 320명 그리고 유럽의회에서

---

* 이 글에서 표를 만드는 데 사용한 각국 국회에 대한 구체적인 정보들은 마농 부쥐의 도움으로 수합된 자료다.

80명을 파견하게 된다(표1 참고). 정치적 구성을 이야기할 때는 또한 좌우 스펙트럼이라는 기준으로 고민해볼 수 있다. 물론 표2에서 분류한 대로 '우파', '좌파', '급진좌파'를 이야기하는 데는 어느 정도의 어폐가 있다. 각 나라마다 좌파와 우파의 경계를 다르게 인식하며 유럽 내에서 문자 그대로의 좌파와 우파는 존재하기 어렵기 때문이다. 하지만 이렇게 정치적으로 정당들을 분류하고 의회 내 다수를 이룰 가능성이 있는 세력을 파악함으로써 진정으로 탈국가적 정책을 추진할 가능성의 터전을 세울 수 있다. 이렇게 함으로써 정당의 정체성과 정치적 견해 차이를 중심으로 탈국가적인 의회가 공유되는 과정에서 새로운 접근방식이 도출될 수 있으며, 좌파나 우파가 무엇인가 하는 데 대해서도 재정의할 수 있다. 특히 유로존 의회가 단순히 표결기관에 그치지 않고 실효성 있는 힘을 가진 기관으로 자리 잡는다면 더욱 더 이러한 변화를 기대할 수 있으리라 본다(민주화조약에서 논의된 내용을 보면 유로존 의회의 권력은 특히 유로존의 예산 편성 문제라든지 이 예산을 조달하는 데 기반이 될 공동의 법인세 문제에 있어 주요 결정권을 갖는 데서 비롯된다. 민주화조약의 12조에서 15조까지 내용을 참고).

어떤 방법을 택하든 간에 유로존 의회의 구성은 분명히 좌파에 기우는 모습이 되리라 예상한다. 적어도 2017년 3월 현재, 각 나라 의회의 정당 구성을 살펴보면 그러하다. 예를 들어 압축된 의회 모델을 택할 경우 105명의 각국 국회 대표자들은 우파 혹은 중도 우파(독일의 기독교민주연합CDU/바이에른기독교사회연합CSU, 프랑스의 LRM, 스페인 인민당PP 등등) 44명, 좌파 혹은 녹색당 계열(독일사

표0
유로존 의회:
국가별 의석 배분

	인구 (100만) (2016년 1월 1일자 유로스타트Eurostat 통계자료) (유로스타트는 유럽연 합의 공식 통계기구 _옮긴이 주)	인구 (유로존 내 백분율)	유로존 의회 내 의석수 (100석을 기본으로 인구비율로 배분하되 인구가 적은 나라에 최소 1석을 배정하기 때문에 총의석수는 105석이 됨)
독일	82	24 %	24
프랑스	67	20 %	20
이탈리아	61	18 %	18
스페인	46	14 %	14
네델란드	17	5 %	5
벨기에	11	3 %	3
그리스	11	3 %	3
포르투갈	10	3 %	3
오스트리아	9	3 %	3
핀란드	5	2 %	2
슬로바키아	5	2 %	2
아일랜드	5	1 %	1
리투아니아	3	1 %	1
슬로베니아	2	1 %	1
라트비아	2	1 %	1
에스토니아	1	0 %	0
키프로스	1	0 %	0
룩셈부르크	1	0 %	0
몰타	0	0 %	0
	340	100 %	105
유럽의회 대표 인원			25
의회 총의석수			130

출처: piketty.pse.ens.fr

표1

유로존 의회:
국가별 의석 배분

	인구 (100만)	인구 (유로존 내 백분율)	유로존 의회 내 의석수	
	(2016년 1월 1일자 유로스타트 통계자료)		제1안: 압축된 의회 (100석을 기본으로 인구비율 로 배분하되 인구가 적은 나 라에 최소 1석을 배정하기 때 문에 총의석수는 105석이 됨)	제2안: 확대된 의회 (제1안에서 각국의 의석을 3배로 늘린 형태)
독일	82	24 %	24	72
프랑스	67	20 %	20	60
이탈리아	61	18 %	18	54
스페인	46	14 %	14	42
네델란드	17	5 %	5	15
벨기에	11	3 %	3	9
그리스	11	3 %	3	9
포르투갈	10	3 %	3	9
오스트리아	9	3 %	3	9
핀란드	5	2 %	2	6
슬로바키아	5	2 %	2	6
아일랜드	5	1%	1	6
리투아니아	3	1%	1	3
슬로베니아	2	1%	1	3
라트비아	2	1%	1	3
에스토니아	1	0%	1	3
키프로스	1	0%	1	3
룩셈부르크	1	0%	1	3
몰타	0	0%	1	3
	340	100 %	105	320
유럽의회 대표 인원			25	80
의회 총의석수			130	400

출처: piketty.pse.ens.fr

회민주당SPD, 독일의 동맹90/녹색당Grunen, 프랑스의 사회당PS, 이탈리아의 민주당PD, 스페인 사회노동당PSOE 등등) 47명, 이른바 급진주의라 불리는 좌파 정당(독일 좌파당Die Linke, 스페인의 포데모스, 그리스의 시리자 등등) 9명 그리고 좌우로 구별이 불가능한 정당(이탈리아의 오성운동M5S 등) 출신 5명으로 이루어지게 된다(표2 참고). 다양한 정파 비율에 맞추어 유럽의회으로부터 파견될 25명의 정치색을 고려해도 이러한 전반적 구성에는 거의 변화가 없을 것으로 보인다.

또한 예산정책과 유럽 경제부양 조치, 채무 재조정 등의 문제에 있어서 프랑스와 스페인, 이탈리아 우파의 입장은 독일 정계 우파의 입장과 상당히 다르다는 점을 기억하자. 독일 우파는 이러한 유로존 의회 구성에서 각 회원국 출신에게 배정된 105석 중 12석만을 차지하게 된다.

요약하면 이렇다. 유로존 의회가 설치된다 해도 이는 만병통치약이 아니다. 우리가 제안한 조약 또한 개선을 거쳐 완성될 수 있고 그러한 과정을 거쳐야 옳다. 또한 이러한 의회를 통해 결정되는 사항들이 항상 우리가 희망하는 바에 부합하거나 마법처럼 유럽의 모든 문제를 해결해주리라 믿어서는 안 된다. 다만 이러한 유로존 의회는 긴축정책을 고집하는 세력을 소수집단으로 약화시킬 수 있는 민주적인 틀을 제공할 수 있다. 아니 적어도 아주 의미 있게 현재의 권력관계를 변화시켜 마침내 불투명성과 밀실회의에서 벗어나게 해주는 것은 물론 다수 집단의 견해를 반영할 수 있고 민주적인 논의를 통해 의사결정을 하는 기구가 될 수 있다.

표2

유로존 의회:
정당별 의석 배분
(각 회원국의 국회의원 중에서)

	유로존 의회 내 의석수	각국 의회의 정당별 비율에 따른 의석 배분(상위평균) (2017년 2월 시점)			
	(100석을 기준 으로 인구비율에 따라 배분하되 인구가 작은 나라에도 최소한 1석을 배정)	우파 정당 (CDU, LR, PP 등)	좌파 정당 (SPD, 녹색당, PS, PD, PSOE 등)	급진좌파 정당 (좌파당, 포데모스, 시리자 등)	기타 정당 (오성운동 등)
독일	24	12	10	2	0
프랑스	20	9	11	0	0
이탈리아	18	3	12	0	3
스페인	14	7	4	3	0
네델란드	5	2	2	1	0
벨기에	3	2	1	0	0
그리스	3	1	0	2	0
포르투갈	3	1	1	1	0
오스트리아	3	1	1	0	1
핀란드	2	1	0	0	1
슬로바키아	2	1	1	0	0
아일랜드	1	1	1	0	0
리투아니아	1	0	1	0	0
슬로베니아	1	0	1	0	0
라트비아	1	0	1	0	0
에스토니아	1	1	0	0	0
키프로스	1	1	0	0	0
룩셈부르크	1	1	0	0	0
몰타	1	0	1	0	0
총의석수	105	44	47	9	5

주해: 여기서 논하는 의석 배분은 오직 하원만을 기준으로 한다. 상원이 있는 경우 이를 반영해도 각 나라별로 1~2석 정도밖에 차이가 나지 않는다.

출처: piketty.pse.ens.fr

이제 프랑스의 대선주자 각자, 특히 장 뤽 멜랑숑, 에마뉘엘 마크롱 그리고 프랑수아 피용이 유로존 의회를 구성하는 데 대한 시민들의 제안을 어떻게 수정하고 변경시킬지 밝혀야 할 차례다. 아니면 앞으로도 오랫동안 유로존을 의회가 없는 상태로 내버려둔 채 현상유지를 고집할 생각인지, 즉 회원국 정부들 사이에서 의사결정을 하는 체제를 고수하려는 것인지 각자의 입장을 분명히 해야 한다.

마지막으로, 유로존 의회를 구성할 때 인구가 아니라 각 나라의 총생산이 유로존 내에서 차지하는 비중에 따라 의석을 배분해도 결과가 그다지 달라지지 않는다는 점을 밝혀둘 필요가 있을지 모르겠다. 그러한 표결 체계는 '1유로당 1표'라는 식의 원칙을 적용하는 셈인데, 이러한 체계는 사실 지금도 유로안정화기구ESM, European Stability Mechanism 이사회라든지 유럽중앙은행의 자본재조정 관련 표결에서 활용하는 배정방식이다. 이 방식은 민주주의 원칙으로 보면 분명 만족스럽지 못할 뿐만 아니라 솔직히 말해서 우리 생각에는 용납할 수도 없는 표결권 배정 방식이다(생각해보자. 그럼 지역별로, 개인별로도 총생산을 감안해서 그 원칙을 적용해야 하는 건가?). 그런데 실제로 이 방식을 적용해 계산해보아도 유로존 의회의 구성은 크게 달라지지 않는다. 인구별 총생산이 사실 유로존 내에서는 서로 비슷하기 때문이다(표3 참고). 구체적인 수치를 말하자면 독일은 유로존에서 인구 비중이 24%고, 프랑스와 이탈리아, 스페인 3개국이 51%를 차지하며 나머지 회원국이 24%다. 유로존 내 총생산 비중을 보면 독일이 전체의 28%, 프랑스, 이탈리아와 스

표3

유로존:
인구 분포 대비 역내총생산에서 차지하는 비중

	인구 (100만) (2016년 1월 1일자 유로스타트 통계자료)	인구 (유로존 내 백분율)	총생산 (10억 유로 단위) (2015년 기준 유럽 연합 내부문서 SEC 2010 인용, 시가) (2017년 2월 21일 업 데이트된 유로스타트 통계자료)	총생산 (유로존 내 백분율)
독일	82	24%	2,791	28%
프랑스	67	20%	2,095	21%
이탈리아	61	18%	1,554	16%
스페인	46	14%	1,068	11%
네델란드	17	5%	656	7%
벨기에	11	3%	384	4%
그리스	11	3%	184	2%
포르투갈	10	3%	172	2%
오스트리아	9	3%	310	3%
핀란드	5	2%	187	2%
슬로바키아	5	2%	76	1%
아일랜드	5	1%	229	2%
리투아니아	3	1%	34	0%
슬로베니아	2	1%	37	0%
라트비아	2	1%	21	1%
에스토니아	1	0%	17	0%
키프로스	1	0%	18	0%
룩셈부르크	1	0%	46	0%
몰타	0	0%	8	0%
총인구	**340**	**100%**	**9,888**	**100 %**
그중 독일	**82**	**24%**	**2,791**	**28 %**
프랑스-이탈리아-스페인	**174**	**51%**	**4,717**	**48 %**
나머지 모든 국가	**84**	**25%**	**2,380**	**24 %**

출처: piketty.pse.ens.fr

페인 3국이 48% 그리고 나머지 국가가 역시 24%를 차지한다. 다시 말하면 총생산을 이용한 표결권 분배 원칙을 적용하면 독일에 배정되는 의석이 살짝 증가하긴 하지만 정치적 균형에 대한 영향은 아주 미세할 뿐이다. 전체 105명 중에서 독일 우파의 의석이 12석에서 14석으로 늘어나는 정도다.

이제 진짜 문제가 되는 부분을 얘기해보자. 만약 유로존 내 회원국들 중에 유로존의 민주화조약에 대해 논의 자체를 거부하는 나라들이 있다면 어떻게 해야 할까? 가상의 시나리오를 들어보자. 유로존 내 민주 의회가 설치되면 자신들이 소수파가 될 것이 두려운 독일의 정치 지도자들이 아예 협상 자체를 거부할 경우 어떻게 해야 할지를 고려해보자. 다음 3가지의 대안을 생각해볼 수 있다.

첫 번째로 일부 회원국이 아예 논의 자체를 거부하는 가장 비관적인 시나리오가 펼쳐진다 해보자. 그렇다고 해도 실효성 있는 대안을 내놓기는 해야 한다고 생각한다. 프랑스의 정치 지도자들은 지금까지 유로존 국가들에게 진정한 의회 및 정치 연합의 프로젝트를 제시한 적이 없다. 다시 말해 프랑스는 유럽연합의 정책이나 독일에 대해 주기적으로 불평하고 가끔은 전 세계에 대해서도 불만을 토로하면서 좀 더 민주적이고 사회복지가 보다 강화된 유럽을 만들기 위한 구체적인 제안을 공공의 장에 내놓은 적이 거의 없다는 이야기다. 그런 제안을 내놓았는데도 상대국들이 논의 자체를 완강히 거부하는 가장 암울한 시나리오 속에서도, 우리는 해당 제안에 대한 불협화음이 공개적으로 논의되는 단계 자체가 정치적·역사적 관점에서 아주 중요하다고 믿는다. 만약 프랑스가 공개적으로 유로존 국가들과 독일에게 1인당 1표 원칙에 입각한 의회민주주의를 제안했는데 독일이 완고하게 일체의 논의 자체를 거부한다면 가정해보자. 그 결과 유로존 내부에서는 불신과 분노가 지배하는 분위기가 조성될지 모른다. 프랑스나 또 다른 유럽 국가들에서 있을 투표와 선거 결과로 인해 공동의 의회 구성과는 전혀 다른 방향의 출구가 모색되거나 유럽이라는 프로젝트 자체가 산산조각 날 위험도 있다. 하지만 이렇게 극단적으로 비관적인 경우의 수에도 우선은 개연성 있는 민주적 대안을 내놓고 논의를 시도하는 것이 중요하다고 본다.

　두 번째로 또한 비관적이고 현실과는 그다지 거리가 가깝지 않은 시나리오가 하나 있다. 유로존의 회원국들, 특히나 독일 그리고 적어도 우리 프랑스만큼은 의회민주주의의 가치를 존중하는 나라들이다. 이 나라들은 정치 공동체의 통합에 대한 고찰에 있어 대체로 프랑스보다 크게 앞서 있기도 하다. 독일에서 가까운 미래에 정권 교체가 이루어져 좌파가 정권을 잡지 않더라도, 집권 우파 정당을 포함한 수많은 독일 시민과 정치 지도자들은 유로존의 의회통합 제안에 대해 아주 긍정적인 환영 의사를 표할 것이라 믿는다. 적어도 어떤 형태든 협상이 시작되리라는 데에는 의심의 여지가 없으며, 어떤 모습일지는 그 누구도 넘겨짚을 수는 없지만 반드시 타협안을 찾아야만 한다. 특히 이탈리아와 스페인에서 시작된 민중과 여론의 압박은 유럽의 민주화를 가속화하는 쪽으로 향하고 있다.

세 번째 대안을 이야기해보자. 민주화조약의 프로젝트 문건 20조에 이미 해당 조약의 비준 조건으로 위와 같은 협상 위기에 빠졌을 때 이를 벗어날 수 있는 방법을 명시해두었다. 즉, 유로존에 속하는 19개국 중에서 인구 70%를 반영하는 10개국만 이 조약을 비준하면 효력을 발생할 수 있다는 내용이다. 가장 큰 나라 중 하나, 예를 들어 독일이 비준하지 않아도 나머지 70% 인구를 이루는 나라들이 참여할 경우 이 조약이 효력을 발생할 가능성이 이론적으로는 존재하는 셈이다. 이는 물론 가장 바람직한 방안은 아니고, 그다지 개연성이 높지도 않다. 하지만 적어도 민주화조약을 원하는 국가들에게 자신들의 의지를 보여줄 수 있는 길은 존재하는 셈이다. 이는 부분적인 비준의 과정부터 시작함으로써 아예 논의 자체를 거부하는 회원국들에게 압박을 강화할 수 있다는 뜻이기도 하다. 협상의 최종시한을 정하는 일이 유럽의 시급한 현안이 아니라는 건 브렉시트 사태를 통해 이미 얻은 교훈이다. 우리에게 중요한 문제는 유럽이 사로잡혀 있는 수많은 모순의 덫에서 벗어날 민주주의 방식의 길이 분명히 있음을 보여주는, 실질적인 한 걸음을 내딛는 일이다.

(2017년 3월 16일)

공공자본, 민간자본

현재 경제 관련 쟁점들에 대한 토론을 보면 2가지 문제에 집중되어 있는데, 그 2가지 문제가 서로 연관되어 있다는 사실은 흔히들 잊고 있는 듯하다. 첫째는 공공부채가 엄청나게 확대되는 현상이고 둘째는 민간에서 보유하고 있는 자산이 폭발적으로 늘어나는 추세다. 공공부채 문제와 관련된 수치는 이미 잘 알려져 있다. 공공부채는 1970년대에 국가소득 대비 30%에 못 미쳤지만 이제 국가소득의 100%를 넘어서는 경우가 전 세계 곳곳에서 발생하고 있다. 이 말인즉슨, 국가가 지고 있는 채무가 1년간의 국내총생산에 육박한다는 뜻이다. 나는 이 문제의 심각성을 애써 줄여 말하고 싶은 생각이 전혀 없다. 이는 제2차 세계대전 이후 가장 높은 수준이며, 과거의 경험을 되돌아볼 때 이 정도의 부채를 평범한 방식으로 줄여나가기란 여간 어려운 일이 아니다. 하지만 바로 그렇기에 관련 쟁점과 가능한 대안을 제대로 파악하기 위해 지금까지 소유권 구조 전반이 어떻게 변해왔는지를 바탕으로 현실을 제대로 재조망하는 작업이 반드시 필요하다.

간단히 정리해보자. 한 국가 내에서 모든 소유는 공공자본과 민간자본으로 이루어진다. 공공자본이란 국가의 중앙정부나 지방자치단체 등의 여러 공공기관 차원에서 보유하고 있는 건물, 부지, 인프라, 금융 포트폴리오, 기업의 지분 등등을 포함한 공공자산과 공공부채의 차익이다. 그리고 민간자본이란 개별 세대들이 보유한 자산과 부채의 차액이다.

'영광의 30년' 동안 공공자산은 상당한 수준이었다. 이는 국가소득의 100~150%에 달했는데, 전후 국영화 과정을 통해 공공부문이 매우 방대해졌기 때문이다. 공공자산 또한 국가의 채무보다 월등히 높았다. 공공부채 또한 역사적으로 유례를 찾기 어려울 정도로 낮았던 시기다. 당시 부채가 국가소득의 30%에도 미치지 못했는데 이것은 인플레이션과 부채탕감 조치 그리고 1945년부터 1955년까지 예외적으로 민간자본에 대한 공제 정책이 시행되었기 때문이다. 종합해보면 부채를 제한 공공자본은 상당한 차이로 흑자를 기록하여 국가소득의 100% 수준이었다.

1970년대 이후 상황은 완전히 돌변했다. 1980년경부터 시작된 민영화 바람으로 인해 부동산 가격과 증시가 폭등했음에도 불구하고 공공자산의 규모는 국가소득의 100%에서 벗어나지 못하고 정체했다. 그와 동시에 공공부채는 국가소득 30%에서 폭증하여 100% 수준에 근접하게 되었는데, 이 공공자산에 부채를 제한 공공자본은 결국 0에 육박할 정도가 되었다. 2008년 세계 경제위기에 이미 이탈리아에서는 공공자본이 마이너스를 기록하고 있었

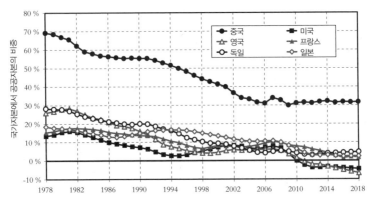

공공자산 비중의 추락, 1978~2018년

해석: 국가자본(즉 공공자본과 민간자본의 합계) 중에서 공공자본의 비중(채무를 제외한 공공자산으로 모든 공공기관 소속 및 부동산, 사업체, 토지, 분담금 및 채권 등 모든 종류의 자산을 아우르는 값이다)은 1978년 중국에서 70%에 달했으나 2000년대 중반 이후로 30% 선에서 안정되었다. 1970년대에 자본주의 국가들에서는 이 비중이 15~30% 정도였으나 2010년대에 이르면 거의 0이거나 마이너스로 내려간다.

출처: 《자본과 이데올로기》 중 도표 12.6 및 piketty.pse.ens.fr/ideologie

다. 2015~2016년의 정보를 담고 있는 가장 최근 자료에 따르면 미국, 일본, 영국에서도 공공자본은 마이너스로 돌아섰다. 사례로 든 모든 나라들에서 국가가 보유한 모든 공공자산을 매도한다고 해도 국가채무를 완전히 갚아낼 수 없다는 뜻이다. 프랑스와 독일에서도 공공자본은 겨우 턱걸이로 흑자를 기록했다.*

그렇다고 해서 위에서 말한 부유한 국가들이 가난해졌다는 뜻은 아니다. 이 국가들의 정부가 과거에 비해 가난해졌다는 뜻이

---

* Facundo Alvaredo, Lucas Chancel, Thomas Piketty, Emmanuel Saez et Gabriel Zucman, 「Global Inequality Dynamics: New Findings from WID.world」, National Bureau of Economic Research, Working Paper n° 23119, 2017.

다. 그건 완전히 다른 이야기다. 사실 같은 기간 동안 개인부채를 제한 사유자산의 규모는 괄목할 정도로 성장했다. 1970년대에는 국가소득의 300% 정도였다면 2015년에 이르면 모든 선진국에서 이 비중이 600%에 가깝거나 심지어 이를 넘어섰다.

이렇게 사유자산이 폭증한 데에는 여러 가지 이유가 있다. 부동산 가격의 상승(대도시 집중화의 결과), 인구노화와 경제성장률의 감소(이렇게 되면 자연스럽게 과거에 축적된 저축이 오늘날의 소득에 비해 높은 가치를 갖게 되어 자산의 가치가 부풀려진다), 그리고 물론 공공자산의 민영화와 채무 확대(이러한 채무는 은행을 매개로 다양한 민간 소유주들이 보유하고 있다) 등의 이유를 들 수 있다. 또한 최대 규모의 금융자산은 엄청나게 높은 수익을 불러일으킨다는 사실(구조적으로 거대 금융자산은 세계 경제의 규모 확대보다 더 빠른 속도로 증가한다)뿐 아니라 국제법 체계가 부동산 분야든 지적재산권 분야든 민간의 자산가들에게 매우 유리한 구조로 변해가고 있다는 점 또한 생각해보아야 한다.

여전히 민간자본은 공공자본 감소폭보다 훨씬 크게 증가했으며 부유한 나라들은 민간 자산가들을 통해 자국의 자본을 보유하는 셈이다. 오히려 민간자본의 규모가 더 큰 경우도 있다(다 합쳐보면 부유한 나라들이 그 외 국가들의 시장 내에 금융자산을 보유한 액수가 그 외 국가들이 부유한 나라의 시장에 보유한 금융자산보다 훨씬 많다).

이렇게 민간자본이 폭발적으로 번성하는 현실에 대해 비관주의가 팽배하는 이유는 무엇인가? 그 이유는 정치 이데올로기적인 힘의 관계에 있다. 즉, 공공권력기관이 나서서 세계화의 혜택을 가장 많이 누린 부유층 집단에게 정당한 수준으로 사회기여를 강제하는 일이 불가능하기 때문이다. 이처럼 정당한 과세가 불가능하다는 선입견 때문에 공공부채가 유일한 대안으로 자리해버렸다. 금융과 자산 보유에 있어 국가 간 '상호침투'가 전무후무한 수준으로 확대되었다는 점에서 각 나라의 무기력함은 더욱 커진다. 이 말은 각 나라의 자산을 이웃나라들이 서로 보유하고 있다는 뜻이다. 특히나 유럽에서는 자국 내에서 자산 제어 능력을 상실했다는 느낌이 점점 더 강해지고 있다.

역사를 보면 재산권 구조의 근본적 변화는 대부분 정치적 격변기에 나타났다. 프랑스 혁명 때에도 그렇고, 미국의 남북전쟁이라든지 20세기 유럽과 세계 각지를 뒤흔든 두 차례의 세계대전, 제2차 세계대전 당시 프랑스 해방 등의 격변기에도 그러했다. 현재 맹위를 떨치는 국가주의 세력은 유로를 버리고 다시 자국화폐로의 복귀를 야기할 수도, 인플레이션을 일으킬 수도 있다. 그렇게 될 경우 다소 혼란스럽더라도 어느 정도 부의 재분배가 가능해지긴 한다. 하지만 너무나 큰 대가를 치러야 할 것이 뻔하다. 사회는 격렬하게 분열되고 정치 갈등이 민족 간의 분쟁으로 비화할 가능성이 있다. 유럽이 현재 '현상 유지'에 집착한다면 이렇게 치명적인 위험에 빠질 수 있다. 이러한 현안을 앞에 둔 우리에겐 단 하나의 해결책만이 존재한다. 민주주의가 제시하는 길을 따라 막다른 골목을 벗어나야 한다. 법치 국가의 틀 안에서, 국가가 필요로 하는 수준의 부의 재분배를 꼭 이루는 것이다.

(2017년 3월 14일)

2장

어떠한 개혁이
필요한가?

프랑스의 불평등에 대하여

프랑스가 뿌리 깊은 평등의 나라라는 건 끈질기게도 이어져온 전설이나 마찬가지다. 전 세계 곳곳에서 불평등이 폭발적으로 확산되는데 프랑스는 기적처럼 그런 상황을 피해갔다는 것이다. 그렇다면 이번 프랑스 대선 유세 기간 동안 드러난 실상, 즉 프랑스 유권자들이 세계화나 유럽의 현실에 대해 크게 염려하고 있는 사실은 어떻게 설명할 수 있을까? 우선 말해둘 것은 프랑스가 예외적으로 아주 평등한 나라라는 건 전설이자 아주 과장된 이야기일 뿐이라는 점이다. 그 말은 또한 프랑스 국내의 위선적 관행들을 정당화하기 위해 기득권층에서 흔히 써먹는 것이기도 하다.

새로울 것도 없다. 1914년 7월 15일 누진소득세를 처음 도입할 당시에도 제1차 세계대전 비용을 대기 위해 겨우겨우 법안이 통과되었다. 이미 그때 프랑스는 유럽에서 누진세를 도입한 마지막 나라였다. 이 제도는 이미 독일, 영국, 스웨덴, 미국 그리고 일본에서까지 시행 중이었고, 이들 국가에서는 길게는 수십 년 전부터 누진세를 통한 세수로 학교와 공공서비스 비용을 조달하였다. 프랑스 제3공화국의 정치·경제 엘리트들은 1914년까지도 완고하게 그러한 개혁을 거부했다. 그 당시의 논리가 바로 프랑스는 프랑스 혁명 덕에 이미 평등한 국가가 되었다는 주장이었다. 그러니 귀족과 권위주의 세력이 남아 있는 이웃나라에나 어울리는 강압적이고 부당한 세금제도를 프랑스가 도입할 필요는 전혀 없다는 논리였다. 하지만 현실은 달랐다. 고문서관의 상속문서 자료들을 보면 당시 프랑스에서 자산과 소득의 집중도는 다른 유럽 사회들과 마찬가지로 극심했고, 미국보다도 훨씬 높았다.

프랑스 교육제도의 놀랄 만한 불평등 양상을 보면 위와 같은 위선이 여전함을 알 수 있다. 공화국의 양심을 운운하는 프랑스이지만 사회계층상 덜 여유로운 청년들이 몰리는 대학 학과들에 비해 학생 선발이 허용되는 특정 계열에 정부지원이 3배 이상 이루어지고 있다.

지식 경제, 혁신 경제라는 구호는 엄청나게 외치고 있지만 2007년부터 2017년 사이에 이미 대학생 1인당 공공투자액은 10% 감소한 상황이다. 그런데 새 정부의 일부 계획만 살펴보아도 이제 막 시작하는 마크롱 대통령의 5년 임기 동안 엘리트에게만 유리한 방향으로 가는 긴축정책 경향이 훨씬 더 심화될 가능성이 커 보인다. 프랑스는 또한 사립 초등학교와 중등학교가 거의 완전히 국민의 세금으로 운영되는 유일한 나라다. 사립 학교들은 공립 학교들과 다르게 학생들을 선발할 권리를 가지고 있어서 사회계층의 분리현상을 극도로 악화시키는 데 한몫을 하는 기관임에도 불구하

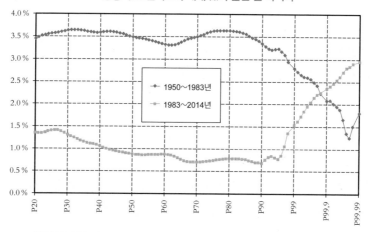

영광의 30년이 모두에게 있어 끝난 건 아니다

해석: 연간 실제평균성장률(1인당 세전, 백분위수)를 보여주는 그래프로 개인별로 환산된 자료다(결혼한 부부의 경우 둘로 나누어 계산한다).

출처: Bertrand Garbinti, Jonathan Goupille-Lebret et Thomas Piketty, 「Income Inequality in France, 1900~2014: Evidence from Distributional National Accounts (DINA)」, WID.world, Working Paper Series n° 2017/4.

고 말이다. 이 문제에서도 '현상유지'는 다른 모든 가치보다 여전히 우선순위에 있다.

경제적 측면에서의 여러 불평등 요소들과 관련해서는 베르트랑 가르뱅티와 조나탕 구필 르브레가 공저한 논문이* 프랑스 내 평등이라는 신화의 한계를 증명한 바 있다. 다양한 분야의 불평등이 폭발적으로 증가한 추이를 살펴본다면 미국에 비해 덜 심각하

---

*   Bertrand Garbinti, Jonathan Goupille-Lebret et Thomas Piketty, 「Income Inequality in France, 1900-2014: Evidence from Distributional National Accounts (DINA)」, WID. world, Working Paper Series n° 2017/4.

긴 하다. 미국에서 소득 하위 50%의 비중은 그야말로 폭삭 무너져내렸기 때문이다. 프랑스에서도 근래 불평등이 크게 심화되는 현상이 나타났다. 1983년부터 2015년까지 상위 1%의 평균소득은 100% 성장하였고 소득 상위 0.1%의 경우는 150% 증가한 반면(인플레이션을 제한 계산이다), 이들을 제외한 나머지 인구 전체의 소득은 겨우 25% 남짓 증가율을 보이는 데 그쳤다. 즉, 1년에 1%도 성장하지 못한 것이다.

소득 상위 1% 인구가 이미 전체 경제성장의 21% 비중을 차지하는 반면, 하위 50% 인구 규모를 다 합쳐도 그 비중은 20%에 그친다. 프랑스에서 '영광의 30년' 시대가 끝났다는 신호탄은 무자비했다. 1950년에서 1983년 사이 프랑스 사람들의 절대 다수는 거의 연간 4% 정도의 소득 증가를 맛봤다. 이때는 오히려 최고 소득자 1%의 소득 증가율이 겨우 1%에 달하던 시기였다. 하지만 '영광의 30년'이 어떤 이들에게는 여전히 진행형이라는 사실을 쉽게 알아차릴 수 있다. 이는 잡지를 펼쳐 기업 최고경영자의 연봉이나 부자 순위를 찾아보기만 해도 알 수 있는 사실이다.

위에서 언급한 연구논문에서는 또한 최고 자산가일수록 강력한 성장세를 타고 있다는 현실을 보여준다. 1,000만 유로 이상을 가진 자산가들의 경우 자산의 90% 이상을 금융 포트폴리오를 통해 보유하고 있으며, 이 집단의 자산은 1980~1990년대 이후 국내총생산보다, 또 평균자산의 성장률보다도 더 빨리 성장했다(자산 자체의 성장은 또한 부동산 시장에 의해서도 가능했다). 이러한 번영의 현황은 매년 재산세를 위해 신고되는 자산의 숫자와 금액을 통해 알아볼 수 있다. 정부의 우려와는 반대로 최고 부유층 납세자들의 자산은 역동적으로 성장해왔다는 사실을 확인할 수 있다.

상황이 이런데도 프랑스 대선후보 몇몇은 왜 노동소득에 대한 세금이 아닌 금융자산에 대한 재산세를 폐지하는 게 맞다고 판단하는지 도무지 이해되지 않는다. 사회의 유동성을 장려하기 위해서는 자기 집을 처음으로 취득하고자 빚을 지는 가구들을 위해 토지세를 인하하는 방침을 취하는 게 정당하다(프랑스의 토지세taxe foncière는 자산에 부과되는 세금 중 가장 세입이 높다. 부유세로는 연간 50억 유로가 걷히는 데 반해 토지세로는 연간 300억 유로가 걷힌다).

어떤 이들은 이러한 정책이 견지되는 데 대해 우리 사회의 "엘리베이터"가 다시 작동해야 한다고 말할 것이다(사회계층의 유동성, 계층 이동의 가능성을 의미하는 표현이다_옮긴이 주). 이번 정부가 내놓은 조세 정책을 보면 진정성은 있는지 몰라도 사실 잘못된 이데올로기의 영향을 받았다는 느낌이 든다. 그 이데올로기란 개인과 국가 들이 전반적인 경쟁관계에 서면 자율적으로 사회에 조화로움이 깃들고 모두가 번영하리라는 믿음이다. 세계화로 가장 이득을 본 자들에게 우선적으로 혜택을 줌으로써 프랑스 조세체계의 퇴행을 조장한다면 그야말로 위험한 조치이다. 가장 취약한 사회계층의 사람들은 버림받았다고 느끼며 그 반작용으로 점점 외국인 혐오에 빠져들어가기 때문이다. 따라서 프랑스 내 불평등에 대한 현실 부정은 이제 즉시 그만두어야 한다.

(2017년 4월 18일)

프랑스에는 어떠한 개혁이 필요한가?

에마뉘엘 마크롱의 당선은 프랑스와 유럽에 활력을 불어넣을 수 있을까? 그렇게 믿고 싶지만 확실한 건 아무것도 없다. 마크롱 신임 대통령은 몇 가지 부분에서 감이 좋아보이는 면이 있지만 전반적인 정책 기조는 여전히 기회주의적이고 아직 초안에 불과한 상태다.

그가 제시한 내용 중에서 가장 가망이 있어 보이는 분야는 프랑스 사회보장제도의 근대화와 일원화 정책이다. 다른 어느 나라보다도 프랑스의 사회보장제도는 층층이 적체되기만 했고 문제들도 산적한 상태다. 그 결과 너무나 복잡하고 아무도 이해하지 못하는 제도가 되어버렸다.

연금제도가 가장 극단적인 사례다. 프랑스 연금제도의 재무구조는 탄탄하지만 적용 체계와 규칙 들이 너무나 중구난방이라서 나중에 자신이 얼마나 연금을 받게 될지 그 누구도 알 방법이 없다. 그러니 전반적인 일원화가 반드시 필요한 상황이다. 특히나 우리 사회의 젊은 세대들을 위해서 이 작업은 꼭 진행되어야 한다. 이제 이들이 사회인으로서의 삶을 살아가는 시대에는 공공분야, 민간분야를 가리지 않는 것은 물론 사업체 운영까지 넘나들 정도로 직업활동이 다양해질 것이다. 따라서 한 사람이 이렇게 다양한 직업활동을 하더라도 동일한 연금 권리를 보장받을 수 있어야만 한다. 그렇기 때문에 새로운 공통의 규칙에 대해 사회적 합의가 이루어져야 하며, 경력이 단절된 이들에게는 어떠한 대우를 할지, 노동 강도가 높은 직종의 종사자들은 어떻게 다룰지 등에 대해서도 합의가 이루어져야 한다. 이는 간단한 일이 아니다. 특히나 현 정부는 거의 백지 상태에서 연금개혁을 시작해야 하는 상황이므로 더욱 복잡하다. 하지만 대선 유세 당시 마크롱이 공약한 내용을 보면 연금제 일원화에 대한 언급은 단 한 줄에 불과했다.

또 하나 중요한 것은 고용보험제assurance-chômage의 문제다. 이때도 마찬가지로 목표대상을 정확히 설정해야 한다. 흔히 구직자들에게 엄격한 규칙을 적용해야 국가예산을 절감할 수 있다고들 하지만 그건 신빙성이 없는 이야기다. 희망퇴직자와 비봉급생활자들에게까지 혜택을 확대하는 것은 잘못된 조치이다. 그런 방향으로 가기보다는 고용보험제도를 공공분야로 확장해야 할 필요가 있다. 참으로 위선적이게도 공공분야는 멋대로 고용보험에서 완전히 제외되어 있는 바람에 극도로 불안정한 지위의 신분을 갖는 노동자들이 늘어났다.

노동법에 대해 말하자면 이렇다. 균형 잡힌 개혁을 위해 필요한 조건이 무엇인지는, 이미 모두가 알고 있다. '불특정기간계약CDI, Contrat de durée indéterminée'(무기한의 고용계약으로 프랑스 노동법상의 정규직 개념으로 이해하면 쉽다_옮긴이 주)의 파기 조건을 확실히 명기하고 또한 필요하다면 이를 유연화하는 작업이 필요하다. 다만 그러기 위해서는 불특정기간계약이 노동의 표준이 되고 특정기간계약(CDD, Contrat de Durée Déterminée)(한국의 계약직처럼 기간이 특정된 계약을 말한다_옮긴이 주)의 활용은 제한한다는 조건이 확보되어야 한다. 게다가 독일의 경우, 임금 협상이 극도로 분권화된 독일 경제의 특성이 과도한 흑자 양산에 영향을 준 측면이 있다. 이는 전반적으로 유럽연합이 균형 있게 발전하는 데 있어 바람직하지 않다.

교육 분야에서 마크롱 대통령이 제시한 내용 중 긍정적이라고 볼 수 있는 부분은 바로 낙후된 학교들에 드디어 실질적인 추가지원을 하겠다고 약속했다는 점이다. 지금까지는 지역사회 내 불리하고 낙후된 지역의 학교들은 그저 낙인 찍힌 채 방치되어 있었다. 기회의 불평등에 대해 적어도 중학교까지는 지속적으로 대응해야 하는데 마크롱 정부가 제안하는 방침은 지나치게 초등학교 저학년에게만 초점을 맞춘 듯하다. 게다가 그 외 학교들에서 학급당 학생수를 크게 늘리겠다는 사항을 제외하면 정부예산 삭감이라는 발표 내용과 일관되지도 못하다. 전 세계 어디에서도 찾아볼 수 없고 나쁜 관습이기도 한 주 4일 등교 방침을 재도입한다는 발표는 마크롱주의의 모호함을 보여주는 또 다른 예다. 개혁주의 한 꼬집에 보수주의 한 국자를 첨가한 모양새다.

전반적으로 보면 새 정부 정책 중에 교육에 대한 진정한 투자 전략을 아우르는 비전을 찾아보기 어렵다. 이건 상당히 중요한 쟁점이다. 프랑스는 현재 세계에서 가장 생산성 있는 노동력을 보유한 국가로서, 독일과 유사하지만 미국보다는 훨씬 평등한 경제체계에 바탕을 두고 있다. 하지만 이러한 상황이 언제까지나 보장되어 있다고 볼 수는 없다.* 프랑스는 10년이나 이어진 경기침체에서 빠져나오고 있는 중인데, 2017년 1인당 국내총생산이 2007년 대비 5%나 축소된 상태다. 이는 고등교육 분야에서 학생 1인당 투자액이 10% 가까이 축소되는 처참한 결과를 가져왔다. 절대 잊지 말아야 할 사실은 프랑스 인구가 독일과는 반대로 끊임없이 증가 추세에 있다는 점이다. 대학생수는 여전히 빠른 속도로 늘어나고 있다. 그 자체로는 아주 좋은 일이지만 적절한 재정이 투입되어야 한다는 조건이 붙는다.

사회보장제도 유지를 위한 자금조달과 조세정책에 있어서 마크롱 대통령은 끔찍이도 보수적이다. 오늘날 시급한 관건은 소득세 원천징수제도의 확립임에도 불구하고 그는 일반사회보장부담금의 인상에 모든 걸 걸고 있다. 소득세 원천징수제도는 다른 나라들에서는 반세기 전부터 시행되었지만 프랑스에서는 2018년 1월에야 마침내 시행될 예정이었던 세제개혁안이었다. 하지만 마크롱 대통령은 이제 와서 이 일정조차 미루려 든다. 소득세 원천징수를 실시하면 마침내 소득세와 일반사회보장부담금을 연계할 수 있다. 일반사회보장부담금은 누진의 원칙을 바탕으로 해야지 비례적이어서는 안 된다. 직장인이건 은퇴 후 연금 수령자건, 그 외 다른 방식으로 소득을 얻는 사람이건 마찬가지다.

---

* 2017년 1월 5일 기고문 「프랑스와 독일의 생산성에 대하여」 참조.

마크롱 대통령은 유난히도 누진과세라는 개념 자체에 불만이 있는 것 같다. 최고 금융소득 구간에 대해서 겨우 30%를 누진과세 상한선이라고 제시하는가 하면 (반면에 최고 노동소득 구간의 누진과세 상한선은 55%다), 금융 포트폴리오에 대한 재산세는 폐지하겠다고 한다. 참으로 이해가지 않는 일이다. 그는 금융 투자가 부동산 투자보다 무조건 더 생산적인 일이라고 믿는건가 싶다.

마지막으로 유럽의 개혁에 대해 이야기하자. 핵심 사항은 앞으로 다가올 위기에 맞서기 위해 유로존에 민주적 제도를 갖추는 일이다.* 이자율이 다시 올라갈 경우 혹은 채무 분납 재검토 등의 까다로운 결정을 내릴 경우 등 확고한 민주적 정당성을 갖춰야 할 때, 국가 정상들이나 재무장관들만이 밀실회의에 모여 의사결정을 해서는 안 된다. 이러한 결정은 공개적인 논의와 각 나라에 존재하는 여론의 다원적인 성격을 모두 수렴해서 이루어져야 하다. 즉 각 국가의 국회의원들과 유럽의회의원들을 차출하여 유로존 역내만의 민주적인 의회를 설립할 필요가 있다는 뜻이다.

강력한 힘을 가진 민주적 기관들이 마련되어 있지 않다는 사실은 유럽을 위협하는 가장 심각한 요소다. 다만 안타깝게도 올해 있을 프랑스와 독일의 선거에서 이러한 현실이 극복되기란 어려워 보인다.

(2017년 5월 16일)

---

* 2017년 3월 9일 기고문 「유로존 의회는 어떤 형태를 갖출 것인가?」를 참조.

레이건의 10제곱

트럼프는 미국 사회에서 뜬금없이 나타난 UFO 같은 존재일까, 아니면 어떤 장기적인 추세의 연장선상에 있는 인물일까? 너무나 명백한 '도널드'만의 특성 그리고 따라할 수 없는 트럼프 특유의 트위터 활용 능력과 같은 특이점은 차치하더라도 후자, 즉 지속성의 요소들은 분명히 드러난다.

트럼프 정부가 얼마 전 미국 의회에 제출한 조세정책의 방향이 이 모든 걸 증명한다. 그의 조세정책은 2가지 핵심 조치로 요약할 수 있다. 우선 연방정부의 법인세율을 35%에서 15%로 인하(그는 이 세율을 자기 자신과 같은 개인 사업가의 소득에도 적용하고 싶어한다), 그리고 상속세의 전면 폐지다. 분명 1980년대 레이건이 실시한 누진세 폐기 방안들의 직접적인 연장선상에 있다.

역사를 거슬러 올라가보자. 여러 가지 불평등 요소들의 증가나 부의 과도한 집중 현상(당시에는 이러한 현상이 미국의 민주주의 정신에 반한다고 인식되었다)에 대응하기 위해서, 그리고 언젠가 구대

류 유럽의 전철을 밟지 않기 위해서(19세기와 벨에포크 시대에 미국
은 유럽을 귀족 중심의 과두정치 사회라고 보았다. 아예 일리가 없는 생각은
아니다), 1910년대와 1920년대 미국 정부는 전 세계 역사에서 유
례를 찾아보기 힘든 수준의 누진세 정책을 도입한다. 여러 불평등
의 요소들을 억제할 목적으로 시행된 이 대대적인 조치는 소득세
(1930년과 1980년 사이 최고수준의 소득에 부과된 소득세율은 평균 82%에
달했다)와 상속세(최상위 그룹은 자산증여 시 세율이 최고 70%까지 적용
되었다)를 모두 포괄하였다.

하지만 1980년 레이건이 대통령으로 선출되면서 모든 게 뒤집
힌다. 1986년 개혁을 통해 소득세율의 상한선은 28%로 인하되며
루스벨트 대통령 당시의 뉴딜New Deal 정책에서 비롯된 사회보장정
책은 모두 폐기된다. 레이건 정부는 그러한 정책들이 미국을 나
약하게 만들고 패전국들이 미국을 쉽게 따라잡도록 빌미를 주었
다고 비난하였다. 반면 레이건은 기업에 부과되는 세금은 건드리
지 않았고 상속세에 대해서는 여전히 누진세율을 유지시켰다. 레
이건 당선 이후 30년이 지난 지금, 그리고 조지 W. 부시 대통령이
상속세를 폐지하려고 시도한 지 10년이 지난 지금 2017년의 트럼
프는 오바마케어를 폐지해버리고는 대기업과 부자들에게 일련의
선물을 안기려 하고 있다.

이 계획은 의회에서 모두 통과될 가능성이 높다. 공화당 의원들
은 거기다가 당연히 '국경 조정'이라 명명한 방침을 추가하려 들
것이다(이것이 그 유명한 '폴 라이언 플랜'이다). 이 방침은 과세 대상의
이윤에서 수출은 공제해주고 반대로 수입제품에 대해서는 공제

를 금지하는 방안을 담고 있다(폴 라이언 플랜이란 공화당 소속 연방하원의장 폴 라이언 의원이 야심 차게 내놓은, "border adjustment"라는 이름의 세제개혁안을 말한다. 미국 기업들이 역외로 나가는 걸 막으려는 의도로, 미국 영토 내에서 생산되어 수출되는 제품에는 법인세가 면제되고 반대로 해외에서 들여온 제품에는 공제불가의 원칙을 내세웠다_옮긴이 주). 법인세와 유럽식 부가가치세를 섞어놓은 이 새로운 과세방식은 이미 WTO의 노여움을 샀고 (트럼프는 WTO의 부정적인 반응을 맘에 들어하지 않았다), 또한 수입업자들(예를 들어 대형 슈퍼마켓 체인인 월마트)의 불만을 불러일으켰는데 사실은 후자가 더 문제다. 이론상 이 방침으로 인한 영향은 달러화가 평가절상되면 상쇄될 수 있지만 실제로 환율은 여러 가지 다른 요소의 영향을 복합적으로 받게 마련이며, 그 누구도 달러화를 조정하는 위험까지 감수할 생각은 없어 보인다.

개연성 있는 시나리오를 이야기하자면, 특정 품목들의 수출입을 대상으로 한정된 조치를 도입하는 데 그칠 가능성이 높다("미국을 질투하는 멕시코나 그 외 주위 나라들에게 항상 모든 걸 양보하는 민주당이지만 그들도 역시 음험한 자유주의자들"이고, 미국의 산업을 보호하는 데는 공화당이 더 낫다는 메시지를 전달하기 위함이다). 그리고 상속세 문제뿐 아니라 법인세율의 대폭 할인에 대해서도 일종의 타협안을 찾을 가능성이 높다. 이 세율은 15~20% 정도가 될 것으로 예상되는데, 그렇게 되면 유럽과 전 세계에 세금덤핑이 재개될 위험이 높아진다.

이제 매우 핵심적인 문제가 하나 남았다. 이렇게나 명백하게 친부유층, 반사회보장적 태도를 지닌 정부 기조가 어떻게 해서 1980년 그리고 2016년에 다수의 미국 국민들을 사로잡을 수 있었는가 하는 점이다. 이에 대한 정통파의 대답은 세계화 물결 그리고 국가 간 과도한 경쟁으로 인해 나만 살고 보자는 생각이 강화되었기 때문이라는 것이다. 하지만 그 대답만으로는 충분히 납득이 가지 않는다. 공화당이 국가주의 화법을 구사하고 일종의 반지성주의를 양성하며 무엇보다 인종이나 문화 그리고 종교 간 갈등을 심화시키는 방식으로 서민층을 분열시키는 데 대단히 능수능란하다는 분석을 추가해야만 그 이유를 제대로 이해할 수 있다.

이미 1960년대부터 공화당 정치인들은 남부연합과 백인 서민층 유권자의 표심을 점차적으로 끌어오기 시작한다. 이 유권자들은 사회복지정책이 흑인들에게만 혜택을 준다고 비난하며 시민운동에 불만을 품어온 사람들이다. 장기적으로 또 뿌리 깊게 이어진 이러한 추세는 1972년 닉슨이 대선에서 승리할 때까지(닉슨의 상대 후보는 민주당의 맥거번이었는데, 그는 최소보편소득을 연방정부 차원에서 보장하겠다고 공약했고 이는 상속세를 인상함으로써 충당하겠다는 계획을 가지고 있었다. 이는 루스벨트식 정책의 정점이라고 할 수 있다), 이어 1980년 레이건이, 그리고 마침내 2016년에 트럼프가 당선될 때까지 계속된다(트럼프는 그의 선배들인 닉슨과 레이건이 그랬던 것처럼 오바마케어를 논하면서 이를 인종문제로 낙인찍는 화법 구사를 서슴지 않는다).

그러는 동안 민주당의 지지층은 점점 더 고학력자들과 소수집단으로 집중되어 결국에는 어떤 면에서 기득권층 백인과 해방된 흑인들이라는 19세기 말 공화당의 지지층과 비슷한 모양새가 되었다. 마치 한 바퀴를 크게 돌아 제자리로 회귀한 모양이다. 인종의 차이를 넘어 서민들을 모두 끌어안았던 루스벨트 시대의 연합은 한낱 신기루에 불과했던 건가 싶다.

유럽이 미국의 상황을 타산지석으로 삼기를 기대해보자. 유럽 일부 지역에서는 미국과 유사한 변화가 일어날 위험이 도사리고 있다. 서민층 유권자들은 자칭 진보주의라는 정당들보다는 반이민세력에게 더 의지하는 경향을 보인다. 트럼프주의는 사회적으로 실패할 게 뻔하다. 트럼프가 그로 인해 그 전에도 수없이 많은 지도자들이 그랬던 것처럼 미국을 자국중심의 군사력에 의존한 밀어붙이기식 정책으로 이끌지 않기를 바랄 뿐이다.

(2017년 6월 13일)

LRM 의원들이여,
결단력을 보여라!

'전진하는공화국LRM' 당 소속 당선자들은 이번 프랑스 국회에서 350석이 넘는 의석을 차지하여 압도적인 다수당의 입지를 다졌다. 이들은 개혁을 이끌어 프랑스 정치를 혁신하는 데 그 힘을 사용할 것인가? 아니면 비판정신을 배제한 채 그저 마크롱 정부가 건네는 법안들을 온순하게 받아 처리하는 거수기 역할에 그칠 것인가?

그 첫 시험대가 정말 빨리 등장했다. 바로 원천징수 문제다. 현정부는 이 정책의 실행을 2019년으로, 아니 어쩌면 영원히 미뤄두려고 한다. 실행 연기의 이유조차 완전히 기회주의적이고 전혀 정당화될 수 없는데도 말이다. 이러한 뒷걸음질은 새로운 정부가 공약했던 대로 프랑스의 조세제도와 사회보장체계를 개혁하고 근대화하는 것이기는커녕 첫 단추부터 잘못 꿰는 일이다(구체적인 논의에 들어가면 정부의 개혁 의지는 안타깝게도 곧바로 애매모호해진다).* 마크롱 정부가 원천징수제 시행을 연기하면서 앞으로 이 정부가 최악의 방향으로 가지는 않을까 하는 우려가 생긴다. 그런데 흔히 생각하는 바와는 다르게, 정부는 의회의 표결 과정 없이 실제로 법안을 연기할 수 없다. 결과적으로 말하면, 의회는 앞으로 며칠 내에 혹은 늦어도 몇 주 내에 정부의 제안을 표결에 붙여야 한다는 말이다.

2가지 선택지가 있는데, 하나는 LRM 소속 의원들이 2018년 1월로 시행 예정되어 있는 이 상징적인 원천징수제 개혁안이 그대로 시행되도록 표결하는 방안이다. 소득세 원천징수안은 전 회기 국회가 2016년 가을, 표결을 통해 2017년 정부예산법안 차원에서 이미 결정한 사항이다. LRM 의원들이 시행을 표결한다면 그건 추후의 개혁에서도 그들이 자신들의 입장을 분명히 할 수 있는 기회가 된다. 또 필요하다면 행정부의 권력을 견제하는 역할을 하겠다는 메시지를 보내는 일이기도 하다. 두 번째 가능성은 LRM 의원들이 보수적인 행보를 보이는 정부를 따라가는 시나리오인데, 불행히도 이것의 개연성이 훨씬 크다. 프랑스 의회의 다수정당과 새 정부권력은 무늬만 개혁자였다는 의미가 된다.

프랑스의 원천징수제를 둘러싼 현안은 대체 무엇인가? 소득세 원천징수는 이미 독일과 스웨덴에서 1920년부터, 미국과 영국, 네덜란드에서 제2차 세계대전 중에, 그리고 이탈리아와 스페인

---

* 2017년 5월 16일자 기고문인 「프랑스에는 어떠한 개혁이 필요한가?」를 참조할 것.

에서 1960년대와 1970년대를 거치면서 실행되었다. 선진국들 중 원천징수제도가 확립되지 않은 나라로는 프랑스가 유일하다. 이는 우리의 조세제도와 행정체계가 얼마나 시대에 뒤처졌는지를 보여주는 가장 극명한 예 중 하나다. 비교 대상을 어느 나라로 하느냐에 따라 한 세기에서 반세기의 간극이 있다.

원천징수는 이와 관계된 모든 이들에게 현저한 효율 상승을 보장해준다는 점에서 정부의 행보는 더욱 유감스럽다. 우선 과세대상 국민들의 입장에서 살펴보자. 현재 체계에서는 소득에 대한 세금을 1년도 넘게 지난 후에 부과한다. 그 사이 일자리나 재정 상황이 완전히 달라질 가능성이 충분히 있다. 원천징수제도를 도입하면 이와는 반대로 실시간으로 각자의 상황에 부합하는 소득세를 납부할 수 있다.

징세기관의 입장에서도 생각해보자. 국세청도 원천징수제도의 도입을 통해 세무조사나 탈세대책 같은 좀 더 중요한 업무에 역량을 집중할 수 있게 된다. 마지막으로 기업들 입장에서도 마찬가지다. 비록 일부 경영인들이 보수적인 생각에 치우쳐서 원천징수 법안이 시행되면 자신이 처리할 일만 늘게 될 거라고 생각하기는 하지만 (이러한 논리는 지난 한 세기 동안 원천징수제도가 도입된 모든 나라에서 이미 나왔던 이야기다), 사실 프랑스에서 원천징수라는 개념은 이미 1945년부터 존재해왔다. 바로 일반사회보장부담금 및 기타 사회보장 관련 공제제도인데, 일반사회보장부담금을 합치면 원천징수 금액은 국내총생산의 20%가 넘는다. 반면 소득에 대한 원천징수는 4%에도 미치지 못한다. 따라서 소득세 원천징수제도는 프랑스의 조세제도 전반을 간소화할 수 있는 좋은 기회다. 결과적으로 기업체들뿐 아니라 모든 사회·경제활동 주체들에게 도움을 주는 변화를 가져다준다고 할 수 있다.

사실 이 개혁을 재차 삼차 연기해오면서 프랑스는 유례없이 복잡하고 관료주의적인 부조리에 빠졌다. 단적인 예가 바로 근로소득보전세제다(직역하면 '일자리장려금PPE, Prime pour l'emploi'이다_옮긴이 주). 최근에 '활동장려금Prime d'activité'이라고 이름이 바뀌었다. 이 공제제도의 논리는 이렇다. 현재 상근직 최저임금으로 일하는 직장인은 각종 사회보장 관련 분담금과 일반사회보장부담금의 원천징수로 300유로를 제한 후 급여를 받는다. 즉 세전 1,450유로 임금의 실제 수령액은 세후 1,150유로가 된다. 그런데 이 노동자가 추후에 따로 요청을 하면 수개월이 지난 후에 CAFCaisses d'allocations familiales(가족수당기금으로 직역할 수 있는 기관으로, 프랑스의 지방 단위별로 각종 사회보장급여나 부양급여를 지급해주는 곳이다_옮긴이 주)에서 한 달에 130유로에 상당하는 '직업활동장려금'을 수령할 수 있다. 이럴 바에는 애초에 원천징수되는 분담금을 줄여서 월급명세서에 찍히는 세후 수령액을 높이는 것이 월등히 나은 방침 아닌가? 그렇게 하면 불분명하고 모욕적이며 임의적인 행정절차를 밟느라 시간 낭비하는 일도 피할 수 있고, 당사자는 자신의 월수입이 얼마인지 확실히 알게 되어 그에 따라 생활을 꾸려갈 수 있을 것이다. 대체 이렇게 말도 안 되는 제도는 어떻게 생겨났는가? 이는 모두 소득세가 원천징수되지 않는 데에서 기인한다. 원래 직업활동장려금은 실행 당시 소득세 소관이었기 때문에 결국 월급명세서에 자동으로 찍혀 나오지 못했던 것이다. 이는 소득세 원천징수 개혁안이 실행되면 드디어 개선 가능해지는 수없이 많은 갑갑한 상황의 일례에 불과하다.

원천징수제의 실행은 이 쟁점의 핵심이라 할 수 있는 이러한 실제적인 측면 외에도, 민주주의에서 중요한 문제이자 좀 더 넓은 정치적·철학적 차원에서 보았을 때에도 중요한 관건이다. 이는 국가와 그 국가에 세금을 내는 시민, 즉 납세자와의 관계를 분명하게 규정하는 데 중요할 뿐 아니라, 자산의 이동이나 세금, 조세정의, 사회정의, 공정한 소득 혹은 공정한 임금이라는 문제를 일원화된 방식으로 고민할 수 있게 해주는 요소 중 하나이기 때문이다.

대체로 조세제도와 징수 방식에 대한 쟁점들을 그저 기술적 차원의 문제로 대하는 건 진정 잘못된 태도다. 국민이 인정하는 방식으로 공정하게 세금 징수가 이루어지지 않거나 자신들이 내는 세금에 대해 납세자들이 동의하지 않는다고 해보자. 공동의 행동 능력 자체가 더 이상 국가에 존재할 수 없다. 위대한 정치개혁에는 항상 그 핵심에 조세개혁이 동반되었다.

원천징수가 없었다면 프랑스의 사회보장제는 아예 마련될 수조차 없었다. 임금노동자 각자가 일일이 사회보장을 담당하는 관공서를 찾아가 1년이 지난 후에 수표를 제출하는 게 상상이 가는가? 그 금액은 도합 프랑스 국내총생산의 20%를 넘긴다. 원천징수 원칙이 소득세까지 확대되지 않았다는 사실은 프랑스 중앙정부와 납세자 사이에 신뢰관계를 바탕으로 한 공동체로서의 능력에 너무나 커다란 한계가 있다는 뜻이 된다. 프랑스의 '사회계약'

전반에 관련되는 문제일 수밖에 없다.

프랑스에서 원천징수를 보편화하는 데 대해서 정기 논의를 시작한 지 수십 년이 되었다는 건, 그리고 이 개혁안이 실행되기 전 번번히 좌초되었다는 건 참으로 안타까운 사실이다. 1999년 조스팽 총리가 이끌던 정부는 일부 국세청 직원과 기업인들의 심한 반발로 인해 결국 개혁을 이끌던 크리스티앙 소테 재무장관을 낙마시키고 개혁안 실행을 1년 연기했다. 그게 벌써 18년 전 이야기다.

오랫동안 망설이던 사회당 정부는 2012년부터 2017년까지 올랑드 대통령의 임기 동안 마침내 의회에 법안을 상정하고 이를 채택하였다. 이 안은 2018년 1월 실행 일정까지 구체적으로 담은, 매우 꼼꼼한 계획이었다. 물론 이 새로운 체계가 좀 더 일찍 도입되지 않은 건 유감스럽다. 특히 대선과 총선 이전이 아니라 이후로 실행 일정이 잡힌 것은 개혁안 자체가 재차 논란이 될 여지를 남겨둔 셈이다. 아마도 이것은 프랑수아 올랑드 대통령이 끝까지 쥐고 있으려 했던 마지막 카드였는지도 모르겠다. 그렇게 해서 그는 자신의 재선 가능성을 높여보고 싶었겠지만, 우리 모두 그 결과가 어땠는지 이미 알고 있지 않은가.

여전한 사실은 이것이 올바른 방향으로 향해가는 개혁이라는 점이다. 원천징수제도야말로 조세 분야에 있어서 지난 수십 년간 가장 중요한 개혁이라는 데에는 의심의 여지가 없다. 원천징수제도는 2017년 예산 편성 과정에서 프랑스 의회가 2016년 가을 엄숙하게 채택한 개혁안이다. 그리고 바람직한 정책이다. 특히 두 차례 세계대전 사이 기간부터 제2차 세계대전 이후까지 독일, 스웨덴, 미국, 영국 등지에서 원천징수제를 도입할 당시에는 존재하지도 않았던 현대 IT 기술을 이제 시행 시점부터 활용할 수 있다. 실시간으로 그리고 무기명으로 필요한 모든 정보를 전송할 수 있으므로 기업체들이 각자 상황에 맞는 원천징수율을 적용받을 수 있다. 국세청과 기업체 간 협의는 이미 여러 차례에 걸쳐 이루어졌고, 아무도 이 개혁안에 대해 이의를 제기한 적이 없다. 즉, 2018년 1월 실행을 위해 사회 전 분야에서 모든 준비가 완벽히 되어 있다는 뜻이다.

2016년 당시 의회에서 유익한 논의 과정을 거쳐서 납세자 스스로 중립세율을 적용받을지(즉 가정 상황이나 자신의 기타 소득을 고려하지 않은 세율) 아니면 개별화된 세율을 적용받을지(부부 중 소득이 더 적은 사람 — 보통은 여성 — 은 상대방보다 더 낮은 세율을 적용받게 된다)를 손쉽게 선택할 수 있게 하는 방안까지도 마련되었다. 역사상 그 어떤 나라에서도 이 정도로 원천징수제도의 시행 초기 단계부터 여러 가지 보장과 선택권을 제공한 적이 없다. 이는 뒤늦은 개혁의 장점이기도 하다. 더 발전된 기술의 혜택을 받을 수 있으니 말이다.

그런데 2017년 5월 새로운 대통령이 탄생했다. 에마뉘엘 마크롱, 그것도 자칭 "개혁자"라는 사람이 국가 원수가 된 것이다. 그런데 6월 7일 총선 1차 투표를 며칠 남긴 상황에서 마크롱 정부가 무슨 발표를 했는가? 바로 원천징수 개혁을 무기한으로 연기하겠다는 것이다. 물론 1년 연기해서 2019년에 실행하겠다는 대안을 언급하기는 했다. 하지만 프랑스에서 원천징수제를 '1년 연기'하겠다는 말을 마지막으로 들은 게 1999년이었다는 점을 감안한다면 참으로 걱정스럽지 않을 수 없다. 이와 비슷한 쟁점들과 관련된 역사를 되짚어보면 이런 종류의 개혁은 대통령의 5년 임기 초입에 실행해야 한다는 교훈을 얻을 수 있다. 특히나 모든 사항이 준비가 끝나 있는 경우라면 더욱 그러하다! 그렇지 않으면 영원히 연기되는 운명에 처할 가능성이 크게 높아진다.

이 모든 상황이 더욱 걱정스러운 이유는 정부가 공식적인 평계로 이 개혁의 비용이 기업체들에게 과하게 돌아갈까 봐 우려된다거나 개혁을 위한 준비가 덜 되었다고 말하는 점이다. 이건 한마디로 신빙성이 없는 이야기이다. 독일, 스웨덴, 미국, 영국, 네덜란드, 스페인, 이탈리아 등의 기업체들은 이미 한 세기 혹은 경우에 따라 반세기 전부터 원천징수제도를 실행할 '준비'가 되어 있었다. IT가 발전하지 않은 시대에 말이다. 그런데 지금, 2018년에 와서 유별나게도 프랑스 기업들만 원천징수제를 도입할 준비가 되지 않았다는 말을 믿으라는 건가? 위에 언급한 나라 중 그 어느 곳에서도 원천징수제 도입 이후 이를 번복하고 폐지해버린 경우가 없다. 그런데 프랑스에서는 아직도 그 개혁안을 시도할 준비가 됐는지 안 됐는지 자체를 자문하고 있다는 건가? 이건 한마디로 말이 안 되는 상황이다.

사실 마크롱 정부가 이 개혁을 연기하려는 진짜 이유가 다른 데 있다는 걸 모르는 사람은 없다. 우선 기업인들 중에서도 가장 보수적인 소수의 비위를 맞추려는 의도가 있고, 둘째로는 2018년 1월에 마크롱이 실행하고자 하는 다른 조세 개혁안이 최대한으로

부각되게 하려는 계산이 깔려 있다. 바로 일반사회보장부담금을 1.7% 인상하는 조세 개혁안이다. 이를 통해 임금노동자들의 사회보장 분담금이 3% 인하되면서 생긴 간극(특히 연금에 피해가 갔다)을 메꿀 수 있다고 하는 주장이다. 마크롱이 내세우고자 하는 개혁은 세후 수령액 증가로 이어질 것이라 기대되고 있는데, 따라서 원천징수 도입으로 인해 자신이 추진하는 개혁의 효과가 상쇄되는 것처럼 보이는 일을 피하고자 하는 의도다.

분명히 해두자. 이건 정말 유난히도 한심한 평계다. 우선 납세자들은 이 2가지가 분명히 다른 별도의 개혁임을 충분히 이해할 수 있다. 정부가 잘 설명하기만 하면 된다. 또, 일반사회보장부담금과 기타 사회보장 관련 분담금의 비율에 손을 대는 건 근본적으로 정당화되기 매우 어려운 문제다. 사실상 결과는 이렇게 된다. 5,000유로, 1만 유로, 2만 유로의 월급을 받는 이들이 받는 임금 수령액을 올려주기 위해 매월 1,400유로 정도 은퇴연금을 받는 사람들의 수령액을 인하하는 셈인 것이다. LRM 소속 의원들에게 행운을 빈다고 말해주고 싶다. 그런 말도 안 되는 재분배의 논리를 자신을 뽑아준 유권자들에게 어떻게 설명해야 할까? 개혁안 연기를 위해 의회에서 표결하는 순간이 오면 그들의 지도자, 자칭 "개혁자" 대통령보다는 상식을 발휘해주는 대통령이 될 수 있게 하는 선택을 하길 바랄 뿐이다. 여기서 바람직한 해결책은 당연히 누진세율에 기초한 개혁이다. 즉, 월수입이 가장 낮은 이들에게는 낮은 세율을, 가장 높은 고소득자에게는 높은 세율을 적용하는 방식을 임금이나 은퇴연금에 모두 적용하는 것이다.

어찌되었든 간에, 오직 부수적일 뿐인 자신의 세부개혁이 더 눈에 잘 띄게 하려고 소득세 원천징수처럼 구조적으로 중요한 조세개혁의 실행 자체를 봉인해버리는 대통령의 의지는 정말이지 극도로 염려스럽다. 그 누가 뭐라고 생각하든 간에 마크롱의 개혁안은 매개변수에 따른 극소규모의 개혁일 뿐이다. 즉 한 가지 세금의 세율을 낮추려고 이미 존재하는 세금의 세율을 높이는 차원에 불과한 것이다.

비굴하거나 가짜 정보를 설파하는 언론이 가끔 정부 앞에서 내세우는, 아주 환멸스러운 평계를 하나 언급해야겠다. 소득세가 각 가정의 사정, 즉 부양가족이라는 변수에 연동되어 있는 프랑스에서는 원천징수제도는 실행이 불가능하다는 논리에 대한 이야기다. 사실 이 부분은 어느 나라에서건 다 마찬가지다. 전 세계 어디를 보아도 구체적인 방식이 어떻든 간에 부양아동의 숫자에 따라 세금은 달라진다. 과세소득 공제라든지 세금 감면이라든지 하는 다양한 제도를 통해서 말이다. 물론 그것은 프랑스의 '가족지수 quotient familial'와는 다른 제도들이다. 하지만 외국의 제도들 또한 결과적으로는 적용 과세율이 부양아동의 숫자에 달려 있다는 점에서 마찬가지다(심지어 어떤 경우는 부양아동을 고려하는 비중이 프랑스보다 훨씬 크기도 하다. 프랑스의 '가족지수'에는 상한선이 있기 때문이다). 하지만 그렇다고 해서 원천징수제도가 아예 실행되지 못한 나라는 없다. 또 하나 기억해야 할 사실은 독일이나 미국에서 세금을 계산할 때는 배우자의 소득 또한 고려대상에 들어간다는 점이다. 이는 프랑스의 '배우자지수 quotient conjugal'와 매우 유사하다. 그 두 나라에서 이미 100년 가까이 원천징수제도가 시행되고 있는데 이 또한 전혀 문제가 되지 않고 있다. 이 모든 문제들에 있어서 프랑스의 개혁안은 그 어떤 나라의 제도보다 사실 훨씬 더 유연하며 기밀유지 원칙을 더 넓게 보장하고 있다.

결론을 내려보자. 6월 7일자 정부의 발표는 마치 모든 게 결정된 양 개혁안의 연기를 발표했다. 조심스레 곧 "이 연기를 준비"하기 위해 곧 "법적 방침이 적절하게 마련"될 것이라고 명시했지만 말이다. 사실은, 새롭게 출범한 프랑스 행정부가 의회의 견제를 아무리 완전히 무시하고 싶어도 다행히 그건 현재 프랑스의 법체계에서 불가능한 일이다. 원천징수에 대한 개혁안은 이미 2016년 가을에 의회의 엄숙한 채택 과정을 거쳤고, 동시에 구체적인 실행일정도 함께 정해졌다. 의회가 이를 새롭게 표결에 부치지 않고서는 일정을 수정하거나 개혁안 실행 자체를 연기할 수 없다. LRM 소속 의원들이 이 황금 같은 기회를 통해 프랑스 민주주의의 부흥 그리고 개혁과 근대화에 대한 그들의 신념을 분명히 보여주기 바란다.

추신: 이 글이 실리기 직전에 알려진 소식에 따르면* 정부는 노동법 개혁과 함께 이 원천징수제도의 연기 문제를 동일 행정명령안에 뭉뚱그려 취급하려는 듯하다. 다시 말하자면 현재 권력을 잡

---

* Sarah Belouezzane et Bertrand Bissuel, 「Code du travail: ce qu'il y a dans le projet de loi d'habilitation」, Le Monde, 21 juin 2017.

은 정부는 개혁을 앞당길 하나의 방안(노동법 개혁)을 핑계로 이미 도입 준비가 끝난 또 다른 개혁안(원천징수)을 좌초시키려는 것이다! 그러니 이제 원천징수제 도입을 통해 프랑스의 조세제도 근대화를 이끌고자 하는 의원들에게 남은 방법은 며칠 안에 있을 의회 토론을 통해 권한 부여와 관련된 조항을 폐지하는 선택을 하는 수밖에 없다.

(2017년 6월 20일)

CICE라는 코미디

또 한 차례 연기라니! 에마뉘엘 마크롱 대통령과 에두아르 필립 총리가 이끄는 프랑스 정부는 이미 소득세 원천징수를 2019년으로 연기한다고 발표한 바 있다. 그것도 아주 기회주의적인 이유로 말이다.* 그로 인해 프랑스는 이미 수십 년간 논의를 거친, 그리고 조세제도 근대화에 핵심적인 이 개혁을 아예 실행조차 하지 못할 위험에 놓였다. 원천징수제도는 2018년 1월, 이미 실행할 모든 준비가 끝나 있었다. 그런데 정부는 이제 CICE 제도(2016년 10월 18일 기고문 「프랑스 우파와 유럽 예산 편성 기준」에서 언급한 바 있는 올랑드 대통령의 세제개혁안으로 '경쟁력과 고용을 위한 세금 공제'라는 의미를 갖고 있다. 2013년 실행되었고 이 글이 기고된 지 2년 후인 2019년 결국 폐지되었다_옮긴이 주)를 대신하여 기업체의 사회보장분담금을 지속적

---

* 2017년 6월 17일 기고문 「LRM 의원들이여, 결단력을 보여라!」에서 언급한 내용이다.

으로 감축해주는 방안을 도입하기로 했던 계획조차 2019년으로 연기한다고 발표했다. 분담금 경감은 현 정부의 대선 공약이기도 하고 직전 대통령인 프랑수아 올랑드 또한 2014년부터 언급해온 개혁안이기도 하다. 분명히 말해두고 싶다. 이 2가지 퇴보는 극도로 걱정스럽다. 새 정부는 이 나라를 개혁할 생각이 전혀 없어 보인다. 아니 어쩌면, 파렴치하게도 진정한 개혁의지도 없으면서 권력만 행사하려는 원대한 꿈을 꾸고 있는지도 모르겠다.

지난 몇 년을 되돌아보자. 2012년 올랑드 대통령은 취임 직후 자신의 전임 대통령이 막 도입해두었던 고용주분담금 장기경감 제도를 폐지하는 실수를 저지른다. 그러고는 몇 달 후, 사람들의 입에 엄청나게 오르내린 CICE라는 공제체계를 만들어냈다. 전해에 납부한 고용주 분담금의 일부를 1년 후 기업에게 환급해주는, 아주 복잡한 조치다. 이 제도는 기업의 입장에서도 도무지 이해할 수 없어서 대부분 이유도 모른 채 환급 수표를 수령하는 일이 빈번했다. 게다가 이런 종류의 방침은 항상 수년 앞의 계획을 세우는 기업들에게 만성적 불안과 예측불가한 상황을 초래했다. 결국 기업의 입장에서는 장기적 관점의 의사결정이 더욱 어려워졌다는 뜻이다. 이 제도를 가장 잘 파악하고 있는 회사에서조차도 마찬가지다. 실제로 CICE는 이미 복잡하기로 유명한 프랑스의 조세 제도 및 사회보장 체계를 한층 더 복잡하게 만들었을 뿐이다.

하지만 올랑드 정부의 전문기술관리집단technostructure(사회적으로 어떤 영향이 갈지에 대해서는 상관없이 전문지식을 동원해 정책을 도입하는 고위 관리들, 즉 테크노크라트technocrate의 집합체 혹은 이들이 모인 정부구조를 말한다_옮긴이 주)에 속한 이들의 고집은 대단했다. 그리고 이를 이끈 사람이 바로 현 대통령 마크롱이 아닌가(올랑드 정부에서 마크롱은 대통령실 부실장이기도 했고 경제부 장관을 지냈다_옮긴이 주). 아이디어 자체는 훌륭하다. 예산비용을 2014년으로 미룰 근거를 마련해주는 방안이기 때문이다(세액공제는 사실상 1년이 지난 후에 환급된다. 반면에 분담금 경감이라면 2013년에 정부예산이 소요되었을 것이다). 이러한 방식을 이용해서 올랑드 정부는 일거양득의 효과를 노렸다. 즉, 유럽의 적자를 즉각적으로 줄이는 효과와 일자리 창출을 말이다. 하지만 운이 없었는지 프랑스는 전자의 효과도 후자의 효과도 보지 못했다. 그 이유 중 하나는 국민의 세금을 완전히 낭비하는 이 복잡한 체계 때문이다.

2014년에 이미 올랑드 정부는 CICE를 폐지하고 고용주 분담금 장기경감제도를 재도입해야 한다는 명백한 결론에 도달했다. 하지만 당시 올랑드 대통령이건 현 마크롱 대통령이건, 스스로 만들었지만 이제 연간 200억 유로라는 엄청난 규모로 커져버린 이 눈엣가시를 제거할 구체적인 대책이 전혀 없어 보인다. 문제는 입안자들이 CICE의 장점이라고 생각했던 요소(즉 시간상 제도비용이 연기되는 효과)가 이제는 도리어 족쇄가 되어버렸다는 점이다. 이 제도가 폐지되는 해에는 2배의 비용이 들기 때문이다. 예를 들어 2018년에 CICE가 폐지된다고 해보자. 2017년에 이미 납부된 분담금은 환급해주어야 하고 재도입되는 분담금 경감제도에 맞추어 2018년 납부할 비용을 줄여주어야 한다. 하지만 그럼에도 불구하고 CICE를 폐지하기 위한 정치적인 용기가 반드시 필요하다.

그렇지 않으면 지나치게 복잡한 이 제도가 영원히 자리 잡아버릴 테니 말이다.

2014~2015년 당시 올랑드 대통령 때도 마찬가지였지만, 가장 우려되는 부분은 마크롱 대통령이 현 상황의 책임을 고용주들에게 전가하려는 모습을 보인다는 점이다. 실제로 그는 사실상 기업들에게 30유로 상당의 추가 세금이 발생한다는 점을 분명히 알면서도 고용주들에게 CICE 제도상 100유로의 분담금을 100유로 경감으로 대체하는 방안을 제시하고 있다(분담금 경감제도에서는 CICE 와는 다르게 과세대상의 소득을 더 높게 잡는다).

이러한 선택지를 앞에 두면 기업들은 당연히 CICE의 유지를 선택할 게 뻔하다. 그러니 이러한 한심한 코미디를 당장 중단해야 한다. 만약 정부가 진정으로 과거의 오류를 수정하고자 한다면, 법인세의 추가세수를 고려해서 CICE 제도상의 100유로는 고용주 분담금 경감액 140유로로 환산해 대체해야만 정부 예산비용에 영향을 주지 않을 수 있다. 가장 슬픈 현실은 이러한 자잘한 부분을 변조하느라 근본적인 문제, 즉 프랑스 사회보장제도의 재정조달 체계에 대한 근본적인 개혁 논의가 진전되지 못하고 있다는 사실이다. 현재 프랑스는 사실상 과도하게 분담금에 의존하고 있다. 사회보장제도를 위한 대안 수입원을 구체적으로 논의해야 한다. 어떤 이들은 '사회적 부가가치세'가 해결책이라고 주장한다. 하지만 이는 최저소득층에게 큰 부담이 될 가능성이 높다. 진정한 대안이 될 수 있는 유일한 방법은 일반사회보장부담금을 누진의 원칙으로 적용하는 방법이다. 민간기업의 임금, 공공분야의 급여,

은퇴연금, 자산소득 등 모든 종류의 소득에 대해 동일한 방식의 분담이 이루어져야 하고, 여러 출처를 망라한 전체 소득의 수준에 따라 누진계산법을 적용해야 한다. 사회당의 불만가득한 지도자들은 원칙적으로 분담금 경감 방식에 거부만 하지 말고 이러한 토론에 적극적으로 참여했어야 했다.

위에서 한 이야기들을 통해 어떤 결론을 낼 수 있을까? 우선 자칭 개혁자라고 말만 한다고 진정한 개혁자가 되는 건 아니라는 사실을 말해주고 싶다. 절대권력은 사람을 취하게 만들고 현실감각을 완전히 상실케 한다. 프랑스 특유의 대통령 중심주의와 그를 둘러싼 내신정치는 이러한 상황을 악화시킨다. 또 하나의 결론은 좌파 정치인들이 우파와 중도파에게 의미 있는 반론을 제기하려면 구체적인 대안을 제시해야 한다는 점이다. 마지막으로는 절정에 달한 마크롱마니아에서 벗어나 근본적인 문제들을 이야기할 때가 되었다는 사실이다. 그의 5년 임기가 진정한 성공을 거두기 위해 그리고 프랑스를 위해서도 그게 최선의 길이다.

(2017년 7월 11일)

자본의 법칙 다시 생각하기

정부가 내세우는 노동법 개혁안을 어떻게 이해해야 할까? 그중 주요한 내용이면서 가장 비판받는 부분은 부당해고의 경우 보상금 상한선을 근속연수당 1개월치 임금으로 고정하는 방안이다 (연차가 10년이 넘어가면 1년당 반 개월로 계산한다). 다시 말하자면 이렇다. 어떤 고용주가 10년 전부터 일해온 직원을 '실제적이고 심각한 사유'가 전혀 없이 제멋대로 해고한다 해도 판사는 그에게 10개월분의 임금 지급 명령을 내릴 뿐이라는 이야기다. 이 계산에 따르면 30년간 일한 직원의 경우 부당해고에 대한 총보상금이 20개월치 임금을 넘지 못한다.

문제는 이런 식으로 해고를 할 경우 실업 및 재배치 보상금 측면에서 사회적 비용이 훨씬 더 많이 든다는 점이다. 정부는 이 조치가 일자리 창출 가능성을 높일 거라고 주장한다. 하지만 실상은 무엇보다 고용주의 임의적인 권력을 강화하고 반대로 고용인들에게는 자신이 다니는 기업에 애정을 갖고 장기적으로 안착하지 못하게 하는 불신을 키울 뿐이다. 또 직장 내 괴롭힘 혹은 차별대우를 이유로 한 소송이 늘어날 위험이 있다(이런 경우에는 보상금에 상한선이 없기 때문이다). 그럴 거면 차라리 프랑스에서 느리기로 악명 높은 사법절차의 속도를 빠르게 하는 조치를 도입하는 게 나았을 거다.

가장 우려되는 점은 정부가 이번 기회를 통해 직원들의 기업운영 참여를 확대시키려는 시도조차 하지 않았다는 사실이다. 특히나 CFDT(프랑스 정부 협상대상 5대 노동조합 중 하나로 1919년 창립 후 현재 노조원 수 제1의 노동조합_옮긴이 주)가 요구한 바대로 기업 이사회에 직원들의 표결권을 크게 확대하는 방안이 포함되었더라면 좀더 균형 잡힌 노동법 개혁안이 되었을 것이다.

그렇게 했더라면 진정한 유럽식 경제 민주주의 모델을 추진하는 계기가 되었을지 모른다. 다시 시간을 거슬러 올라가보자. 어떤 이들은 가끔 기업체 내 주주와 임금노동자들의 권력관계를 정의하는 규범들은 이미 19세기에 결정되었고 다시는 돌이킬 수 없다고 말한다. 즉, 보유주식 한 주에 표결권 하나라는 논리로, 그걸로 이야기는 끝났다는 뜻이다. 하지만 사실은 그렇지도 않다. 1950년대부터 이미 독일과 일부 북유럽 국가에서는 이처럼 기존에 존재하는 힘의 균형을 급진적으로 변화시킨 법안들이 도입되었다. 이러한 법안을 통해 내세운 목적은 '공동결정'의 장려였는데, 다시 말하면 자본과 노동 사이에 진정으로 권력을 분배하겠다는 의지의 표현이었다. 이러한 원칙들은 수십 년의 세월을 거쳐오면서 공고해졌다. 현재 이 나라들에서는 임금노동자 대표들이 기업 이사회에 직접 참여한다. 독일의 경우, 이들이 의석의 절반, 스웨덴의 경우는 의석의 3분의 1을 차지한다. 이는 자본 출자 여부와는 완전히 별개로 정해지는 사항이다. 이러한 참여 원칙 덕분에 독일과 스웨덴 기업의 직원들이 회사의 경영 전략에 더 잘 참여할 수 있게 되었다는 사회적 공감대가 형성되었다. 결국 경제적·사회적 효율성이 훨씬 높아졌다.

최근에 이르기까지 이와 같은 기업경영 민주화 움직임이 그 외의 나라들에서는 그다지 확대되지 못했다는 건 참으로 안타까운 일이다. 특히나 프랑스나 영국, 미국의 기업에서 직원들은 거의 순전히 '자문' 역할에 그치고 있다. 2014년 프랑스에서 통과된 법안이 처음으로 기업 이사회에 직원 대표가 표결권을 1표 행사하도록 규정하였다(하지만 이사회 인원 12명당 1명의 비율로 배정되므로 실제 효력은 미미한 수준이다). 미국과 영국에서는 여전히 주주들이 의사회 의석을 전부 차지하고 있다. 다행히 영국에서는 노동당뿐 아니라 일부 보수당 세력의 압력에 의해 이에 대한 논의가 점점 더 중요한 쟁점이 되어가고 있다.

이러한 상황에서 만약 프랑스 정부가 기업 이사회의 직원 비중을 상당수 늘린다면(예를 들어 3분의 1에서 절반 정도의 비중, 즉 독일과 북유럽의 기준을 따라간다고 해보자), 이는 상당한 반향을 불러일으킬 수 있다. 이렇게 된다면 전 세계적으로 경영권 영역에서 새로운 규범을 추진하는 움직임을 만들어낼 수 있다. 더 나아가 지금까지 유럽연합이 '장애물 없고 구속할 수 없는 경쟁구도'를 거의 종교 차원으로 신봉하는 모습을 보였던 데서 벗어나 훨씬 흥미로우며

상상력을 발휘할 수 있는, 진정으로 유럽다운 경제사회 원칙을 정립하는 데 기여할 수 있을 것이다.

최근 유럽의 학자들이 발표한 여러 연구결과에 따르면 독일 및 북유럽식 공동결정 방식에 대한 고찰 또한 이미 완료단계라고 하기는 어려운 게 사실이다. 그 모델에도 극복하고 개선되어야 할 부분이 분명 있다는 뜻이다. 주주와 직원 들이 각각 지정한 경영인들 사이에 반목이 계속되는 역할극 같은 상황에서 빠져나오기 위해 이완 맥고이(런던의 킹스칼리지 교수로, 노동법 및 경제와 역사 분야를 넘나드는 법학자이다_옮긴이 주)는 다음과 같은 제안을 하고 있다. 주주와 직원들을 나누지 않고 공동으로 포함한 이사회 구성원을 선출하는 방법이다. 그렇게 선출된 경영인들은 다양한 희망사항들을 종합해 행동전략을 세우게 되리라 추정하였다. 이자벨 페레라스(벨기에 루뱅대학교 교수로 사회학자이자 정치학자. 노동조합과 기업 문제를 다룬다_옮긴이 주)의 경우 진정한 양원제 체계가 기업 내부에 자리 잡아야 한다는 주장을 한다. 여기에는 주주회의와 직원회의에서 상호 간에 합의를 해야만 전략적인 결정사항이나 문서들을 채택할 수 있다는 강제조항이 포함된다. 쥘리아 카제(프랑스 그랑제콜 ENS 출신 경제학자로 개발경제와 경제사 등을 연구하는 학자다. 토마 피케티의 부인이기도 하다_옮긴이 주)는 대주주들의 표결권에 상한선을 두어야 한다고 보는 한편 소액주주들과 그 외 '크라우드 펀딩'으로 참여한 이들의 표결권에는 가중치를 주어야 한다고 제안했다. 카제의 제안은 비영리 언론사를 대상으로 고안된 방안이지만 다른 분야로 확대해 적용해 볼 수 있다. 위에서는 언급한 바와 같이 다양한 연구결과들이 보여주는 공통점은 하나다. 즉, 소비에트 연방의 경험이 대실패로 끝난 이후 권력과 소유권의 문제에 대한 우리의 고민에 불씨가 꺼졌다고 생각했지만 사실은 이제 겨우 시작일 뿐이라는 사실이다. 유럽과 프랑스는 이러한 논의에서 자신의 자리를 확고히 할 필요가 있다.

(2017년 9월 12일)

부유세 폐지는 역사에 남을 실수

이 말부터 해야겠다. 부유세ISF, Impôt sur la fortune 폐지는 도덕적으로, 경제적으로 그리고 역사적으로 엄청난 실수다. 정부의 이 결정을 통해 우리는 세계화가 불러온 여러 가지 불평등의 문제들을 정치 지도자들이 정말 이해하지 못하고 있다는 걸 깨달았다.

시간을 거슬러 살펴보자. 첫 번째 세계화의 물결이 있었던 1870년에서 1914년 사이에 전 세계적으로 강력한 움직임이 있었다. 새로운 형태의 재분배가 이루어지고 새로운 조세제도가 생겨났다. 소득과 자산, 상속에 대한 누진세를 바탕으로 한, 당시의 새 모델은 경제성장의 이득을 좀 더 공평하게 분배하고, 구조적으로 소유권과 경제권력의 집중도를 줄이려는 의도를 띠었다. 이러한 모델은 1920년대부터 1970년 사이에 성공적으로 시행되었다. 역사적으로 봤을 때 극적인 사건들로 인한 압박이 작용하기도 했지만 오랜 기간 축적된 지적이고 정치적인 움직임의 열매이기도 했다. 아마도 오늘날 비슷한 움직임을 이끄는 첫 주자로서 더욱 눈에 띄는 듯하다. 불평등이 확대되자 이에 맞서 사람들의 의식이 깨어나는 속도에도 가속이 붙고 있다. 국가정체성이라는 구호를 외치는 세력들은 서민들이 느끼는 소외감을 이용하려 들 것이 뻔하고 때로 그 의도는 성공하기도 한다. 하지만 우리는 또한 민주주의와 평등 그리고 재분배를 요구하는 새로운 목소리가 높아짐을 느낀다. 영국은 앞으로 몇 년 후면 좌파로 기울 가능성이 매우 높고, 민주당의 후보군을 살펴볼 때 아마도 미국 또한 2020년에 그렇게 될 가능성이 있다.

이러한 맥락에서, 레이건과 대처의 시대가 지난 지 거의 40년이 된 지금에 와서 프랑스가 부유세 폐지 카드를 꺼내든 것은 완전히 말도 안 되는 이야기다. 지난 수십 년간 번영을 누린 나이들고 부유한 집단에게 세금혜택을 잔뜩 안겨주는 건 당치도 않은 결정이다. 게다가 부유세 폐지로 인한 세수 감소는 상징적인 수준이 아니다. 정부가 배당금과 이자수익에 안겨준 혜택을 더하면(노동임금 및 비급여 소득에 대한 과세율이 55%까지인데 반해 배당금과 이자수익에 대한 최대 과세율은 30%에 불과하다), 프랑스 정부가 손해 보는 액수는 50억 유로를 훨씬 넘어선다. 말하자면 이는 대학교 및 기타 고등교육 기관들에게 배정되는 연간 예산의 40%에 육박하는 수준이다. 대학생수는 계속해서 증가 추세고 정부의 우선순위는 교육에 대한 투자여야 하는데도 2018년 고등교육 예산은 134억 유로로 답보 상태에 있다. 앞으로 몇 달 안에 정부가 교육예산 긴축에 학생선발제도까지 추가하려 나선다면 그때는 대학생들이 이 점을 기억해주기를 바랄 뿐이다.

부유세를 유지하면 프랑스 조세체계에 큰 출혈이 발생하리라는 것이 정부의 논리지만 그건 완전히 틀린 얘기다. 국민계정, 소득과 재산신고 내용, 자산에 대한 설문조사 등 확보할 수 있는 자료들 전반을 차분히 그리고 객관적으로 검토해보면 이론의 여지가 없는 결론이 나온다. 부유세 도입 이후에도 프랑스의 최대자산 보유자들은 아주 잘 살고 있을 뿐더러 그들이 대거 프랑스를 떠나 세수에 커다란 피해가 생기는 일은 일어나지 않았다.

관련된 핵심 사항들을 재검토해보자(구체적인 내용은 모두 WID.world 홈페이지에서 찾아볼 수 있다*). 1980년부터 2016년까지 프랑스 성인 1명당 평균 국내소득은, 2016년 고정유로화로 볼 때, 2만 5,000유로에서 3만 3,000유로를 약간 넘는 수준으로 늘어났는데, 이는 약 30%의 증가세다. 같은 기간 동안 성인 1명당 평균자산은 특히나 부동산 가격의 변동으로 인해 2배로 늘어나서, 9만 유로에서 19만 유로로 증가하였다. 더욱 놀라운 사실은 지금부터다. 가장 부유한 1% 인구가 보유한 자산은—70% 이상 금융자산으로 구성된다—평균 140만 유로에서 450만 유로로 늘어났으니 3배 이상 증가한 셈이다. 한술 더 떠서 최상위 부유층 0.1%의 동향을 살펴보자. 이들의 자산은 90% 이상이 금융자산에 몰려 있으며, 부유세 폐지의 최대 수혜자들이기도 하다. 최상위 자산은 평

---

* 특히 중요한 문건은 다음의 보고서다.
Bertrand Garbinti, Jonathan Goupille-Lebret et Thomas Piketty, 「Accounting for Wealth Inequality Dynamics : Methods, Estimates and Simulations for France (1800–2014)」, WID.world, Working Paper Series n° 2016/5.

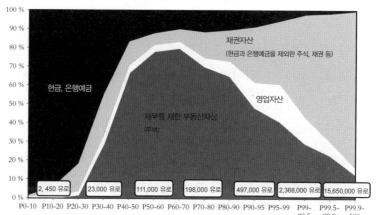

프랑스 재산 구성도, 2015년

채권자산
(현금과 은행예금을 제외한 주식, 채권 등)

현금, 은행예금

영업자산

채무를 제한 부동산자산
(주택)

| 2, 450 유로 | 23,000 유로 | 111,000 유로 | 198,000 유로 | 497,000 유로 | 2,368,000 유로 | 15,650,000 유로 |

P0-10 P10-20 P20-30 P30-40 P40-50 P50-60 P60-70 P70-80 P80-90 P90-95 P95-99 P99-99.5 P99.5-99.9 P99.9-100

해석: 2015년도 프랑스의 상황을 보면(자료가 공개된 모든 나라와 유사하다) 자산이 적은 가구의 경우 주로 유동 자산과 은행예금으로 이루어져 있고, 중간수준의 자산인 경우 부동산자산이 중심이며, 많은 자산을 보유한 경우 특히 주식에 집중된 금융자산 위주다.
주해: 여기서 드러난 분포는 성인 1인당 자산의 분포다(부부의 경우 둘로 나누어 계산했다).
출처: 《자본과 이데올로기》 중 도표 11.7 및 piketty.pse.ens.fr/ideologie

균 400만 유로에서 2,000만 유로로 5배 이상 폭증했다. 다시 말하면, 최대규모의 금융자산은 부동산자산보다 상대적으로 훨씬 빨리 성장했다는 뜻이다. 정부가 말하는 납세회피 논리가 확인되려면 그 반대 현상이 나타났어야 한다.

게다가 이와 같은 추이는 프랑스뿐 아니라 전 세계에서 발표되는 부자들의 순위를 봐도 알 수 있다. 잡지 〈포브스〉에 따르면 전 세계의 최고자산은—이들의 자산은 거의 독점적으로 금융 포트폴리오로 이루어져 있다—1980년대 이후로 인플레이션을 제외하고 연간 6~7%의 속도로 성장했다. 이는 국내총생산이나 전 세계 1인당 자산의 평균성장률보다 3~4배는 빠른 속도다. 어떤 이들은 이러한 현상을 사업가 정신으로 등장한 유익하고 역동적 움직임으로 간주하고 거의 구세주처럼 반기기도 한다. 하지만 사실 이러한 성장률은 상속을 통한 부의 창출 사례에서 수없이 나타난다. 최근 사망한 로레알의 상속인 릴리안 베탕쿠르의 사례에서도 알 수 있다. 이러한 변화는 또한 일부에게만 유리한 민영화의 물결이나 유난히 이윤이 높은 독점산업들을 통해 발생한 추세이기도 하다. 독점 현상은 특히 에너지, 통신, 신기술 분야에서 많이 벌어지는데 이는 유럽이나 미국뿐 아니라 러시아, 멕시코, 인도, 중국에서도 마찬가지다. 전 세계의 최고자산이 더 빠르게 성장하는 데 있어 이같이 다양한 요소가 각각 얼마나 주효하게 작용했는가에 관해서는 사람들마다 의견이 다를 수 있다. 하지만 어찌 되었든 간에 모두가 동의할 사실은 바로 부유세율이 1.5~2% 높아진다고 해서, 혹은 그보다 높은 수준으로 조정된다고 해도 이들의 자산이 심각하게 위협받지는 않는다는 점, 그리고 이미 잘살고 있는 이들에게 세금혜택을 안겨주는 일 말고도 정부가 우선순위로 다뤄야 하는 과제는 산적해 있다는 점이다.

정치권에서 부유세를 부동산 부유세로 전환하려는 움직임이 있는데, 그건 그저 부유세를 단칼에 폐지해버리는 것이 껄끄럽게 느껴지기 때문이다. 이러한 상황에 대해서는 대체 할 말이 없을 지경이다. 금융 포트폴리오나 요트 구매, 혹은 그 어떤 다른 동산 자산에 과세하는 것이 아니라 자신이 거주할 주택이나 건물을 구입하기 위해 여태껏 모은 재산을 투자하는 사람들을 증세의 대상으로 한다는 정부 방침을 논리적으로 설명할 길이 없다. 프랑스의 국회의원들은 자신들이 그런 위선적인 행위를 하라고 뽑힌 게 아니란 점을 분명히 기억해주기 바란다.

(2017년 10월 10일)

2018년 예산, 청년을 희생시키다

2018년 정부 예산을 둘러싼 논의는 지금까지 최고 부유층에 대한 세금혜택 문제에 집중되었다. 사실, 부유세 폐지와 배당금 및 이자소득에 대한 세제혜택으로 인해 국가예산은 50억 유로가 훨씬 넘는 타격을 입게 된다. 하지만 동전의 이면을 들여다보는 일 또한 중요하다. 무슨 말인고 하니, 2018년 예산을 통해 진짜 피해를 본 건 누구냐는 문제다. 특히 청년층의 희생이 눈에 띄는데, 고등교육 부문에서 대학생 1인당 정부의 지출액이 감소했기 때문이다. 이번 글은 내가 지난 칼럼에서 언급했던 주제에 대해 누리꾼들이 제기한 여러 가지 의문과 지적에 대해서도 또한 논의할 기회로 삼고자 한다.*

공식적으로 보면, 정부가 제출한 2018년 예산안은 고등교육 분야

---

* 2017년 10월 10일자 「부유세 폐지는 역사에 남을 실수」 기고 이후 도착한 의견들에 대해 논하고자 한다.

예산을 약간 인상하여 배정하고 있다. '고등교육 및 대학연구 분야'라는 프로그램의 예산은 프랑스의 대학교와 그 외 모든 고등교육 기관들을 대상으로 전반적인 운영과 장비 예산 모두를 포괄하는데, 2017년 133억 유로에서 2018년에는 134억 유로로 늘어났다.*

사르코지 정부에서 올랑드 정부에 이르기까지 지난 2008년 이후 정부가 제출한 예산안들의 맥락을 다시 정리해보면, 지금과 유사한 정부의 '발표' 전략이 드러난다는 사실을 알 수 있다. 즉, 고등교육에 할애된 예산 증가액은 미미한데도 어쨌든 고등교육 예산이 줄어든 게 아닌 늘어났다는 점만을 말하면서 전반적인 논점을 흐리는 의도다. '고등교육과 대학연구분야' 프로그램의 명목상 예산은 그런 맥락에서 2008년 113억 유로에서 2018년 134억 유로로 늘어났다. 체면은 차렸다고 생각하는 셈인가! 미안하지만 이건 유독 조잡한 눈속임에 불과하다. 우선 물가상승을 고려해야 한다. 매년 물가상승률이 아주 높지는 않아도(2017년에는 1%가량으로 추정된다. 그리고 아마도 2018년에도 이와 비슷할 것이라 예상한다. 이는 2018년 고등교육에 배정된 명목예산이 1억 유로 늘어난 사실과 대비하면 상당히 높다고 할 수 있다), 10년이면 10% 가까이 되는데, 이렇게 되면 2008년에서 2018년 사이 고등교육 예산 인상분의 절반 이상을

---

* 정부가 제출한 공식예산안 문서 중 다음의 링크를 통해 39쪽을 참조하기 바란다.
https://www.performance-publique.budget.gouv.fr/sites/performance_publique/files/farandole/ressources/2018/pap/pdf/DBGPGMPGM150.pdf

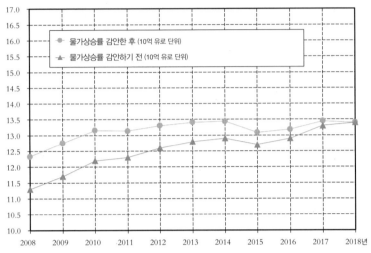

프랑스 고등교육 총예산의 변화 추이

- 물가상승률 감안한 후 (10억 유로 단위)
- 물가상승률 감안하기 전 (10억 유로 단위)

출처: 프랑스 고등교육부의 예산자료에서 저자가 직접 추산

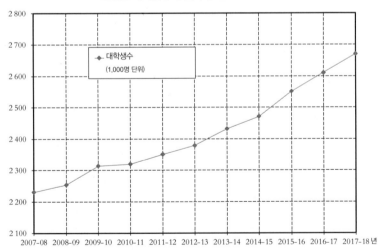

프랑스 대학생수의 변화 추이(모든 계열 합산)

- 대학생수
  (1,000명 단위)

출처: 프랑스 고등교육부의 예산자료에서 저자가 직접 추산

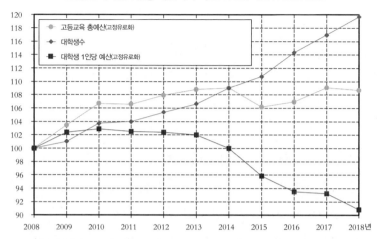

프랑스 대학생 1인당 예산의 추락(2008년을 기준 100으로 놓음)

- ○ 고등교육 총예산(고정유로화)
- ◆ 대학생수
- ■ 대학생 1인당 예산(고정유로화)

해석: 대학생수는 2008년부터 2018년 사이에 20% 증가한 반면에 고등교육에 배정된 총예산은 10%도 채 늘어나지 않았다(고정유로화 기준). 이 말은 곧 대학생 1인당 배정된 예산이 10% 감소했다는 뜻이다.

출처: 프랑스 고등교육부의 예산자료에서 저자가 직접 추산

흡수하여 상쇄시켜버리는 셈이다. 고정유로화 가치로 환산해보면, 즉 물가상승을 감안한 후의 수치를 보면 고등교육 예산은 사실 10년 사이에 124억 유로에서 134억 유로로 늘어난 것에 불과하다.

게다가 무엇보다 중요한 건 대학생수가 상당히 늘어났다는 사실이다. 2008년에 대학생수는 220만을 조금 넘었지만 2018년에는 270만 명에 육박한다. 약 20%의 증가율을 보인다는 뜻이다(교육부에서 펴낸 학생 관련 통계 및 2017~2018년 학년의 예상치를 인용한 것이다).

만약 고등교육 예산의 변화, 즉 이것이 고정유로화로 10%가 될

까 말까 하는 정도로 인상될 때 학생수는 20% 증가했다는 사실을 함께 생각해보면 결론은 뻔하다. 학생 1인당 예산은 2008년에서 2018년 사이에 10% 가까이 추락한 셈이다.

분명히 말해두자. 이러한 교육 예산 감소는 완전히 시대착오적이고, 대단한 문제임에 틀림없다. 거기에다가 이건 유럽연합의 공식적인 담론에도 대놓고 반하는 일이다. 유럽연합의 우선적인 목표는 교육과 혁신에 투자하는 것이라고 자랑스럽게 외치고 있지 않은가. 유럽연합은 그렇게 구호만 정해놓았을 뿐 실제로 회원국들이 이를 달성하기 위한 투자를 하는지에 대해서는 관심이 없다. 게다가 이런 '요란한 침묵'의 자세는 온갖 개혁에 있어서 이래라저래라 훈계를 놓고 잘잘못을 가리는 데 타고난 재주가 있는 유럽연합의 기관들의 평소 모습과 유난히 대조된다. 2008년부터 2018년 사이에 학생 1인당 투자액이 10%나 줄어든 상황에서, 지금부터 2020년까지 유럽이 어떻게 "세계에서 가장 경쟁력 있는 지식 경제"(이는 2000년에 리스본 조약 체결 당시 유럽의 각 지도자들이 선언한 목표로, 처음에는 2010년에 달성을 목표로 했으나 이후 계속해서 미뤄지고 있다)를 이룰 수 있겠는가?

또 하나 분명히 해둘 점은 학생수의 증가 자체는 문제가 아니라는 사실이다. 오히려 그 반대다. 학생수의 증가는 프랑스 인구의 역동성을 반증하는 일이다. 또한 청년들에게 교육에 대한 의지가 점점 더 많아지고 있음을 증명하는 현상이니, 아주 고무적인 일이라 할 수 있다. 프랑스 경제가 세계에서 몇 손가락 안에 들 정도로 생산성이 높아진 기반은 수준 높은 교육이었고,* 우리는 앞으로도 그러한 방향으로 계속 나아가야 한다. 그러려면 분명히 필요한 재원을 투입한다는 조건이 붙는다. 현재로서는 전혀 그렇지 못하기 때문이다. 특히나, 이미 10년 전에도 시설이 열악했던 대학교들 내부 상황은 그 이후로 더욱 눈에 띄게 악화되었다. 그런데 이러한 정책을 가지고 정말 한 국가의 미래를 준비한다고 생각하는 건가? 이 서글픈 현실에 대한 책임은 당연히 지난 10년간 이어져온 정부들이 나눠서 지어야 한다. 이러한 상황에 이르게 된 상당히 큰 이유 중 하나는 유로존 국가들이 2008년 경제위기를 너무나 형편없이 관리했기 때문이기도 하다.** 이로 인해 청년들은 진정으로 희생양이 되었다. 실업률은 올라가고 미래에 대한 공공투자는 미약하니 말이다.

이제 현 정부는 특별한 책임을 안고 있다. 한편으로는 궤도를 수정하여 2008년 이후로 계속해서 저질러 온 수많은 실수들을 인정할 때가 되고도 남았다. 다른 한편으로 2018년 예산을 보면 가장 부유한 이들로부터 거둬들였어야 했던 세금 50억 유로는 감면해주고, 대학교 고등교육기관에 대한 투자예산은 고작 1억 유로 증액하는 데 그쳤다(이 액수는 물가상승률만 반영해도 바로 흡수되고 말 수치다). 부유세 폐지나 고정세 인하의 배경에 대해서 각 시민이 어떻게 생각하든 간에 (나는 개인적으로 그 조치들이 전혀 정당화될 수

---

* 2017년 1월 5일 기고문 「프랑스와 독일의 생산성에 대하여」에서도 강조한 바 있다.
** 「2007~2015 – 이토록 기나긴 경기침체」 참조.

없다고 생각한다. 금융자산은 아무 문제 없이 잘 나가고 있고 세금 출혈 현상은 전혀 일어나지 않았다), 이 두 수치를 비교하면 경악하지 않을 수 없다. 프랑스 정부는 참으로 흥미로운 '우선순위' 개념을 가지고 있는 듯하다.

만약에 정부가 그 50억 유로 전부를 고등교육 예산으로 편성했다고 해보자. 그러면 2018년의 고등교육 예산은 예년 대비 40% 가까이 증가할 수 있었다(134억 대비 50억이므로 아주 정확히는 37%다). 그 절반만 교육에 투자한다고 해도 거의 20% 가까이 고등교육 예산을 증액할 수 있었다. 그랬다면 2008년부터 2017년간 학생 1인당 실제 투자액 하락 효과를 상쇄시키고 심지어 2018년에 1인당 투자예산이 10%가량 올라가는 효과를 가져올 수 있었다. 10년간 10% 증가는 전혀 과하지 않다. 프랑스 대학들은 다른 나라들과는 다르게 워낙 재정이 빈약한 상태이기 때문이다.

요약해보자면 이렇다. 자신들의 이데올로기에 따라 정부는 이미 가장 부유한 이들(실제로 이들은 보통 가장 나이든 집단이기도 하다)을 위해 다른 모든 걸 희생시키겠다는 의도를 보여주었다. 그럼으로써 2018년 정부 예산안은 청년층에 등을 돌린 셈이다. 진정한 우선순위는 교육과 미래에 투자하는 일인데도 말이다. 여기서 가장 슬픈 점은 프랑스의 고등교육 제도에 근본적인 개혁이 필요하다는 사실이다. 이 또한 너무나 오랫동안 미뤄왔다. 대학교와 그랑제콜(프랑스 고유의 엘리트 교육기관_옮긴이 주)의 간극을 메꿔야 하며, APB(APB란 '바칼로레아 시험 후 입학'으로 직역할 수 있는 Adminission post-bac의 줄임말이다. 바칼로레아를 통과한 고등학교 졸업

반 학생들이 원하는 대학 학부 중 우선순위를 지정하여 몇 군데 지원하면 특정 알고리즘을 이용해 학생의 선호 순위와 대학의 여력을 고려하여 배정하는 프랑스 교육부 시스템이다. 2009년부터 2017년까지 사용되었고 2018년부터 파르쿠르쉽Parcoursup으로 대체되었다_옮긴이 주) 제도 하의 대학교 배정 시스템의 운용에 대해서는 민주주의 원칙에 따른 투명성이 보장되어야 한다.* 하지만 대학에 배정되는 예산이 실질적으로 추락을 거듭하는 현실에 종지부를 찍지 않고서는 그러한 개혁안들은 끝까지 수행해낼 도리가 없다. 만약 정부가 교육예산에 대한 긴축 기조를 유지하는 데다가 추가로 학생선발제도까지 도입하려 든다면(대학예산의 긴축 자체가 학생들의 배경에 따른 일종의 선별장치이지 않은가?) 그때는 이 정부가 정말 벽창호라는 사실이 만천하에 드러날 계기라고 볼 수 있다(그랑제콜 등을 제외한 프랑스의 국립대학은 원칙적으로 바칼로레아 즉, 논술형 대입자격시험을 통과한 모든 학생에게 자리를 배정해야 한다. 대학에서 '선발제'를 도입 자체가 프랑스에서 큰 불공정으로 여겨지는 이유다_옮긴이 주).

(2017년 10월 12일)

---

* 내 〈르몽드〉 블로그에서 2016년 7월 12일에 공개된 「APB 스캔들」을 참조.
piketty.blog.lemonde.fr

카탈루냐 신드롬

카탈루냐 사태는 과도한 중앙집권화와 수도 마드리드 중앙정부의 난폭한 권력 때문에 발생했는가? 아니면 이미 스페인이나 유럽 전역의 과도한 추세, 그러니까 전 세계 곳곳의 지역과 국가들 사이에 이미 널리 퍼진 것은 물론 갈수록 가열되고 있는 '나만 살고 보자' 식의 이기주의적 경쟁 논리에 인한 사태인가?

몇 년 전으로 되돌아가보자. 카탈루냐 독립론자들이 강경해진 이유를 설명할 때 흔히 이야기하는 사건이 있다. 2010년 스페인 헌법재판소가 카탈루냐의 새로운 자치권 무효화 판결을 내린 일이다. 이 당시 스페인 국민당 의원들이 수차례에 걸쳐 헌법재판소에 카탈루냐 자치권 소송을 제기했다. 실제로 당시 헌법재판소 법관들이 무력화한 방안들 중 일부는 근본적으로 심각한 문제를 야기할 가능성이 있는 것이기는 했다(특히 사법권의 지방분권화 방안이 그러했다). 하지만 이때 카탈루냐에 대한 방침은 방법부터 아주 잘못되었다고 할 수 있다. 더욱이 자치권 자체는 사회민주노동당이

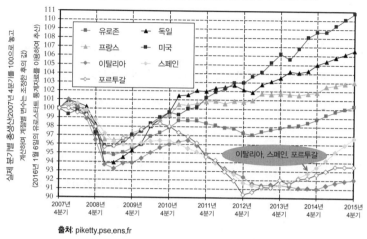

경제활동 수준(국내총생산, 2007년 4분기가 기준값 100)

출처: piketty.pse.ens.fr

다수당이었던 2006년 스페인 의회가 승인한 내용이었고, 이후 카탈루냐 내에서 투표를 통해 확정된 사안이었다.

하지만 사람들은 이러한 새로운 조세 지방분권 원칙이 2010년에 이미 인준되었다는 걸 망각했다. 그건 카탈루냐뿐 아니라 스페인의 다른 모든 지방들에게 해당되는 사항이었다. 2011년부터 이 법안이 실행되면서 스페인은 조세와 예산 편성의 문제에 있어서 전 세계적으로도 지방분권이 가장 강화된 나라 중 하나가 되었다. 스페인의 분권화는 규모가 훨씬 크고 정치체계 자체가 연방제인 나라들과 비교해도 두드러진다. 특히 소득세는 2011년부터 중앙정부와 지방정부가 50대 50으로 나누어 가지게 되었다. 구체적으로 살펴보면, 2017년에 연방예산으로 들어가는 소득세율은 9.5%(과세대상 소득이 1만 2,450유로 이하인 경우)부터 22.5%(과세대상

197

소득이 6만 유로 이상인 경우)까지다. 한 스페인 지방정부가 중앙정부의 소득세율과 같은 세율을 적용한다고 치면 그 지방에 거주하는 납세자들은 총 19%에서 45%의 소득세를 납부하게 되는 셈이다. 그에 따른 세수는 연방정부와 지방 정부가 반반씩 나눠가진다. 각 지방정부는 또한 각자 나름의 과세 구간을 적용할 수 있으며 중앙정부의 소득세율보다 높아도 되고 낮아도 된다.* 어떤 경우든 지방정부는 해당 세금수입을 얻게 되는데 이는 지방소득세로 걷힌 부분을 스페인의 그 어떤 다른 지방과도 나눠가질 필요가 없다는 뜻이다.

이러한 체계는 여러 가지 문제를 내포한다. 우선, 국가 내에서 연대라는 개념 자체가 약화되고 지역 간 갈등이 심화될 우려가 있다. 소득세와 같은 요소가 관련된 경우는 특히 문제가 된다. 소득세란 원래 지역이나 직업으로 인한 정체성을 넘어 한 국가 내에 가장 빈곤한 자들과 가장 부유한 자들 사이의 불평등을 축소시키는 데 기여해야 하는 도구이기 때문이다. 이러한 국내 지역 간 경쟁구도가 성립된 2011년 이후로 스페인에서는 부유층 가구라든지 일부 기업들이 특정 지역의 과세를 피하기 위해 거주지 위장전입을 하는 사례들이 문제가 되고 있다. 이는 궁극적으로 국가 전반의 조세제도에 있어 누진과세제도 확대를 방해할 위험

---

* 2017년의 세율 목록을 보려면 다음 링크의 자료에서 505쪽 이후를 참고하면 된다.
https://www.agenciatributaria.es/static_files/AEAT/DIT/Contenidos_Publicos/CAT/AYUWEB/Biblioteca_Virtual/Manuales_practicos/Renta/ManualRentaPatrimonio2016_es_es.pdf

이 있다.*

　이와는 대조적으로 미국에서 소득세란 여전히 거의 독점적으로 연방세에 속한다. 스페인보다 인구가 7배나 더 많고 지방 분권의 원리와 각 주의 권리가 철저하게 보장되는 나라로 알려진 미국에서도 말이다. 특히 소득세는 1913년 도입된 이후 미국에서 누진과세의 원칙을 수호하는 역할을 해왔고, 1930~1980년 사이 최고 소득층에게 평균 80%에 가깝게 부과되다가 1980년대와 1990년대를 거쳐 40% 남짓한 수준으로 자리 잡았다. 연방을 이루는 미국의 주정부들은 주정부 수입을 위해 추가 세율을 표결할 수도 있는데 실제로는 5~10%로 아주 낮은 수준이다. 아마도 캘리포니아 주 납세자들의 경우는 (캘리포니아 주 하나만 보아도 인구가 스페인 전국 인구에 육박하며 카탈루냐의 6배 이상 되는 인구를 보유한다) 자신과 자기 자녀들을 생각하면 연방정부로 들어가는 소득세의 절반이 (스페인에서처럼) 캘리포니아 주 내에서 쓰이기를 바랄지도 모른다. 하지만 캘리포니아 주민들은 이러한 정책을 도입하지 못했다. 아니 솔직히 말하면 정말 그렇게 하려고 노력한 적도 없다.

　역시 연방제 국가인 독일의 경우 미국보다 스페인과 좀 더 유사한 조건의 나라라고 볼 수 있는데, 독일에서도 소득세는 온전히 연방세로 분류된다. 바바리아 주에 거주하는 납세자들이 무슨 생

---

*　David R. Agrawal et Dirk Foremny, 《Relocation of the Rich: Migrations in Response to Top Tax Rate Changes from Spanish Reforms》, 2018, https://papers.ssrn.com/sol3/papers.cfm?abstract_id=2796472

각을 하는지 모르겠지만, 독일 연방의 각 주는 추가 세율을 정할 수도 없고 소득세 징수액의 그 어떠한 짜투리 금액도 주 예산에 남겨둘 수 없다(독일 남부 도시 뮌헨이 속한 바바리아 주는 독일에서 가장 부유한 지역으로 유명하다_옮긴이 주).

이제 지방정부 차원에서 또 소단위 지방자치단체 차원에서 추가 세율을 지정하는 논리 자체가 해로운 일은 아니다(프랑스에서는 이를 통해 거주세를 대체할 수 있다). 다만 그러기 위해서는 그 세율이 적정선을 유지해야 한다는 단서가 붙는다. 소득세로 거둔 세수를 지방정부와 반반 나눠갖는다는 스페인의 정책은 조금 과도한 경향이 있다. 결과적으로 오늘날 카탈루냐의 시민들 중 일부가 독립을 선언하고 소득세 수입의 100%를 카탈루냐 역내에 가둬두기를 원하는 상황에 이르렀다.

이 사태에 대해서는 유럽연합 또한 매우 막중한 책임이 있다. 유로존의 경제위기를 너무나 잘못 관리했을 뿐 아니라—특히나 스페인에게는 더욱 피해가 많았다*—이미 수십 년째 아무 희생도 하지 않고 모든 걸 다 가질 수 있다는 생각 하에 만들어진 사회 모델을 약속해왔다. 유럽과 세계 시장의 통합을 이루면서도 공공자산에 대한 연대의식 혹은 어떻게 재정을 확보할지에 대해서 실제적인 의무는 전혀 없는 그런 모델 말이다. 이런 조건이다 보니 유럽의 지역정부 혹은 국가들이 카탈루냐처럼 행동해 룩셈부르크

---

* 「2007~2015 – 이토록 기나긴 경기침체」 참조.

같은 조세피난처가 되겠다고 선언하고 싶은 유혹을 겪지 않겠는가? 물론 유럽 전체 차원의 연방예산이 존재하긴 하지만 이는 극도로 제한적이다. 무엇보다 어떤 논리를 바탕을 하든 간에 세계화로 인한 경제통합의 덕을 가장 많이 본 사람들에게 연방차원의 세금을 매길 필요가 분명히 있다. 미국보다 더 나아가면 좋겠지만 그럴 가능성은 너무나 희박하니, 적어도 미국과 유사한 수준으로 기업체가 역내에서 창출하는 이윤과 최고소득자들의 소득에 대해 유럽 내 공동과세를 할 필요하다는 뜻이다. 유럽 내 분리주의를 극복하는 길은 오직 연대와 조세정의라는 가치를 정책 실천의 핵심에 두는 방법뿐이다.

(2017년 11월 14일)

같은 편에 선 트럼프와 마크롱

흔히들 트럼프와 마크롱을 비교하곤 한다. 미국에는 저속한 사업가이자 외국인 혐오나 기후변화에 회의적인 메시지를 담은 트위터를 날려대는 트럼프가 있는 반면, 프랑스에는 유럽 공동체의 가치를 믿는 식견 있는 지도자이자 다양한 문화들과 소통하며 지속 가능한 발전에 대해 고민하는 마크롱이 있다는 식이다. 완전히 틀린 말은 아니다. 특히 우리 프랑스 사람들에게는 상당히 듣기 좋은 소리이다. 그러나 미국과 프랑스에서 시행되는 정책들을 좀 더 자세히 들여다보면 두 사람이 사실 얼마나 비슷한지 깜짝 놀랄 정도다. 게다가 트럼프와 마크롱은 얼마 전 너무나 유사한 조세 개혁안을 통과시키는 데 성공했다. 두 나라 모두 유동성을 갖춘 최상위 부유층에게 유리한 '세금덤핑'을 시행하는 모양새가 되었다.

자세한 내용을 짚어보자. 미국 상원이 인준한 트럼프 정부의 조세 개혁안은, 연방 법인세율을 35%에서 20%로 낮추고(다국적 기업이 모국으로 빼가는 이득에 사실상 면죄부를 주는 방침이기도 하다) 기업 소유주들의 소득에 부여되는 세율은 25% 정도로 낮춘다는 내용이다(이는 임금노동 소득자 중 최상위 구간에 적용되는 소득세율 40%를 대체하여 적용되는 것이다). 또한 최상위 구간의 소득세 역시 큰 폭으로 감면될 예정이다(심지어 하원을 통과한 시점의 법안은 상속세의 완전 폐지를 담고 있었다).

프랑스에서 마크롱 정부가 시도하는 정책을 살펴보자. 법인세율은 33%에서 25%로 점진적으로 낮춰질 예정이다. 임금소득 최상위 구간에는 55%의 과세율을 적용하는 반면 배당금과 이자소득의 과세율은 30%로 낮췄다. 금융자산과 영업자산을 많이 보유한 이들이 내는 부유세 제도는 완전 폐지를 앞두고 있다. 한편 현행 토지세는 서민층에게 유례없는 부담을 주고 있다.

프랑스 혁명 이전의 앙시앵레짐 이후로 미국과 프랑스에서 가장 부유한 사회계층이 차지하는 소득 및 자산 구간에 이렇게 노골적으로 혜택을 주어 조세원칙에 저촉되는 세제가 도입된 일은 유례가 없다. 이에 대해 두 나라 모두 반박하기 어려울 법한 이유를 대는데, 그 논리는 이렇다. 부자들이 세금을 피해 자국을 떠나게 되면 그들의 성과로 인한 혜택—일자리, 투자, 그리고 보통 사람은 떠올릴 수 없는 천재적인 아이디어들—을 자국민들이 더 이상 누릴 수 없게 되므로, 해외 이주를 꿈도 꾸지 못하는 포로 신세의 일반 납세자들은 부자들을 융숭히 대우해줘야 하지 않겠냐는 말에 가깝다. 이 최상위 부자들을 트럼프는 "일자리 창출자들", 마크롱은 "등반대의 선두 주자들"이라고 부른다. 쓰는 호칭은 달라도 국민들이 이들을 소중히 생각해야 한다고 주장한다는 점에서는 둘의 기조는 동일하다.

트럼프와 마크롱의 그런 태도는 그들의 진심일 수도 있다. 그러나 진심이든 아니든 간에 이들이 세계화로 인해 발생하는 다양한 불평등 문제들을 진정으로 이해하지 못하고 있다는 데에는 변함이 없다. 이들은 오늘날 이미 기록으로 드러난 사실들을 아예 감안하지 않고 있다. 그들이 편애하는 부자들이야말로 지난 수십 년 동안 경제성장 과정에서 이미 엄청난 혜택을 보았다는 사실 말이다. 이러한 현실을 부정하는 두 대통령은 아주 중요한 3가지 위험을 무릅쓰고 있다. 첫째, 부유한 국가들 내 서민들은 국가로부터 소외감을 느끼고 있는 상황이다. 이는 세계화, 특히 이민자에 대한 거부감을 불러일으킨다. 트럼프는 이를 이용해 자신의 지지자들이 가진 외국인 혐오증을 부추기는 방식으로 국민들의 소외감에 대응하고 있다. 하지만 마크롱은 프랑스인들이 관용과 열린 정책에 대한 애착을 유지하길 바라면서도 자신의 반대파들이 세계통합주의에 반대하도록 만들고 있는 셈이다. 오하이오 주나 루이지애나 주, 프랑스나 스웨덴 어디를 보든 이러한 변화는 미래를 강하게 위협하고 있다.

둘째, 불평등 문제에 적극적으로 대응하지 않는 태도가 기후변화로 인한 문제들을 해결하기 어렵게 만든다는 점이다. 뤼카 샹셀이 논문에서 증명한 바와 같이* 지구온난화를 극복하려면 모두의 생활방식을 바꾸는 게 맞지만, 그러한 노력을 모두가 공정하게

---

* Lucas Chancel, 「Insoutenables Inégalités. Pour une justice sociale et environnementale」, Paris, Les Petits Matins, 2017.

나누어 실행해야 사람들이 납득할 수 있다. 만약 부유한 이들은 SUV를 끌고 몰타에 등록한 요트를 타고 다니면서(몰타에서는 부가 가치세를 포함한 모든 세금을 면제해주는데, 그 자세한 내용이 〈파라다이스 페이퍼〉를 통해 폭로된 바 있다) 지구를 오염시키는데, 빈곤한 이들은 탄소세 때문에 가파르게 상승하는 물가까지도 감당해야 한다는 말인가(〈파라다이스 페이퍼〉란 국제탐사보도언론인협회ICIJ가 2017년 11월 5일자로 발표한 조세회피 및 자금은닉 관련 폭로 문건이다. 독일의 일간지 〈쥐트도이체차이퉁〉이 주도했고 전 세계 67개국 언론인 382명이 참여했다_옮긴이 주).

셋째, 세계화로 인한 불공정을 개선하기를 거부한다면 세계의 빈곤과 불평등 문제에 부정적인 영향을 줄 것이다.《세계 불평등에 대한 보고서》를 보면* 전대미문의 내용이 명백히 담겨 있다. 현재의 불평등 기조의 노선과 정책을 따라가다보면 세계 인구 중 소득 수준 하위 50%의 삶의 질이 2050년에 이르면 지금보다도 훨씬 나빠지는 악화일로를 걷게 될 것이라는 연구결과다.

그래도 낙관적인 이야기를 하나 해보자. 마크롱 대통령은 겉으로는 국제사회와 유럽의 협력을 지향하는 접근방식을 옹호한다. 대놓고 일방주의를 견지하는 트럼프보다는 물론 낫다고 할 수 있다. 문제는 대체 우리는 언제 이론과 위선의 덫에서 헤어나올까 하는 점이다. 유럽연합과 캐나다 사이의 포괄적자유무역협정

---

* World Inequality Report 2018, https://wir2018.wid.world

CETA는 파리협정 몇 달 후에 체결되었는데도 불구하고 기후문제나 조세정의에 관한 강제 조항을 가지고 있지 않다. 또 프랑스 정부가 유럽연합의 개혁을 위해 제출했다는 제안서에도 마찬가지다. 개혁을 제안했다는 말이 프랑스 국민들에게는 아주 자랑스럽게 들릴지 모르겠지만 사실 프랑스의 개혁 제안은 애매모호하기 그지없다. 유로존 의회를 어떻게 구성하자는 것인지, 정확히 어떤 결정권을 부여할 것인지에 대한 구체적인 제안은 없다. 결국 모든 것이 무위로 돌아갈 가능성이 매우 높다. 마크롱 정권에 대한 희망이 트럼프식 악몽으로 끝나지 않으려면 이제는 자국중심주의가 주는 얄팍한 만족을 뒤로 하고 구체적인 사실에 입각하여 나아가는 길밖에 없다.

(2017년 12월 12일)

유럽의 해, 2018년

2008년 경제위기는 1929년 대공황 이후로 가장 심각한 세계적 불황을 초래했다. 이는 미국이 주도하는 현 경제시스템에 과도한 규제 철폐, 불평등의 폭발적인 증가, 극빈층의 부채 상승 등과 같은 약점들이 존재하기 때문이다. 다행히 유럽은 보다 공정하고 포괄적인 경제 발전 모델을 갖고 있었으므로, 그 위기를 통해 현재의 자본주의를 제어하기 위한 새로운 체계를 제시할 기회를 얻을 수 있었다. 그러나 그 기회에 대한 희망은 산산이 무너져내렸다. 회원국 사이에서조차 충분한 신뢰를 이끌어 내지 못한 채 시대를 역행하는 경직된 내규에 발이 묶인 유럽연합은 겨우 회복의 기미가 보이던 2011년부터 2013년 사이 다시 불황에 빠졌다*.

2017년 트럼프가 미국 대선에서 승리한 사건은 미국식 모델의

---

* 「2007~2015 – 이토록 기나긴 경기침체」 참조.

명백한 맹점을 드러냈다. 이제 유럽식 모델을 다시 추진할 기회다. 특히 러시아나 중국 등 대안 경제 모델의 발전상에서 기대할 만한 부분이 보이지 않으니 말이다.

하지만 유럽식 모델 역시 기대에 부응하려면 여러 도전 과제들을 극복해야 한다. 우선 세계화가 야기한 불평등의 폐해에 대응해야 한다. 미국이나 브라질보다는 유럽의 상황이 낫다는 말로 유럽연합 회원국의 시민들을 안심시킬 수는 없다. 세계 모든 나라에서 불평등은 확대되고 있다. 어디로든 이주할 수 있는 여유를 가진 이들에게 유리하도록 경쟁적으로 조세제도를 바꾸고 있으므로 상황은 더욱 악화될 것이며, 유럽조차 여전히 부자들을 끌어들이는 데 안간힘을 쓰고 있다. 국가정체성 논란으로 점점 폐쇄적으로 변하는 분위기나 세계화의 희생양 논리를 극복하려면 불평등 해소 조치들과 미래에 대한 투자에 진정으로 노력하겠다는 국가의 전략을 서민층과 청년들에게 보여주어야 한다.

두 번째 과제는 선진국과 개발도상국 사이에 간극이 더욱 벌어지고 있는 현실이다. 유로존 내에서도 심각하게 대두되고 있는 이 문제에 대해 당사자들은 서로 입장이 다르다. 독일과 프랑스는 여전히 자신들이 위기에 빠진 그리스를 도와주었다고 믿고 있다. 금융시장보다 낮은 이자율로 돈을 빌려주었으니 말이다. 하지만 그리스의 관점은 전혀 다르다. 오히려 독일과 프랑스가 아주 짭짤한 이윤을 남긴 장사를 했다고 생각한다. 실제로 남유럽 국가들에 대한 상환 강요는 카탈루냐의 극적인 분리독립 운동에 불을 붙였다. 이는 프랑스와 독일의 아주 편협한 이기주의가 가져온 직접적인 결과물이라고 보아도 무방하다.

세 번째 과제는 동유럽과 서유럽의 간극이다. 프랑스와 독일, 유럽연합 본부에서는 엄청난 액수의 공적 지원을 받은 동유럽 국가들이 왜 감사하게 생각하지 않는지 의아해한다. 하지만 폴란드나 체코의 관점은 다르다. 이들의 입장에서 서유럽에서 들어온 민간 투자에는 엄청난 대가가 뒤따랐다. 오늘날에 이르기까지 서유럽 기업에 넘어간 이윤의 규모는 이미 유럽연합을 통한 공적 지원의 액수를 훨씬 넘어선다.

실제 수치를 비교해보면 그들의 말이 틀린 게 아님을 알 수 있다. 공산주의가 붕괴된 이후, 특히 독일을 포함한 서유럽의 투자자들은 점차 동유럽 국가들의 자본을 상당 부분 잠식해나갔다. 그들이 잠식한 자본은 부동산을 포함한 자본 보유고 중 4분의 1을 차지하며, 기업체들의 소유권만을 따져보면 절반이 넘는 비중을 차지한다(이 수치는 대기업만을 대상으로 하면 훨씬 높아진다). 필립 노보크메트의 연구결과를 보면* 러시아나 미국과 비교했을 때 동유럽에서 불평등이 덜 확대된 이유는 단지 동유럽 자본을 통해 생성

---

* 노보크메트의 박사논문이기도 하다. Filip Novokmet, 「Entre communisme et capitalisme. Essais sur l'évolution des inégalités de revenus et de patrimoines en Europe de l'Est, 1890–2015」, thèse, École des hautes études en sciences sociales, 2017.
또한 그가 공저한 다음의 두 연구보고서를 참조하기 바란다.
(1) Pawel Bukowski et Filip Novokmet, 「Inequality in Poland: Estimating the Whole Distribution by g-Percentile, 1893–2015」, WID.world, Working Paper Series n° 2017/21. (2) Filip Novokmet, Thomas Piketty et Gabriel Zucman, 「From Soviets to Oligarchs: Inequality and Property in Russia, 1905–2016」, WID.world, Working Paper Series n° 2017/09.

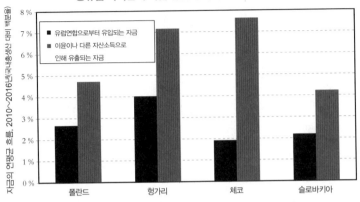

동유럽 국가들의 자금 유출과 자금 유입, 2010~2016년

<!-- y축 레이블: 자금의 연평균 흐름, 2010~2016년(국내총생산 대비 백분율) -->

범례:
- 유럽연합으로부터 유입되는 자금
- 이윤이나 다른 자산소득으로 인해 유출되는 자금

x축: 폴란드 / 헝가리 / 체코 / 슬로바키아

해석: 2010년과 2016년 사이 유럽연합으로부터 유입되는 연간 자금(즉 유럽연합을 통해 받는 지출 총액과 각 회원국이 납부하는 예산 분담금의 차액을 말한다)은 폴란드에서 국내총생산에 대비해 연평균 2.7%였다. 같은 기간에 기업의 영업 이득이나 기타 자산 소득의 유출 규모는 국내총생산의 4.7%를 차지했다. 헝가리에서는 이 비율이 각각 4%, 그리고 7.2%에 달한다.

출처: 《자본과 이데올로기》 중 도표 12.10 및 piketty.pse.ens.fr/ideologie

되는 소득의 엄청난 부분이 외국으로 빠져나가기 때문이라는 논지를 내놓고 있다(이는 공산주의 시대 전에도 발생했던 일로, 이미 독일이나 프랑스, 오스트리아와 오스만제국의 자본이 동유럽 국가들에 들어와 있었다). 2010년과 2016년 사이에 매년 소유권을 통한 이윤과 소득 중 국외로 반출되는 비중은 (같은 부문의 국내로 유입되는 액수를 제한 수치다) 평균적으로 폴란드에서는 국내총생산의 4.7%, 헝가리에서 7.2%, 체코에서 7.6% 그리고 슬로바키아에서 4.2%에 달했다. 이 나라들의 국가소득은 그만큼 줄어드는 셈이다. 이와 비교할 때 같은 시기에 유럽연합으로부터 받는 액수(유럽연합 예산에 대한 기여액과 유럽연합으로부터 지원받는 액수의 차익)는 현저히 적었다. 폴란드는 국내총생산의 2.7%, 헝가리 4.0%, 체코 1.9%, 그리고 슬로바키아는 2.2%였다. 프랑스, 독일, 영국은 모두 유럽연합 예산에 국내총생산의 약 0.3~0.4%를 기여하고 있다.

물론 서유럽의 투자로 인해 위 나라들의 경제가 생산성 향상이라는 혜택을 보지 않았냐고, 그러니 모두에게 잘된 일이 아니냐고 반문하는 이들이 있을 수 있다. 하지만 동유럽의 정치 지도자들은 서유럽 투자자들이 기회가 있을 때마다 자신들의 우위를 남용하여 자국 노동자들의 임금을 낮추라고 압박하여 과도한 이윤을 남긴다고 비판한다.* 이와 마찬가지로 그리스에서도 경제 지배 세력은 불평등을 야기하는 요소들을 당연하게 생각하는 경향이 있다고 말한다. 즉, 시장과 '자유경쟁'이 부를 공정히 분배할 수 있고 이러한 '자연적인' 균형에서부터 이루어지는 재분배는 제도의 승자들이 베푸는 관대함의 표시라고 보는 관점이다. 사실은 그렇게 단순하지는 않다. 소유권 관계란 항상 복잡한 성격을 띠며 유럽연합처럼 거대 규모의 정치 공동체에서는 더욱 그렇다. 게다가 이는 단순히 시장이 베푸는 호의를 통해 조절될 수 없는 부분이다.

우리가 이러한 모순에서 헤어날 방법은 단 하나다. 지적·정치적 기초를 대대적으로 다시 세우고, 유럽연합의 기관과 제도를 진

---

* 예를 들어서 안드레이 바비시 체코 총리의 〈르몽드〉 인터뷰 기사를 참조할 것.
「L'Europe à deux vitesses, ça me fait rigoler」, Le Monde, 6 decembre 2017.

정으로 민주화하는 것이다.* 2018년 새해에는 그러한 길로 나아
가길 희망한다.

(2018년 1월 16일)

파르쿠르쉽,
여전히 개선의 여지가 있다

내부의 불평등을 정당화하기 위해 허황된 서사를 동반하는 건 어떤 사회에서든 필요한 일이다. 현대사회에서는 능력 본위의 서사가 통한다. 즉, 동등한 기회를 지닌 상태에서 각자의 자유로운 선택에 의해 발생하는 근대사회의 불평등은 정당하다는 논리다. 다만 당국이 말하는 능력주의와 현실 사이에는 엄청난 간극이 존재한다는 게 문제다. 미국에서 고등교육을 받을 가능성은 거의 100% 부모의 소득에 달려 있다. 소득 하위 10% 구간 학생들이 고등교육을 받게 될 확률은 20%지만 소득 상위 10% 구간 학생들의 경우 이 비율은 90%가 넘는다.* 게다가 이 두 집단이 받게 되는 교육이 동일한 고등교육이라고도 말할 수 없다. 프랑스에서는 상

---

* Raj Chetty, John N. Friedman, Emmanuel Saez, Nicholas Turner et Danny Yagan, 「Mobility Report Cards: The Role of Colleges in Intergenerational Mobility」, The Equality of Opportunity Project, 2017.

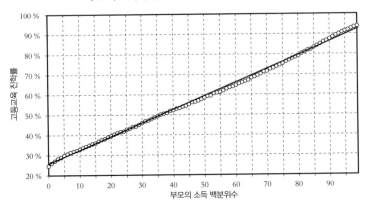

부모의 소득과 대학 진학의 관계(2014년 미국)

해석: 2014년 기준 고등교육 진학률(19세에서 21세 사이 인구 중 대학교, 커뮤니티 칼리지 및 기타 고등교육 기관에 등록한 비율)을 보면 미국의 하위 10% 빈곤층 가구의 경우 30%를 간신히 넘긴 반면 상위 10% 부유층 자녀의 경우는 90%를 훌쩍 넘겼다.

출처: 《자본과 이데올로기》 중 도표 0.8 및 piketty.pse.ens.fr/ideologie

황이 그 정도로 극단적이지는 않을지 모른다. 동일한 종류의 자료를 확보하는 게 불가능하여 실제로 프랑스의 상황이 어떤지 알아볼 수가 없다.

이러한 맥락에서 프랑스의 대학생 배정제도 개혁, 즉 APB제도에서 파르쿠르쉽으로 가는 개혁은 여러 가능성을 보여주고 있다.*
안타깝게도 이 모든 움직임이 제도상의 불평등과 불투명성을 오히려 강화하는 방향으로 갈 가능성이 높아 보인다.

---

* 정부가 제출한 법안은 다음의 링크에서 확인. http://www.assemblee-nationale.fr/dyn/15/textes/l15b0391_projet-loi.pdf 그리고 약간 내용이 달라진 채로 2017년 12월 프랑스 의회가 1차 법안심의에서 통과시킨 판본은 다음의 링크에서 찾아볼 수 있다. http://www.assemblee-nationale.fr/dyn/15/textes/l15t0061_texte-adopte-provisoire.pdf

일찌감치 밝혀두자. 대입 사정에 고등학교 때 점수, 계열, 내신 등을 반영한다는 방침은 새 제도인 파르쿠르쉽을 통해 도입된 내용인데 그 자체로서 나쁘다고 볼 수는 없다. 이전 방식인 APB제도에서건 파르쿠르쉽 제도에서건 준비반 입시에서는(선발제가 확립된 그랑제콜 등에 진학하려는 학생들을 위해 국가 차원에서 고교 졸업생을 상대로 준비반을 운영한다. 준비반에 들어가기 위해서도 따로 선발 사정 단계가 있다_옮긴이 주) 오래전부터 고등학교 성적이 활용되어 왔고 이에 대해 누구도 이의를 제기하지 않았던 만큼, 대학 입시 전반에서 고등학교 성적이 활용되지 말란 법은 없다. 물론 학교 성적도 공정하게 매겨지지 않았을 가능성이 있고 평가 체계 자체를 재고할 필요 또한 있다. 그래도 고등학교 성적에는 어느 정도 유용한 정보가 들어 있고, 우선 생각하기에는 지금까지 사용한 추첨 방식보다는 낫지 않을까 한다(기존 APB 체계의 핵심이 알고리즘을 활용한 추첨이었다_옮긴이 주).

새로운 요소 도입으로 불평등이 강화되고 대학이 극도로 계층화될 위험이 분명히 있으므로, 이를 방지하기 위해서는 다음의 2가지 조건이 충족되어야 한다. 우선 첫 번째로 국가에서는 충분한 투자를 통해 바칼로레아를 취득한 학생들이라면 누구나 질 높은 교육을 받을 수 있도록 보장해야한다. 이는 상당히 시급한 현안인데, 프랑스의 교육제도는 유난히 극단적이고 위선적인 이중성을 보이기 때문이다. 준비반이나 그랑제콜과 같은 '선발 계열'에는 정부 예산이 풍성하게 배정되지만, 다른 한편으로는 엄청난 투자가 필요함에도 사실상 버려지다시피 한 일반 대학들의 현실이 자리한다. 현 프랑스 정부가 2008년부터 시작된 대학 공공예산 투입의 감소 추세를 이어가고 있다는 사실은 참으로 안타깝다. 마크롱 정부는 대신 최상위 부자들에게 세금혜택을 주는 데 여력을 쏟아부었다. 다시 한 번 상기해야 할 사실은 대학생 1인당 예산이 지난 10년간 10% 줄어들었는데, 그동안 최고 부유층에게 절감해준 50억 유로 상당의 세금이 있었다면 학생 1인당 예산을 40% 가량 증가시킬 수 있었으리라는 점이다.*

대학의 재원 문제 외에도 또 하나의 조건이 있다. 고교 성적을 입시에 반영한다면, 이는 다른 사정 기준을 통해 보완할 필요가 있다. 이건 지금까지도 해결되지 않은 근본적인 문제들에 대한 이야기다. 프랑스 하원에서 1차 심의 때 바로 가결된 법안을 보면 대학교든 준비반이든 각 교육 과정에 장학생을 일정 비율로 입학시켜야 한다는 규정이 있다. 성적이 같다면 장학금을 받는 학생(고교생의 20%를 차지한다)은 입학 허가를 받게 되고, 그 기준점보다 아주 살짝 부모님의 소득이 높아 장학생이 되지 못한 학생은 떨어질 것이다. 그 자체로서 잘못된 발상이라는 말은 아니다. 하지만 이와 같은 '커트라인' 제도의 부정적인 효과를 제한하기 위해서 꾸준하고 점진적인 방식으로 학생의 가정 상황을 고려할 수 있는 포인트 제도를 도입하는 편이 나았을 것이다(이러한 방식은 인도의 일부 대학교에서 시행하고 있기도 하다).

---

* 2017년 10월 12일 기고문 「2018년 예산, 청년을 희생시키다」를 참조.

어찌되었든 간에 문제는 잠재적 폭발력을 지닌 이 장학생 커트라인 제도가 파르쿠르쉽 체계 내에서 적용되는 방식이 전혀 투명하지 않다는 데 있다. 법안에서는 각 교육과정별 장학생 비중은 '학교당국'(즉, 학장)이 정한다고 규정했다. '장학생의 수와 전체 지원 학생수의 비율'을 고려하되 또한 '해당 학교의 지도자들과 협의 하에' 결정하도록 되어 있다. 그 이상의 구체적인 정보는 찾아볼 수가 없다. 이미 수 차례에 걸쳐 정부는 파르쿠르쉽의 원천이 되는 이 법안의 내용을 대중에게 온전히 공개할 거라고 공지해왔다(심지어 전 정부에서도 그렇게 발표한 바 있다). 하지만 여전히 공개 날짜는 정해진 바가 없다. 고등학생들의 사정을 보자. 이들은 자신이 지원할 대학 과정을 3월 13일까지 선택해서 신청해야만 한다. 정부는 '게임 규칙'을 그 날짜 전까지는 공개할 것인가? 아니면 지나버린 후에 할 것인가? 아무도 알 수가 없다.

정부 법안은 또한 "각 고등학교의 계열별 최상위권 학생들은 모든 교육과정에 우선적으로 선발될 자격을 갖는다"고 (특히 준비반의 경우) 명시했다. 하지만 이 문제에 대해서도 위의 짧은 문장 이상의 정보가 없다. "이러한 우선적인 입학 혜택을 누리는 학생들의 비중은 추후 법령을 통해 정해질 예정"이라고만 명시되어 있다. 사실 이 규정은 2013년에 표결된 조항을 그대로 갖다 쓴 문장에 불과하다. 너무나 불투명하고 상징적일 뿐인 규정이어서 학생 배정 과정의 최종 단계에 그리고 제도가 정한 최후의 구제 수단으로 이용되었을 뿐이다(그러니 '우선적인 선발자격'은 입학 사정 단계상 너무 늦게 적용되기 때문에 해당되는 학생들이 진정으로 그 혜택을 누리기는 어렵다는 뜻이다). 파르쿠르쉽 제도상에서 이 조항을 적용할 법적 기반의 내용을 학생들에게 공개할 생각인가? 그렇다면 대체 언제 할 예정인가? 지금은 모든 게 베일에 싸여 있다.

그 어느 나라도 대입 문제를 모두가 완전히 만족하는 방식으로 해결하지는 못한다. 하지만 정부 스스로 투명성을 거론하고 나선 이상, 이런 식으로 깜깜이 행정을 계속해서는 안 된다. 특히 그 방식이 서민층에게 불공정과 긴축정책의 피해를 고스란히 안긴다면 말이다.

(2018년 2월 13일)

유럽연합 내의 연합을 위해

이탈리아 선거 결과라든지 트럼프 정권 관계자들의 헛소리 같은 무역 조치들을 직접 목격하고 나니, 유럽에서도 낙담에 빠져 폐쇄적인 이민정책 강화나 보호주의 확대 등의 유혹이 생길 수도 있다는 생각이 든다. 하지만 이는 아주 중요한 2가지 사항을 망각한 정책이다.

첫째로, 종종 제기되는 주장과는 반대로 유럽에서 포퓰리즘 확대는 이민자들의 쇄도 때문에 일어난 현상이 아니다. 사실 유럽연합 국가로 유입되는 이민자들의 수는 경제위기 이전에 훨씬 많아 2000년부터 2008년 사이 연간 120만 명에 달했다.* 그 이후에는 지정학적인 상황으로 인해 국경을 더 개방했어야 함에도 이민자 수는 폭락했다. 2008년부터 2016년 동안 연간 50만 명 정도에 불

---

* 2016년 3월 16일에 공개된 유럽의 이민 관련 기고문을 〈르몽드〉 블로그에서 참조할 수 있다. 「Sur la situation migratoire en Europe」 piketty.blog.lemonde.fr

과한 수준으로 내려간 것이다. 유럽연합이 2008년 경제위기 이후 정치경제적으로 심각한 실수를 저지르지 않았더라면 2011년부터 2013년까지 새로운 불황이 닥치지 않았을 것이고, 남유럽 국가들에서 실업률이 폭등하지도 않았을 것이다. 그랬더라면 유럽은 좀더 개방적인 자세를 취할 수 있었을 터이고, 지금까지도 그런 기조를 견지할 가능성이 있었다. 게다가 난민 문제에서 터키와 서로 책임을 떠넘기는 사태도 피할 수 있었을 것이라는 상상이 가능하다. 포퓰리즘의 확산에 책임을 져야 할 사람들은 위기에 대응하기 위해 긴축정책을 실행한 이들이지 이민자들이나 이민자 유입을 지지한 이들이 아니다.

둘째는, 미국의 무역제재 조치들은 아무리 멍청해 보이더라도 상징적인 제스처에 불과하다는 사실이다. 이러한 조치들을 단행한 것은 트럼프가 자신을 민주당 정치인들과 구분 짓고 비용을 들이지 않으면서 국수주의의 폐부를 자극하도록 의도된 방법이었기 때문이다. 트럼프 정부의 핵심 정책은 지난 12월에 도입된 수천 억 달러 규모의 조세 개혁이다. 법인세와 최상위 부유층의 소득 및 자산에 부과되는 세금을 엄청난 규모로 감면해주는 내용을 핵심으로 한다.

오늘날 세상을 위협하는 건 무역 전쟁이 아니다. 가장 부유하고 때문에 국경 간 이동이 가장 자유로운 이들에게 혜택이 고스란히 돌아가는 '세금덤핑'을 남발하는 사회적인 전쟁이야말로 가장 위험하다. 서민들에게 소외감을 주고 공권력을 약화시킨다. 모든 부유한 국가들에서 공공자본은 적자로 전환되고 있는 중이다. 이는 민간 재산가들이 금융자산을 통해 학교나 병원 등 모든 공공자본을 실질적으로 보유하고 있을 뿐 아니라 앞으로의 조세수입에 대해서도 인출권을 갖고 있다는 뜻이 된다. 이를 보여주는 사례가 최근 프랑스 뉴스를 통해서 알려진 바 있다. 정부가 최고 부유층에게 60억 유로에 달하는 세금혜택을 안겨줬고, 파리 공항들을 80억 유로에 매각할 계획을 세우고 있다는 소식이었다. 차리리 부자들에게 나라의 재산을 공짜로 안겨주는 편이 더 간단하지 않을까 싶을 정도다.

이러한 불공정한 변화의 움직임은 오래전부터 시작된 일이다. 이는 1980년대부터 시작된 금융 및 무역 분야의 자유화 정책에서 기인한다. 국가 간 조정을 통한 과세 원칙이나 규제 조항도 없이 도입된 정책들이었다. 겉으로 보기에 해결책은 간단하다. 모든 국제협약은 서명할 때 공정하고 지속가능한 발전을 허락하는 강제 조항, 예를 들어 최소 과세 비율 규정, 탄소배출 상한선 규정 등을 조건으로 삽입하여 세계화의 방향을 바꾸어야 한다. 다만 문제는 현재 실행 중인 조약들을 비판하고 나서기에는 각 국가들이 스스로를 너무 미약하다고 여긴다는 점이다. 세계를 아우르는 이러한 현안을 눈앞에 둔 상황에서 유럽에게는 유독 특별한 책임이 있다. 과거 유럽연합은 공동의 과세 규정 없이 자유경쟁 지역 차원에서 공동체 건설을 시작했다. 유럽은 법인세가 경쟁적으로 인하되는 사태에 크게 기여했다. 오늘날 미국은 유럽연합의 선례를 따라가고 있을 뿐이다. 이 모든 상황은 유럽연합이 조세 문제에 있어서 만큼은 만장일치 표결 방식을 고집하는 데서 기인한다.

이러한 상황을 타개할 유일한 해결책은 프랑스와 독일, 이탈리아와 스페인—이 4개국만 해도 유로존의 전체 인구 및 지역 내 총생산의 75%를 차지한다—이 힘을 합쳐서 유럽연합 내에서 강화된 정치와 조세에 관한 하위 연합을 형성해야만 한다. 유럽연합의 모든 회원국에게 물론 개방되어 있으면서도 그 누구도 방해할 수는 없는 방식으로 구성해야 한다. 이와 관련한 마크롱 정부의 제안은 모호하다. 유로존의 예산을 언급하고는 있지만 그 예산 표결을 담당할 유로존 의회의 구성이라든지, 그 예산을 충당할 세금 문제는 전혀 논하고 있지 않다.

나는 스테파니 에네트, 기욤 사크리스트 그리고 앙투안 보셰와 함께 새로운 유럽의회 창설을 제안한 바 있다. 이는 희망하는 국가들이 참여하는 방식으로, 참여 국가의 인구 비중 등을 고려하여 각 나라에서 선출된 국회의원들을 중심으로 구성한다.* 이러한 의회가 창설된다면 권위를 가지고 교육이나 재생에너지 등 미래에 대한 투자 예산을 편성할 수 있으리라 기대한다. 그 예산은 법인세 등으로 충당될 수 있고, 고소득자와 자산가 들에게 역내 공동의 세금을 부과해 활용할 수도 있겠다.

이 제안은 아직 완벽하진 않지만 제시된 자체로 의미가 있다. 각 회원국의 의회에 기반을 둠으로써 프랑스 국회와 독일의 연방의회가 각자의 조세 권력을 포기할 생각이 없다는 점을 공식적으

---

* 2017년 3월 9일 기고문 「유로존 의회는 어떤 형태를 갖출 것인가?」에서도 다루고 있는 내용이다.

로 드러낼 수 있다. 무엇보다 이 제안은 사실상 국내 총선을 유럽 단위의 선거로 변모시킬 수 있다. 각 나라의 국회에 진출하려면 자신들이 유럽 차원의 의회에서 어떤 일을 할 것인지를 선거공약 내용에 분명히 제시해야 한다는 뜻이다. 그렇게 되면 유럽 단위의 정책에 대해 불평만 늘어놓거나 유럽연합 본부와 각국 정부가 서로 책임을 전가하는 행태는 계속되기 어렵다. 독일 국민의 여론을 진정시키기 위해 각 나라가 기여도에 따라 유럽연합 차원의 지출을 보장받을 수 있다는 조항을 삽입할 수 있다. 이 제안의 목적은 유럽연합 내 잘사는 나라와 못사는 나라들 사이에 부를 재분배하자는 게 아니라 세계화의 파고를 제어할 수 있는 민주적이고 강력한 공공의 권력을 확립하는 데 있다.

이제는 속내를 다 털어놓고 함께 나아가야 할 때다. 서로가 어떤 유럽을 원하는지 공동체로서 토론조차 하지 못한다면, 온갖 부류의 포퓰리스트들과 트럼프 추종자들이 승리하는 길을 터주게 될 것이다.

(2018년 3월 13일)

러시아에서 자본이란?

다음달이면 칼 마르크스 탄생 200주기가 된다. 소비에트 연방 시절 끈질기게도 '마르크스-레닌주의'를 표방했던 러시아가 처한 현재의 서글픈 운명을 안다면 마르크스는 어떻게 생각할까? 아마도 그는 자신이 사망하고도 한참 뒤에 등장한 현재 러시아 정권에 대해 어떤 책임도 지려하지 않을지 모른다. 마르크스는 지대로 인한 억압이 팽배하고 사유재산이 신성시되던 세상을 살았다. 당시는 누군가 노예에게 해를 가하면 노예주들이 재산침해라는 사유로 짭짤하게 보상을 받던 세상이었다. 이건 토크빌(알렉시스 드 토크빌은 프랑스의 정치학자이자 역사가이며 정치가로 19세기 전반에 지배적이었던 전통적 자유주의의 대표적 사상가이다_옮긴이 주) 같은 '자유주의자'들에겐 당연한 이야기였을 거다. 마르크스는 20세기 사회보장국가나 사회민주주의 정치사상이 성공을 거두리라 예상하기 어려웠을 듯하다. 그가 서른 살이 되던 1848년에 유럽 곳곳에서 혁명이 일어났고, 마르크스의 사망연도인 1883년에는 경제학자 케인스가 태어났다. 마르크스와 케인스 모두 당대의 상황을 날카로운 시선으로 기록하였지만 이들을 미래를 내다본 이론가들이라고 생각해서는 안 된다.

1917년 볼셰비키 세력이 러시아 정권을 잡았을 때 그들의 행동 계획은 그들이 자부한 만큼 '과학적'이지 못했다. 이들이 지배하는 세상에서 사유재산은 폐지될 운명이라는 것만은 명백했다. 그러면 생산을 통한 소득은 어떻게 편성하며, 새로운 주인은 누구인가? 의사결정은 어떤 조직을 통해 이루어지며 거대한 국가와 계획 집행부 내에서 부의 재분배는 어떻게 이루어져야 하는가? 해결책이 딱히 없으니 그들은 권력을 극도로 개인화하는 데 집중했고 성과도 없으니 희생양을 찾았다. 그리고 닥치는 대로 가두고 숙청했다. 1953년 스탈린이 사망할 당시 소비에트 전체 인구의 4%가 수감 상태였는데, 그중 절반 이상은 조금이라도 나은 삶을 살고 싶어서 좀도둑질을 저질렀다가 '사회주의 재산 절도'라는 죄목으로 잡혀온 사람들이었다. 바로 이것이 해방을 자처했으나 철저하게 실패한 소비에트 정권을 논하며 쥘리엣 카디오(프랑스 사회과학고등연구원 교수로 러시아와 소비에트 연방의 근대사 전문가다. 특히 정치사와 법, 정의체계를 연구한다_옮긴이 주)가 "도둑들의 사회"라고 명명한 이유다. 이보다 수감 인구 비중이 높은 사례는 성인 남성의 5%가 수감 중인 현재 미국의 흑인 사회 정도밖에 없다.

물론 소비에트 연방은 사회 기반 시설, 교육, 보건 분야에서 어느 정도 다른 나라를 따라잡는 데 성공했다. 볼셰비키 혁명 이전에는 1인당 국가소득이 서유럽의 30~40% 선에서 정체되어 있었지만, 1950년대에 이르자 60% 수준으로 높아졌다. 하지만 1960~1970년대에 다시 뒤떨어지기 시작했다. 이 시기에 기대수명이 줄어들었는데, 이러한 현상은 비전쟁시기로서는 역사상 유일한 사례로 남았다. 소비에트 정권은 안에서부터 파열 조짐을 보이기 시작했다고 보아야 한다.

소비에트 연방이 해체되고 공산정권 아래에서 생산체계가 와해됨에 따라 1992~1995년 사이에 생활 수준이 추락했다. 2000년부터는 1인당 소득은 상승하기 시작하는데, 2018년에는 구매력을 기준으로 서유럽의 70% 선까지 올라왔다(하지만 루블화가 약세를 보이기 때문에 현재 환율을 적용해서 생각하면 2배 낮게 보아야 한다). 하지만 불행히도 러시아에서 불평등은 공식 통계에서 드러나는 수준보다 훨씬 급속도로 퍼져나갔다.[*]

일반론적 관점에서 말하면 소비에트 연방이라는 인류 역사의 재난은 러시아에서 재분배라는 걸 아예 꿈꿀 수 없게 만들어버렸다. 2001년부터 러시아의 소득세는 13%로 고정되었다. 소득이 1,000루블이건 1,000억 루블이건 상관 없다. 레이건이나 트럼프조차도 누진세 폐지 논의를 이렇게까지 극단적으로 끌고가지는 않았다. 러시아에는 상속세도 전혀 없는데, 이는 중화인민공화국에서도 마찬가지긴 하다. 그러니 아시아 지역에서 자손에게 재

---

[*]   위에서 이미 인용된 다음 논문을 참조.
    Filip Novokmet, Thomas Piketty et Gabriel Zucman, 「From Soviets to Oligarchs: Inequality and Property in Russia, 1905-2016」.

산을 평온히 상속하고 싶으면 (구)공산주의 국가에서 숨을 거두면 된다. 특히 아시아의 자본주의 국가는 반드시 피하시라. 대만, 한국, 일본 같은 나라 말이다. 이들 나라에서는 상속세율이 최대 50~55%에 이른다.

중국이 자본의 반출이나 사유재산 축적에 관한 제어능력을 어느 정도 유지하고 있는 반면 푸틴이 지배하는 러시아 정권의 특징은 '도둑정치kleptocratie'로 규정지을 수 있는 소비에트 정권의 부작용을 여과없이 보여준다는 점이다. 1993년과 2018년 사이 러시아는 엄청난 규모의 무역흑자를 기록했다. 그 규모는 25년간 평균적으로 연간 국내총생산의 10%에 달한다. 이 기간 동안의 무역흑자를 다 합치면 같은 기간 내 평균 연간 국내총생산의 250%에 육박한다. 2년 반 동안의 국내총생산액이 고스란히 지난 25년간의 무역흑자로 기록되었다는 뜻이다. 원칙적으로 이런 일이 발생하면 비슷한 수준의 준비금이 축적되어 있어야 한다. 그 액수는 유권자들의 감시하에 노르웨이가 축적한 국부펀드의 규모와 비슷한데, 막상 러시아의 외화보유고는 10배나 적어서 국내총생산의 25%에 불과하다.

그러면 그 돈은 다 어디로 갔는가? 계산해본 바에 따르면 러시아 부자들이 해외에 보유하고 있는 자산만 해도 러시아의 국내총생산 규모라고 한다. 공식적으로 러시아의 모든 가구들이 보유하고 있다고 집계된 금융자산을 전부 합친 규모에 해당한다는 이야기다. 막대한 분량이 수출되는 러시아의 천연자원은 (사족을 달자면, 러시아의 천연자원은 지구온난화를 억제하기 위해서 땅속에 그냥 묻어두는 편이 낫다), 그 이득은 극소수의 사람들이 러시아와 국제시장에 엄청난 금융자산을 축적하게끔 해주는 불투명한 구조를 형성하는 데 쓰이고 있다는 말이다. 이 부유한 러시아인들은 런던과 모나코, 모스크바를 넘나들며 생활한다. 어떤 사람들은 러시아 땅을 떠난 적도 없지만 해외에 등록한 사업체들을 통해 러시아를 통째로 손아귀에 쥐고 있다. 수많은 중개인과 서구기업 들 또한 이러한 과정에서 이득을 취했고, 지금까지도 러시아의 스포츠나 언론 분야에서 이러한 일이 계속되고 있다. 자선사업에서도 때때로 비슷한 일이 벌어진다. 러시아에서 일어나는 횡령 규모는 인류 역사상 그 유례를 찾아볼 수 없을 만큼 엄청나다.

유럽이 해야 할 일은 무역제재가 아니라 그러한 자산들에 대한 적절한 조치이다. 러시아의 국민여론에 호소할 필요도 있다. 탈공산주의는 오늘날에 와서 하이퍼자본주의와 함께 최악의 연합전선을 구축했다. 마르크스라면 이러한 아이러니를 흥미로워했을지도 모르겠지만, 그렇다고 해서 상황을 잠자코 용인해서는 안 된다.

(2018년 4월 10일)

68년 5월과 불평등

1968년 5월(1968년 5월은 프랑스 현대사의 중요한 전환점이다. 학생들의 저항운동으로 시작된 프랑스 68운동은 당시 샤를 드골 대통령이 이끄는 정부의 실정을 비판하며 노동총파업으로 이어졌다. 이 사건은 식민제국 붕괴와 사회주의체제 국가들의 현실에 대한 환멸, 제3세계 운동 등의 국제적인 분위기와도 맞물려 있고 전통적인 가치가 지배하던 프랑스 사회를 근본적으로 진보 성향으로 탈바꿈시킨 현대사의 중요 순간이다_옮긴이 주)의 흔적은 불살라버려야 하는가? 1968년 5월의 정신은 개인주의, 아니 극도의 자유주의가 팽배해지는 데 기여했다는 비방의 목소리가 있다. 그러나 면밀히 검토해보면 그렇게 단언해서는 안 된다. 1968년 5월의 운동은 오히려 프랑스 사회의 불평등 요소들이 크게 축소되었던 역사적인 시기의 포문을 열어주었기 때문이다. 비록 그러한 움직임이 이후 다른 이유로 사그라들었지만 처음에 제기한 질문은 아주 중요하다. 미래를 좌우할 문제이기 때문이다.

다시 과거로 돌아가보자. 1945년부터 1967년까지의 기간은 프랑스에서 상당한 경제성장을 이룬 시기였지만 사회 불평등이 다시금 고착화하는 추세를 보였다. 국가소득 항목 중에 이윤 창출에 의한 비중이 크게 늘어나고 고소득자와 저소득자의 임금 격차가 다시금 심화되었다. 최고소득층 10%가 1945년에는 전체 소득의 31%를 차지했다면 그 비중이 점진적으로 늘어나 1967년에 이르자 38%가 되었다. 온 나라가 전후 재건에 힘을 쏟던 시기였고, 불평등 해소는 프랑스 정부의 우선순위 밖이었다. 게다가 두 차례 세계대전(즉 나라의 황폐화나 인플레이션)과 프랑스 해방 전후의 정치 격동(사회보장제도, 국유화, 임금 격차 축소 등)을 겪으면서 사람들은 불평등 요소들이 크게 줄어들었다고 생각했다.

중간 관리자와 엔지니어의 임금은 1950~1960년을 거치면서 평균임금이나 그에 못 미치게 받는 사람들보다 구조적으로 더 빠르게 증가했다. 처음에는 아무도 그러한 상황에 대해 크게 문제삼지 않았다. 물론 1950년에 최저임금제가 실행되었지만 이후 제대로 개정되지 않았다. 결국 평균임금에 비해 최저임금은 너무나 뒤처지고 말았다. 또한 프랑스 사회는 유례가 없을 정도로 남성 중심 사회여서 1960년대 임금노동자의 80%가 남성이었다. 여성들은 다양한 임무(특히 아이들의 양육이나 산업사회에서 위안과 자애로움을 베푸는 역할)를 맡았지만 경제주권 획득은 요원했다. 당시 프랑스 사회는 뼛속 깊이 '생산성' 지향적이어서 1946년에 약속된 주당 40시간 노동은 여전히 현장에 적용되지 못했다. 전후 조국의 재건을 돕는다는 명목하에, 최대한으로 노동시간을 확대하는 것에 노동조합들도 동의하였기 때문이다.

이러한 상황에서 1968년에 갈등이 발생한다. 당시 정치적 위기에 처해 있던 드골 정권은 이를 타개하기 위해 '그르넬 협약'에 서명하였는데, 이 협약에서 가장 중요한 내용은 최저임금의 20% 인상이었다. 1970년 공식적으로 최저임금이 부분적이나마 평균임금에 연동되었고, 1968년부터 1983년까지 매년 최저임금에 상당히 높은 '부양책'을 적용해야 한다는 정치·사회적 분위기가 뜨겁게 달아올랐다. 이렇게 해서 1968년부터 1983년까지 평균임금은 50%가 올랐지만 최저임금은 130% 이상 증가했다. 이러다 보니 노동임금의 불평등은 크게 줄어들었다. 이전 시기와의 단절은 확고하고 대대적이었다. 1950년부터 1968년까지의 자료를 보면 평균임금은 2배 이상 늘어났지만 최저임금은 25%도 성장하지 못했다. 임금의 하한선이 전반적으로 크게 인상됨에 따라 전체 임금의 지출 규모가 1968년부터 1983년 사이에 제조와 생산보다 눈에 띌 정도로 빠르게 성장하였다. 이로 인해 국가소득에서 자본의 비중이 크게 줄어들었고 동시에 노동시간은 줄어들고 유급휴가 기간도 늘어났다.

1982~1983년에 이러한 경향이 뒤집히게 된다. 1981년 5월 대선을 통해 새롭게 정권을 잡은 사회당 정부는 영원히 이 기조의 정책을 유지하길 원했을 것이다. 최저임금의 개선을 요구하는 움직임은 선거민주주의보다 한발 빨랐다. 이미 이전 우파 정권이 저임금 구간의 생활상을 대폭 개선하는 임금 인상 조치를 시행했다. 이제 사회당 정부가 계속해서 불평등을 축소하려면 임금 인상이라는 카드 외에 다른 정책이 필요했다. 기업 내 임금노동자들이 진정한 의

미의 힘을 가질 수 있게 해주는 방안, 교육에 대한 대규모 투자와 평등한 교육권, 질병의 치료와 은퇴 이후의 삶을 보장하는 보편적인 사회보장제도의 실시, 그리고 사회·조세 정책을 공유하는 유럽으로의 전환 등을 추진해야 했다. 하지만 1983년 긴축정책이 필요한 전환점에 섰을 당시 프랑스 사회당 정부는 위에 언급한 것들을 실현하는 대신 유럽을 핑계 삼았다. 유럽이 임금 동결 문제를 일으킨 것도 아닌데 말이다. 최저임금이 제조와 생산보다 3배나 빨리 늘어나는 상황이 영원히 계속될 수는 없는 일이 아닌가? 그건 개방경제에서든 폐쇄경제에서든 마찬가지다.

더 나빴던 건 1988년 이후 들어선 프랑스 정부들이 연이어 법인세를 낮추는 유럽의 '세금덤핑' 움직임에 크게 일조했다는 사실이다. 게다가 1992년 유럽연합이 마스트리히트 조약을 비준할 당시 공동의 예산이나 조세정책도 없고 정치 거버넌스를 어떻게 시행할 것인지조차 정하지 않은 채 유럽 내 화폐 및 무역 공동체를 설립하기로 서명했다는 사실이다. 결국 유로화는 소속 국가도, 민주적인 제도도, 주권도 없는 화폐로 탄생했다. 2008년 경제위기 이후로 유로화가 얼마나 취약한지 그리고 이제서야 벗어난 지난 10년간의 불황에 유로화가 얼마나 큰 원인이었는지 우리는 분명히 목격했다.

오늘날의 유럽에서 사회민주주의는 위기에 봉착해 있다. 이는 무엇보다 아직 미완성으로 남은 국제주의의 결과라고 할 수 있다. 20세기 내내, 특히 1950년대부터 1980년대까지 자본과 노동 사이의 새로운 타협을 찾고자 하는 움직임은 국민국가 체계 내에서 고민과 실행을 거듭해왔다. 그 과정에서 거둔 성공은 부인할 수 없지만 동시에 상당히 취약한 성공이기도 하다. 국가 간 경쟁구도가 강화되는 흐름 속에 각 국가별 정책들이 영향을 받지 않을 수 없기 때문이다. 당면한 문제들의 해결책은 1968년 5월과 사회운동의 정신을 부정하는 것이 아니다. 오히려 그 정신에 기대어 불평등을 축소시킬 수 있는, 국제주의에 기반한 새로운 계획을 세우는 일이 시급하다.*

(2018년 5월 8일)

---

* 이 부분에 대해서는 앞서 언급한 나의 2001년 저작 《20세기 프랑스의 고소득자》에서 추가적인 논의를 찾아볼 수 있다.

'사회이전을 위한 연합'이라는 착각

이탈리아와 스페인에서 정치위기가 심화되는 가운데 프랑스와 독일은 여전히 유럽연합의 개혁을 위한 구체적이고 야심 찬 제안을 내놓지 못하고 있다. 사실 유로존 총생산과 인구의 4분의 3을 차지하는 위의 네 나라가 합의하여 이 상황을 타개하기 위한 공동의 기반을 마련하면 될 일이다. 이들의 태만을 대체 어떻게 설명해야 할까? 그리고 왜 이 상황을 심각하게 받아들여야 할까?

　프랑스에서는 요즘 모든 것이 다 타국의 잘못이라는 이론이 유행하는 듯하다. 우리의 젊고 역동적인 대통령은 이미 유로존을 대대적으로 개선하기 위해 유로존 의회 구성이나 예산에 관한 아주 멋진 제안을 내놓지 않았던가? 우리는 운이 참 나쁜 게 분명하다. 이웃나라들은 이 상황을 잘 이해하지 못하고, 우리 프랑스가 조상 갈리아인으로부터 물려받은 특유의 담대함도 없어 해답을 내놓지도 못하는 게 당연하다는 식이다. 이 발언들의 맹점은 프랑스 정부가 내놓았다는 그 화제의 제안에 실체가 없다는 것이다.

그 누구도 유로존 예산이 어떤 세금으로 운용될지, 이 세금의 조세주권을 행사하게 될 유로존 의회는 어떻게 구성할지 등을 세 문장 정도로 명확하게 정리할 수 있는 사람이 없다. 그러니 마크롱 대통령을 추종하는 당신의 친구에게 물어보라. 아니 그런 친구가 없다면 — 완벽한 사람은 없지 않은가 — 당신이 제일 좋아하는 언론사에 문의해서 확인해보라. 지금의 작태는 1789년 프랑스 혁명가들이 구제도의 특권을 즉시 폐지하고 새로운 조세체계를 도입하기 위해 국민의회를 꾸리는 대신 시간을 들여 위원회를 설치해서 숙고할 필요가 있다고 평계를 대면서, 궁극적으로는 앙시앵레짐을 보전하기 위해 애쓰는 모양새와 비슷하다고 보면 된다. 바로 이게 결정한 바를 행동으로 옮기는 능력과 공허하게 말만 늘어놓는 태도의 차이다.

사실 프랑스가 제안한 내용은 너무 모호해서 무슨 말이든 다 엮을 수 있을 정도다. 바로 그 점이 문제다. 민족주의와 반유럽적인 색채를 띤 담론들까지 쏟아넣을 수 있다. 앙겔라 메르켈을 소심하다고 비난하는 건 쉬운 일이다. 사실 '프랑스의 제안'에 대한 메르켈의 반응은 지나치게 미지근했다. 최근 소식에 따르면 메르켈은 유로존의 투자예산에는 긍정적인 반응을 보였다고 하지만, 유로존 총생산의 1% 미만 수준이어야 한다는 조건을 달았다고 한다. 물론 유로존의 예산을 지탱할 공동의 세금에 대해서는 일말의 언급도 없었다. '융커 플랜(2014년 유럽위원회의 위원장 장 클로드 융커가 발표한 유럽의 인프라 투자 계획_옮긴이 주)'처럼 솜씨 좋게 회계 조작을 통해 이미 투자된 금액을 재활용하는 방법을 찾아야 하는지도 모른다. 게다가 필수불가결한 요소인 유로존 민주화 방안에 대해서도 일체 함구했다. 이는 단순히 유로안정화기구를 '유럽통화기금European Monetary Fund'으로 개명하자는 말에 지나지 않는다. 이 이름은 극도로 보수적인 시각을 선명하게 보여준다. 재무장관과 전문 관리 집단이 이끄는 밀실 정부의 표본이라 할 수 있는 국제통화기금IMF의 모델을 유럽에 적용하겠다는 뜻이 담긴 이름이니 말이다. 이것은 의회를 통한 공공의 토론이나 민주주의 원칙을 따라 반론을 주고받으며 논의를 거쳐야 한다는 원칙의 정반대 지점에 서 있는 생각이다. 방금 묘사한 방식대로 민주적인 의사결정 과정에 최종 결정권을 맡겨야만 한다. 이미 공산주의와 공산정권하의 밀실 관료정치에서 모든 게 결정되어 실행으로 이어지던 시대가 종식된 지 30년이 지난 지금도 메르켈과 독일 정부가 현재 태도를 일관하고 있다는 건 상당히 서글픈 일이다.

하지만 메르켈의 소심한 태도를 비난하는 게 아무리 쉬워도 프랑스 언론은 인정할 건 인정해야 한다. 메르켈은 그저 프랑스의 마크롱이 보여준 소심한 태도에 똑같이 반응을 보였을 뿐이다. 사실 마크롱 역시 메르켈과 똑같은 보수적인 태도를 견지하고 있다. 근본적으로 둘은 현 유럽체제에서 핵심적인 요소들은 아무것도 바꾸려 하지 않는다. 상황을 제대로 직시하지 못한다고 봐야 한다. 자신들이 이끄는 프랑스와 독일의 상황이 나름대로 괜찮다고, 또 남유럽의 국가들의 나쁜 습관(재정적자가 생기더라도 정부지출을 늘려 국가경제를 활성화시키려고 하는 남유럽 국가들의 정책을 말함_옮긴이 주)에 대해 자신들의 책임이 전혀 없다고 착각하고 있기 때문이다. 이 두 지도자의 태도는 모든 것이 산산조각 날 수도 있는 위험을 무릅쓰는 것이다. 2015년 그리스에게 큰 모욕을 안긴—당시 '극좌파' 그리스 정부가 완벽한 정부는 아니었다 해도 극빈층과 이민자들에게 연대의 가치를 보여준 미덕은 기억해야 한다— 두 지도자들은 2018년, 이탈리아 정권을 잡은 극우파를 상대해야 한다. 현 이탈리아 정부는 유럽연합이 묵인하는 가운데 국내 정세에서 연대를 이끌어낼 수 있는 유일한 요소로서 외국인 혐오와 핍박을 추구하는 정권이다.

이러한 난관에서 헤어나올 방법은 무엇인가? 독일과 북유럽 정치 지도자들 중 상당수가 이미 수년 전부터 유권자들에게 유럽의 모든 문제들은 자신들의 돈만 노리는 게으른 남유럽 나라들 때문에 발생했으며, 그 나라 사람들이 독일이나 네덜란드 사람처럼 열심히 일하고 수출에 힘쓴다면 모든 문제가 해결된다는 인식을 심어왔다는 점이 큰 문제다. 경제적 차원에서 보면 이러한 담론은 프랑스의 국민전선이나 이탈리아의 극우정당 레가의 공약만큼이나 말도 안 되는 이야기다. 유로존 회원국들이 독일 수준으로 무역수지 흑자를 확대한다면 이를 감당할 수 있는 방법은 세상 어디에도 없다. 정치 지도자들이 부추긴, '사회이전을 추구하는 연합'이 생길 거라는 망상이 오늘날 진지한 고민을 함께할 길을 막고 있다(유럽연합은 사회이전social transfer을 공동체 내 빈곤층, 혹은 빈곤 상태로 추락할 가능성이 높은 이들에게 제공되는 사회보장제도의 일환으로 정의한다. 유럽의 개혁을 추구하는 과정에서 유럽의 일부 부유한 나라들이 상대적으로 가난한 나라들을 먹여살리는 구조로 바뀌는 것에 대한 우려를 담은 표현이다_옮긴이 주).

이러한 상황을 타개하기 위해서는 아마도 앞으로 유로존에서 예산을 지출할 때—이 예산은 법인세와 소득 최상위자 및 자산에 대한 공동의 세금으로 조달하고, 민주주의에 입각한 진정한 의미의 의회가 표결로 결정하는 방식을 채택한다—공동체에 기여한 비중에 맞게 각 회원국에 혜택을 준다는 제안을 할 수 있다. 예를 들어 국내총생산의 0.1~0.5%로 지원액을 제한하는 식이다. 연대라는 가치를 좁게 국가 단위로만 생각하는 방식은 만족스럽지는 않지만, 그 문제가 핵심은 아니다. 우리의 목표는 무엇보다 유럽의 공공권력이 서민층에게 부과하는 만큼의 세금 강제조치를 가장 강력한 경제주체들에게도 적용하는 일이다. 이는 미래를 위한 투자 그리고 프랑스의 불평등 축소를 위해 꼭 필요한 조치다. 이제는 유럽의 미래에 대한 토론의 장을 열고 앞으로 전진하자!

(2018년 6월 12일)

유럽, 이민자들 그리고 무역

유럽의 지도자들이 유럽연합의 가입 조건을 강화하려는 가운데 현재 이민의 현실이 어떠한지를 살피고, 더 포괄적인 문제인 세계화 속 유럽의 위치를 명쾌히 되짚어보는 것이 중요할 듯하다. 공개된 자료들만으로는 분석이 불완전할 수도 하지만, 중요도와 규모에 따라 이민의 추세를 살피는 데에는 충분하다. 가장 온전하게 확보할 수 있는 자료는 UN의 인구부서가 수합한 자료다. 이는 각 나라에서 제출한 인구통계를 끈기 있게 동질화하는 방식으로 확보된다.* 이 자료를 통해 세계 각국에서 이민의 양상이 어떻게 변하는지 알아볼 수 있고, 앞으로 수십 년간의 인구 추이를 다루는 '전 세계 인구 전망'도 찾아볼 수 있다. 공개된 자료들 중 최근 자료들을 살펴보면 분명한 2가지 추세가 눈에 띈다.

---

* 「World Population Prospects」, Nations unies, https://population.un.org/wpp/

먼저 부유한 나라로 유입되는 이민자 수가(이 나라들에서 다른 나라로 나가는 이민의 경우를 제외하고) 2010년부터 감소세로 돌아섰다는 사실이다. 1990년부터 1995년에는 연간 200만 명에 달했고 1995년부터 2000년에는 250만 명, 그리고 2000년부터 2010년에는 연간 300만 명을 넘겼다. 그러다가 2010년부터 하락세로 돌아서서 2018년까지 200만 명 안팎을 유지 중이다. UN은 앞으로 수년간 이와 비슷할 것으로 예측하고 있다. 부유한 나라들의 인구는 도합 10억 명 정도(유럽연합에 5억, 미국과 캐나다에 3억 5,000만, 일본과 오세아니아를 합쳐 1억 5,000만 명이 살고 있다) 되니, 유입되는 이민자의 숫자는 1990년대에는 전체 인구 대비 연간 0.2%였다가 2000년부터 2010년 사이에는 0.3%로 올랐고, 다시 2010년부터는 0.2% 미만으로 떨어졌다는 뜻이다. 이러한 수치로 보면 유입되는 이민자 수는 미약해 보일 수 있다. 실제로 1990년부터 2018년 사이의 세계화는 금융과 무역 분야에서 두드러졌고, 이민자 수는 1870년과 1914년 사이 세계화의 흐름에서 발생했던 엄청난 규모에는 이른 적이 없다.

다만 우리 시대의 새로운 이민의 물결은 다양한 문화의 혼합을 가져왔다는 점에서 차이가 있다(19세기 말에서 20세기 초 세계화 당시의 이민은 북대서양을 사이에 둔 영토들 중심으로 이루어졌다). 또한 인구 정체라는 사회적 배경에 이루어지고 있다는 특징이 있다. 출생률이 전체 인구의 1%에도 미치지 못하는 부유한 나라들이 여럿 된다. 즉 0.2%나 0.3%의 이민자만으로도 전체 인구 구성에 눈에 띄는 변화가 초래될 수 있다는 뜻이다. 물론 변화 자체가 문제라는 말은 아니다. 하지만 최근의 경험으로 미루어볼 때 불행히도 정체성을 정쟁의 수단으로 이용하려는 시도가 성공할 우려가 있다. 해당 국가에서 일자리 창출이나 주거 문제 해결, 혹은 기반 시설 확보 등을 위한 정책이 적절하게 시행되지 못한다면 그런 위험은 더욱 커진다.

UN 자료에서 도출되는 명백한 두 번째 결론은 이민자 수의 하락세가 주로 유럽에서 나타난다는 사실이다. 유럽연합으로 유입되는 이민자 수는 (EU에서 타지로 이민을 나가는 인구를 제외한 수치) 2000년에서 2010년 사이에 약 140만 명이었다가 2010년부터 2018년 사이에는 70만 명 미만, 즉 절반으로 줄어들었다. 2015년에 난민 문제가 절정에 이르렀음에도 불구하고 나타난 현상이다. 하지만 2008년 경제위기에서 유럽보다 손쉽게 회복한 미국에서는 유입 이민자 수가 유지되었다(2000년부터 2010년 사이에는 연간 100만 명, 그리고 2010년부터 2018년 사이에는 연간 약 90만 명 수준이다).

2가지 추세에 덧붙여 언급할 만한 사실이 있다. 우선 유럽중앙은행이 발표한 최근 자료에 따르면 유로존의 무역흑자가 2017년에 5,300억 유로에 달한다는 점이다. 유로존 총생산 11조 2,000억 유로의 5%에 달하는 수치였고, 2018년에도 이러한 추세가 유지되고 있다.* 유로존 국가들이 상품이나 서비스를 100단위 생산하면 그중 95단위를 유로존에서 소비하거나 투자하고 있다는 뜻이

---

*   2018년 6월 유럽중앙은행의 자료에서 찾아볼 수 있는 내용이다. 다음의 링크를 참조할 것.
    Bulletin économique de la BCE, juin 2018, tableau 3.1, p. S8, https://www.ecb.
    europa.eu/pub/pdf/ecbu/eb201804.en.pdf

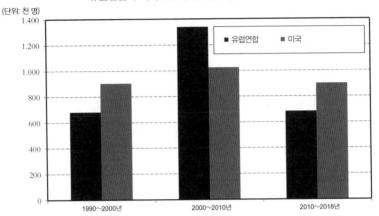

(단위: 천 명)

■ 유럽연합　■ 미국

해석: 유럽으로 유입되는 이민자의 숫자는(유럽에서 나가는 경우는 제외한 수치) 2000년부터 2010년 사이에 연평균 140만 명에 가까웠으나 2010년부터 2018년까지는 연평균 대략 70만 명으로 줄어들었다.
출처: UN, 2018년 세계인구현황보고서

다. 그다지 큰 규모가 아니라고 생각할지 모르겠지만 이런 일이 매년 반복된다면 실제로 상당한 규모가 된다. 적어도 19세기 초반 무역통계가 등장한 이후로 세계 경제사에 있어서도 유례가 없는 일이다. 이 정도 규모의 경제단위에 이렇게까지 막대한 무역수지 흑자가 기록된 경우를 역사에서 찾아볼 수가 없다. 일부 산유국에서 가끔 국내총생산의 5~10%에 달하는 무역수지 흑자를 기록하는 경우는 있지만 이 나라들은 보통 세계 경제 대비 경제 규모도 작고 인구도 적은 나라들이다(그래서 해외에 자산을 쌓아두는 방법 말고는 대체 그 흑자로 뭘 해야 할지 모를 정도다). 이건 유례가 없는, 너무나도 비정상적인 상황이다. 중요한 원인 제공자는 독일이지만 전적으로 독일 때문은 아니다. 이탈리아도 2015년 이후 국내총생산의 3%가 넘는 무역흑자를 기록하고 있다.

시장은 만능이며 언제나 효율적이라고 신봉하는 이들은 아마 이러한 상황을 인구노화로 인한 당연한 결과로 분석할지 모르겠다. 앞으로는 노동력이나 생산이 축소될 게 뻔하니 유럽은 그저 노년을 위해 자본을 축적하는 중이라고 말이다. 사실은 그렇지 않다. 이는 과하게 임금을 낮추는 긴축 기조하에, 경제성장은 침체 일로에 있지만 무역흑자는 높이려는 정책, 명확한 정치적인 계도도 없이 과도한 경쟁을 부추기는 경제구조로 인해 발생한 결과라고 보는 게 정확하다.

유로존이 현재 기초 재정 수지가 흑자 상태에 있다는 사실 또한 주목할 필요가 있다. 유로존 납세자들은 공공지출로 인해 자신들에게 돌아오는 혜택 이상으로 세금을 내고 있다는 뜻이다. 그 차액은 유로존 총생산의 1%에 이른다. 트럼프 정부가 재정적자를 이용한 정책으로 미국의 무역적자를 악화시킨 것처럼 유럽의 재정 흑자는 유로존의 무역흑자를 더욱 심화시킨다. 유럽이 만약 언젠가 유로존을 통합하려는 시도를 다시 해보려 한다면, 우선 투자하고 소비하는 법부터 다시 배워야 할지도 모르겠다.

(2018년 7월 10일)

이탈리아의 악몽, 사회토착주의

2018년 봄 이탈리아에는 이상한 사회토착주의를 표방하는 연합 정부가 들어섰다. 반제도주의와 반엘리트주의를 바탕으로 기존 정계 스펙트럼에서 좌우파로 분류가 불가능하면서도 기본소득제 도입을 동력으로 내세운 오성운동MS5이라는 정당 그리고 짙은 지역주의 색채를 띠며, 조세체계에 불만이 가득한 운동으로 시작해 지금은 외국인 혐오를 내세우는 민족주의 정당으로 탈바꿈한 레가Lega(구 북부연맹)가 공동 구성한 정부다. 이 두 정당이 연대 정부를 꾸린 일을 이탈리아다운 이색적인 사건일 뿐이라고 치부하는 것은 큰 착오라 할 수 있다. 절망적이면서 정치적 일관성도 없는 연합 정부가 이탈리아에 출현한 데에는 유럽의 모든 정부들에게도 각자 일말의 책임이 있다고 보아야 한다. 제대로 주의를 기울이지 않는다면 이탈리아식 사회토착주의(토착주의는 정치학에서 한 지역이나 영토에 원래 거주하던 집단의 권리를 이주민들의 권리보다 우선시하는 정책을 의미한다. 여기서 사회토착주의라는 표현은 사회정책상 토착주의가 드러난다는 표현이라고 볼 수 있다_옮긴이 주)는 순식간에 우리에게도 일어날 수 있는 악몽일지 모른다. 이 사건이 유럽 전체에 영향을 끼치고, 프랑스를 포함한 다른 나라에서 유사한 종류의 정치 연합이 퍼지지 말라는 법은 없으니 말이다.

요약해보자. 오성운동은 이탈리아 남부 서민층 유권자들과 기존 모든 정당에 실망한 유권자들에게서 가장 많은 표를 얻었다. 소외된 지역에 사회보장과 경제개발이라는 공약을 내세웠다. 레가의 경우 반이민정서가 강한 서민층을 공략했는데, 특히 세금에 반감이 큰 간부 계층과 독자적인 레가 지지층이 유지되어온 북부 지방에서 두드러진 성공을 거뒀다. 오성운동과 이탈리아 민주당 PD(과거 좌파 정당들의 연합으로 구성되었고 현재는 중도 좌파와 중도 우파 사이 어딘가에 위치하는 애매한 정치 성향을 갖고 있다)의 연합이 한동안 이야기되었으나 포퓰리스트 정당들이 실패하기를 기대했던 이탈리아 민주당이 결국 연정 구성을 거부함으로써 무산되었다.

오성운동과 레가는 오성운동이 주장해온 기본소득 제도와 레가가 표방한 일률과세 원칙의 실행을 기반으로 하는 정책안에 합의했다. 일률과세란 모든 수준의 소득에 동일한 세율을 책정하는 방식이다. 즉 소득이 높을수록 세금을 더 내는 누진세 개념을 완전히 붕괴시킬 뿐 아니라 엄청난 세수 손실을 가져오는 제도이다. 또한 오성운동과 레가의 연합은 극렬한 반난민 정책 기조를 고수하고 있다. 내무장관 살비니가 몸소 실천하고 있는 부분인데, 레가의 수장인 그는 모든 규정을 무시해서라도 이탈리아 해안에 난민구조선이 정박하지 못하게 하는 데 온 여름을 다 보냈다. 이로

인해 여론조사에서 그의 인기는 급상승했다. 두 정당은 또한 폭발
적인 반응이 있을 법한 몇몇 조치들에 합의했는데, 예를 들어 모
든 것을 아는 척하는 엘리트들 그리고 탐욕스런 제약업체들과 결
탁하여 예방접종에 반대하는 법안을 통과시킨 일이 있다.

두 정당이 대표하는 이데올로기들을 조합한 이 이상한 칵테일
은 대체 어떻게 만들어질 수 있었는가? 프랑스의 상황을 보면, '불
복하는프랑스La France Insoumise' 정당이 현 정부와 연합할 수 없는 이
유들이 분명히 있다. 불복하는 프랑스가 표방하는 핵심 가치에는
이민자들과의 연대의식 및 누진세 수호가 자리하기 때문이다. 최
근 멜랑숑이 푸자드주의의 영향을 받은 듯이 원천징수를 "흉계"

1945~2020년, 유럽과 미국의 좌파 정당 지지자의 변화 추이:
노동자들의 정당에서 고학력자들의 정당으로

해석: 1950년대부터 1970년대까지 미국의 민주당, 프랑스의 좌파 정당들(사회당, 공산당, 극좌정당 및 녹색당),
영국의 노동당을 지지하는 유권자는 가장 저학력 집단과 관계가 있었다. 1990년대부터 2010년대에 이르
면 사회의 최고학력자 집단이 위의 좌파성향 정당들에 주로 투표하는 지지층으로 대두된다.

출처: piketty.pse.ens.fr/ideologie. Thomas Piketty, 「Brahmin Left vs Merchant Right: Rising
Inequality and the Changing Structure of Political Conflict」, WID.world, Working Paper Series n°
2018/7(이 연구보고서는 《자본과 이데올로기》 중 도표 14.2에서 다시 언급한 바 있다).

라고 불러서 걱정스럽기는 하다(프랑스의 정치인 피에르 푸자드에서 비롯된 표현. 푸자드주의 혹은 푸자드운동은 대기업, 특히 유통 분야의 대기업에 대항하여 소상공인을 옹호했던 일종의 정치 및 노조 운동으로 1950년대 나타났으나 단명했다_옮긴이 주). 오성운동이 일률과세 원칙에 동의한 건 이 정당은 정책 측면에서 줏대가 없음을 증명하는 일이다. 또한 1992년을 기점으로 세계대전 후에 형성된 기존 정당들이 붕괴하기 시작하면서 이탈리아 정치가 상당 기간 부패한 끝에 드러난 해악의 결과이기도 하다. 게다가 세금 회피와 세금덤핑을 계속해서 주창해온 수십 년간의 세월이 가져온 폐해라고도 할 수 있다. 부유한 이들은 세금을 회피하고 누구도 그런 상황을 저어하지 못하니, 그러면 모두의 세금을 낮춰버리는 게 무슨 문제냐는 식이다.

오성운동과 레타의 조합이 지지를 얻는 이유는 무엇보다 이탈리아 지도자들이 프랑스 정부의 이기주의를, 더 나아가 전 유럽의 위선을 비판하는 데 탁월한 재주가 있기 때문이다. 프랑스 정부는 자국의 항구와 국경을 폐쇄하고는 이탈리아에게 난민 정책에 대한 훈수를 놓고 있으며, 유럽연합은 이탈리아에 긴축정책을 강요하여 공공투자를 불가능하게 만들어버렸을 뿐 아니라 2008년 경제위기에 이은 채무상환 문제를 극복하기 어려운 지경에 빠뜨렸다. 헝가리의 오르반 총리와 살비니의 회담을 기억해보자. 이들은 대놓고 반이민 기조하에 연대를 과시했다. 오르반 총리는 "우리는 육로를 통한 이민을 정지시킬 수 있음을 이미 증명했다. 그건 해로를 통한 이민에도 제동을 걸 수 있음을 보여준다"고 선언했다.

살비니의 말에도 주의를 기울여야 한다. 그는 "오늘 시작하는 공동의 여정은 앞으로 수개월 동안 여러 단계를 거칠 예정이다. 우선 노동의 권리, 보건의 권리 그리고 안전할 권리를 1순위에 놓는 작업이다. 이는 유럽의 잘난 엘리트 지도자들이 우리에게 허락하지 않으려 한 권리들"이라고 말했다.

살비니가 너무나 위험한 이유는 바로 이것이다. 그는 모든 문제에 대해 엘리트의 위선을 비난하는 방식으로 토착주의적인 사회 문제 담론과 이민 문제 및 국가 부채에 대한 견해를 엮는 것이다. 유럽중앙은행은 은행들을 살리겠다고 수십 억 유로의 화폐를 찍어낸 적이 있으면서도, 왜 이탈리아에게는 상황이 나아지면 갚으라고 부채 상환을 연기해주지 못하냐고 의문을 제기한다. 유럽은 이보다 더 설득력 있는 담론을 내놓지 않으면 이렇게 상식이라 할 만한 논리를 내세우는 정치세력을 대체할 수 없다. 폴란드와 헝가리의 반자유주의 정부들 또한 친유럽 성향의 전 정부들은 도입을 거부했던 사회보장 정책들을 내세우고, 가족수당과 연금을 지급하면서 국내에서 평판을 다지고 있다.

만약 갈등이 돌이킬 수 없는 수준에 이르면 이탈리아 국민들이 당연히 이탈리아 화폐 리라로 복귀하거나 인플레이션을 일으킬 결정에 반대할 거라 믿어본다(이탈리아가 유럽연합 혹은 유로존에서 탈퇴할 경우에 대한 언급이다_옮긴이 주). 동시에 서민들을 지켜줄 가장 뛰어난 능력을 갖춘 건 유럽공동체임을 이제는 제대로 증명해야 한다. 그러려면 지금이야말로 경제활성화와 조세정의 실현을 위한 정책 기조를 도입해야만 한다. 온갖 종류의 중도 세력들이 비숫비슷하게 사회보장을 반대하는 자유주의를 내세운다면 (이탈리아가 보여준) 사회토착주의는 앞으로도 오랫동안 세력을 떨칠지도 모른다.

(2018년 9월 11일)

브라질, 위협받는 제1공화국

미국에서는 1960년대 중반이 되어서야 마침내 과거 노예였던 사람들, 즉 흑인이 백인과 같은 버스를 타고 자리에 앉을 권리, 같은 학교를 다닐 권리, 투표할 권리를 얻었다. 브라질 빈민에게는 1988년 헌법개정을 통해 처음으로 투표권이 주어졌다. 1994년 남아프리카 공화국에서 최초로 여러 인종이 참여하는 선거가 실행되기 불과 몇 년 전 일이다.

　브라질은 위의 두 나라들보다 훨씬 더 다양한 인종이 뒤섞여 살아가는 나라이기에 이러한 사실 비교가 충격적일 수도 있겠다. 2010년 브라질의 인구조사에 따르면 48%가 스스로를 '백인'이라고 답했고, 43%는 '혼혈', 8%가 '흑인', 1%가 '아시아계' 혹은 '원주민'이라고 답했다. 그러나 실제로는 거의 90% 이상의 브라질 사람들이 혼혈 혈통이다. 그럼에도 사회계층 간 격차와 인종은 여전히 긴밀하게 연결되어 있다. 인종이라는 벽을 제거하지 못했다는 이유로 브라질은 "친절한 인종차별"의 나라로 불리기도 한다.

브라질 민주주의는 아직 역사가 짧고 취약하며 오늘날 아주 심각한 위기를 겪고 있다.

브라질은 1888년에 노예제를 폐지했다. 이때 아직 일부 지방, 특히 사탕수수로 유명한 노르데스치 지방에서 노예 인구가 전체 인구의 30%를 차지했다. 노예제라는 극단적인 사례가 아니더라도 브라질은 아주 오랫동안 극도로 경직된 노사 관계를 아주 유지해온 나라다. 그중 지주들과 농장 노동자 및 사유지가 없는 농민들 사이의 관계가 유난히 그러했다. 정치면에서 보면 1891년 헌법은 문맹인 국민들에게 투표권이 없다는 내용을 명시하였고, 1934년과 1946년 헌법 개정 당시에도 이 조항은 유지되었다. 상황이 이런지라 1890년대 선거 과정에서 애초부터 성인 인구의 70% 정도가 투표권을 얻지 못했고, 1950년에도 성인의 50% 이상이 선거에서 배제되었다. 심지어 브라질 성인의 20%가량이 1980년대까지도 투표의 기회를 얻지 못했다. 이는 과거 노예였던 이들뿐 아니라 거의 한 세기 동안이나 브라질 정치에서 소외될 수밖에 없었던 빈곤층 국민들의 문제이기도 하다. 인도의 상황을 이와 비교하여 보자. 인도 또한 역사적으로 사회적·계급적 간극이 극심했고, 나라가 엄청난 빈곤에 시달리고 있지만 1947년부터 진정한 의미에서의 보편적인 국민투표 제도를 선뜻 도입하였다.

문맹인 국민들을 정치에서 배제한 브라질은 교육 정책을 적극적으로 시행하지도 않았다. 브라질에서 불평등이 심각한 이유는 기득권층이 차별의 역사가 남긴 무거운 짐을 뒤집으려고 진심으로 노력한 적이 없기 때문이다. 공공서비스나 국민을 대상으로 한

공교육의 질은 오랫동안 낙후된 상태였고 지금까지도 그 상황은 충분히 개선되지 못했다.

1964년부터 1985년까지 이어진 군사정권이 막을 내리고 1988년에 헌법이 개정된 후에야 교육 수준에 상관없이 모두에게 투표권이 주어졌다. 보통선거로 치러진 첫 번째 대선은 1989년에 있었다. 선반공 노동자였던 대선 주자 룰라는 이때 2차 투표에 진출하여 47%를 득표했다. 룰라는 2002년 대선 2차 투표에서 61%를 득표로 서민들의 열광적인 성원에 힘입은 승리를 거두었고, 2006년에 비슷한 득표율로 재선에 성공했다. 교육도 제대로 못 받아 국제 무대에서 당당히 브라질을 대표할 수 없는 인물이라고 무시당하던 룰라의 대통령 당선은 브라질이 보통선거 시대로 들어섰음을 보여주는 상징적인 사건이었다. 반대로 보우소나루가 대통령에 당선된다면 이는 브라질에게 너무나 안타까운 후퇴이며, 정상적인 정권교체라고 보기 어렵다(이 글은 2018년 브라질 대선 1차와 2차 투표 사이에 기고되었다. 보우소나루는 2차 투표에 진출한 상황이었고, 결국 그가 당선된다_옮긴이 주). 노동당과 지우마 호세프 대통령(2010년에 56% 득표, 2014년에 52% 득표)이 총선과 대선에 힘겨운 승리를 거둔 상황을 보면 브라질 유권자들이 점점 더 사회적·인종적·지역적으로 분열되고 있음이 드러난다.*

군국주의자이자 남성우위론자에 동성애자 혐오를 공공연하게 드러내는 리우데자네이루 국회의원 출신 보우소나루는 사회보장제도나 빈민들에 대해서도 반감이 상당해 보인다. 이는 극도로 자유주의에 치우친 정부 정책안에서 드러나는 부분이다. 또한 백인 남성 중심 사회에 대한 일종의 향수鄕愁에 호소하는 인물이다. 2000년 인구조사에서 아직은 스스로를 '백인'이라 답한 사람이 54%이긴 했어도 실제로 브라질은 '백인'이 다수 집단을 구성하지 않은 지 오래된 나라인데도 말이다. 2016년 호세프 대통령의 탄핵이나 룰라 전 대통령의 이번 대선 출마 좌절을 둘러싼 미심쩍은 정황들을 고려하면 2018년 브라질 대선은 아주 유감스러운 결과를 남길 위험이 있다.

이전 집권당이었던 노동당이 비난받을 일을 한 게 아니었다. 최저임금 인상이나 가족수당Bolsa Familia이라는 새로운 제도의 도입으로 경제가 성장하면서도 빈곤이 줄어드는 유례없는 성과를 냈다. 노동당은 또한 서민들, 흑인과 혼혈 인구가 대학에 진학할 수 있도록 가산점을 주는 제도를 도입했다. 하지만 선거제도 개혁에는 실패했기에 퇴행적인 구조를 지닌 브라질의 조세체계에는 손도 대지 못했다(예를 들어 전기 요금에 붙는 간접세가 30%에 달하지만 정작 거액의 상속에는 상속세가 4%밖에 부과되지 않는다).** 그로 인해 불평등을 줄이는 정책을 시행했음에도 부유한 이들보다 중산층이 오히

---

*   브라질 유권자 계층의 분열 양상에 대해서는 다음 논문을 참조하기 바란다.
    Amory Gethin, 「Cleavage Structures and Distributive Politics. Party Competition, Voter Alignment and Economic Inequality in Comparative Perspective」, Master Analysis and Policy in Economics, Ecole d'èconomie de Paris, 2018
**   브라질의 불평등 변화 양상에 대해서는 다음의 연구보고서를 참조할 것.
    Marc Morgan, 「Falling Inequality beneath Extreme and Persistent Concentration: New Evidence for Brazil Combining National Accounts, Surveys and Fiscal Data, 2001–2015」, WID.world, Working Paper Series n° 2017/12.

려 피해를 보는 결과가 도출되었다. 20세기 들어 진보 진영이 여러 종류의 불평등을 개선하는 데 성공한 건 정치 개혁뿐 아니라 조세와 사회정책에서도 개혁을 시도하여 평등주의 실현을 위해 투쟁했기 때문이다. 미국도 1913년 개정 헌법을 통해서야 소득과 유산에 대한 연방세가 도입되었다. 당시에는 인류 역사상 가장 진보적인 조세제도였고 그 덕에 뉴딜 정책에 재정이 충당될 수 있었다. 영국에서는 귀족원, 프랑스에서는 상원이 지녔던 거부권을 폐지하지 않았더라면 1945년 사회보장제도 개혁은 탄생조차 할 수 없었다. 오늘날 진보 진영은 미국, 유럽, 브라질 등 여러 나라에서의 제도 민주화에 대해 토론하기를 거부한다. 하지만 토착주의자들과 수구주의자들이 급격한 변화를 이끌도록 내버려두어서는 평등과 민주주의라는 가치를 지킬 수 없다는 게 너무나 명백하다.

(2018년 10월 16일)

〈르몽드〉와 억만장자들

〈르몽드〉의 주주 구조에 변화가 찾아왔다. 프랑스 국적의 한 투자 은행가가 자신의 지분을 체코 국적의 억만장자에게 넘기기로 했기 때문이다. 체코의 새 주주는 광산업으로 갑부가 되었고 탈세를 위해 조세피난처를 애용해온 인물이다. 우리는 이 상황을 그저 받아들여야 할까? 아니면 언론사 지배구조를 재고하기 위해 새로운 세무 제도나 법적 제도를 고민할 때가 된 걸까? 기자들이나 신문의 편집진을 문제 삼으려는 것은 절대 아니다. 이들은 오히려 용기 있고 공명정대하게 이 상황에 맞서 싸우고 있다. 〈르몽드〉이건 다른 일간지이건 언론인들은 주주들로부터 가능한 한 언론의 독립성을 보장받기 위해 투쟁 중이다. 우리의 과제는 앞으로는 이러한 상황을 막을 수 있는 법안을 고민하는 일이다.

프랑스나 다른 나라들이나 언론의 소유권이 일부 세력에게 장악되지 않도록 제한하는 규정들이 존재한다는 사실을 상기해보자. 하지만 그러한 법률들은 우선 내용이 불충분한 데다가 제대로 적용도 되지 않고 있으며 디지털 시대에 적합하게 개편된 적도 없다. 그 외에도 관련 법규상 언론 기관들의 법적인 형태를 어떻게 재정의할지에 대해서도 크게 고민한 적이 없다는 점이 또한 상당히 큰 문제다. 여전히 원칙적으로 일반적인 언론사는 주식회사 형태로 조직을 이룬다. '1유로당 표결권도 하나'라는 식의 근본 원칙을 따르는 방식이다. 10억을 출자하는 사람은 1유로를 출자하는 사람보다 표결권을 10억 배 많이 받는 식이다. 하지만 이와는 완전히 다른 방식으로 운영되는 산업 분야도 상당히 많다. 예를 들어 교육·문화·보건 분야 종사자를 다 합치면 언론계, 심지어 자동차 산업과도 비교할 수 없을 만큼 고용 인구가 많다. 이들 분야의 민간기관은 비영리단체나 재단의 형태를 취하는 게 일반적이다. 미국이나 국제적으로 알려진 대학교들이 그런 경우이다. 현재 시행 중인 법률에 따르면 초등학교나 고등학교를 설립 시 주식회사 형태를 택하는 것은 대개 금지된다. 아주 가끔 주식회사의 형태로 대학교 설립이 허가된 적이 있었는데 트럼프 대학교처럼 모두 실패로 끝났기에 그러한 시도가 계속되지는 않았다.

하버드대학교의 예를 들어보자. 370억 달러 규모의 기금이 조성될 수 있었던 이유는 동문과 억만장자 들의 기부 덕이기도 하지만 무엇보다 기존 기부금을 투자해 금융 수익을 얻었기 때문이다. 하버드대학교에서 수행하는 수많은 연구가 공공자금의 지원을 받고 있으며 이 모든 건 국가의 인프라와 공립학교들이 있기에 가능하다는 사실도 반드시 기억해야 한다. 인심 좋은 사업가가 하버드대학교에 기부금을 내면 물론 몇 가지 이득이 있다. 학교 이

사회에 임명될 수도 있고 가끔 성적으로는 꿈도 못 꿀 그의 자녀가 하버드 대학생이 될 수도 있다. 사실 이런 혜택은 상당히 제한해야만 한다. 공권력이 이러한 대학들의 입학이나 관리 방식에 관해 지금보다 훨씬 더 중요한 역할을 하는 게 정상이라 할 수 있다. 과거에는 그렇게 했었고 앞으로 다시 그렇게 될지도 모른다. 모든 건 입법부의 의지에 달려 있다. 그렇다 해도 기부금을 낸 사업가는 주주의 지위보다는 훨씬 불안정한 처지에 있는 게 사실이다. 학교 이사회가 그의 자리를 영원히 유지해주리라는 보장도 없고 어떤 일이 있어도 냈던 기부금을 회수하겠다고 협박하는 건 불가능하기 때문이다. 그가 낸 기부금은 이미 대학기금에 확정 통합되었기 때문이다. 다 알면서도 기부한 게 아니었던가.

반대로 프랑스 언론사에서는 기부자면서 주주가 된 이가 오늘날 르몽드 사태에서 보듯이 언제든지 기부금을 회수하고 자기 주식을 다시 팔아버리겠다고 위협할 수 있다. 바로 이 점이 큰 문제다. 언론 기관은 조직 쇄신이 항시 필요하다는 점을 감안할 때, 바람직한 해결책은 언론 기관이 재단과 주식회사의 중간 형태를 취하는 것이 아닐까 한다. 예를 들어, 쥘리아 카제가 제안한 비영리 언론 기업의 형태를 취한다고 해보자.* 기자들과 독자들, 기부자들의 출자액은 그 규모에 따라 다르게 취급될 수 있다. 일정 액수 이하의 출자액을 낸 사람은 표결권을 얻으며, 경우에 따라서는

---

*   Julia Cagé, 《Sauver les médias...》, op.cit.

(이윤을 남기지 않는다는 조건으로) 출자액 환불이 가능하도록 할 수 있다. 그러나 일정 액수 이상을 출자하는 사람은 하버드의 경우처럼 회수할 수 없는 출자금으로 취급되고 그에게 주어지는 표결권에는 상한선을 둔다. 이는 하버드의 경우보다는 기부자에게 유리하다고 볼 수 있다. 회사 자본의 10%를 넘기는 출자액에는 그 가치의 3분의 1에 해당하는 표결권을 부여하며, 그 액수가 더 적은 출자액에는 표결권을 가산한다는 원칙이다. 최근 언론사에 돈을 쏟아붓고 있는 억만장자들이 그들 말대로 진정 이해관계가 없다면, 기자들이나 독자들, 그들보다 덜 부유한 다른 기부자들과 사내의 권력을 나눠가지는 데 전혀 이의가 없어야 한다.

현재 여당이 그런 언론사 개혁안을 통과시키지 못하는 이유는 무엇인가? 억만장자들의 심기를 건드릴까 두려워서일 것이다. 게다가 개혁안을 통과시키려면 정부 재원이 추가로 뒷받침되어야 하기 때문이기도 하다. 상환불가한 기부액에 대해서는 교육이나 의료 분야에서 기부에 적용되는 세금 감면의 혜택을 언론사 기부에도 적용하는 게 논리적인데도 지금까지 계속 거부되었지만, 언론사 기부금을 개혁하고 세금을 감면해준다면 그건 정부가 올바른 방향으로 공공투자를 한 것으로 여겨야 한다. 그만큼의 돈은 금융자산에 대한 부유세를 통해 충분히 메꿀 수가 있다. 프랑스 현 정부가 애초에 저지른 잘못, 즉 부유세 폐지 방침을 번복하지 않고서는 정부가 조세정의의 가치를 수호한다거나 포퓰리즘과 맞서 싸운다고 국민들을 설득하는 건 쉽지 않으리라 본다.

(2018년 11월 13일)

3장

사랑한다면 이제
바꿔야 할 때다

유럽 민주화를 위한 선언문

이 선언문은 연구자와 지식인(마농 부쥐, 뤼카 샹셀, 안느 로르 들라트, 스테파니 에네트, 토마 피케티, 기욤 사크리스트, 앙투안 보세)이 합동으로 작성하였고 유럽 시민 10만 명 이상의 서명을 받았다(www.tdem.eu).

우리 모두는 다양한 저변과 국가를 배경으로 하는 유럽의 시민이다. 우리는 이제 유럽의 제도와 정책을 심도 있게 변화시키기 위해 호소하고자 한다. 이 선언문에는 구체적인 제안들이 담겨 있다. 특히 '민주화 조약'과 관련된 계획과 예산안이 포함되어 있는데, 이를 시행하고자 하는 국가에서는 다른 회원국들의 거부권 행사로 방해받지 않고 나라별로 채택하여 적용할 수 있도록 하였다. 이 선언문의 내용에 공감하는 모든 유럽 시민들의 온라인 서명을 적극 환영하는 바이다.* 어떤 계열의 정치 운동을 지지하든 이 선

---

* www.tdem.eu

언문을 수정하고 개선하는 과정에 참여할 수 있다.

브렉시트 이후 여러 회원국에서 반유럽연합 정서가 강한 정부가 들어선 지금, 예전과 같은 방식을 고수하는 것은 불가능한 일이다. 현재 유럽에서 근본적인 변화를 추구하지 않은 채 다음 탈퇴 주자는 누구일지, 다음 붕괴 지점은 어디일지 무기력하게 기다리고만 있을 수는 없다.

현재 우리 유럽은 진퇴양난에 처해 있다. 유일한 강령으로 외국인과 난민 추방을 외치며 이를 실천에 옮기고 있는 정치 운동이 득세한다. 자칭 친유럽파라고 하지만 근본적으로는 오직 강경한 자유주의를 신봉하는 이들이 있다. 그들은 (국가, 기업, 지역, 개인을 포함한) 모든 주체가 무한 경쟁관계에 있는 것으로 유럽 공동체를 정의하면 그걸로 됐다고 믿는다. 이런 사람들은 바로 그 점, 즉 정치가들이 사회문제에 대해 야심찬 조치를 취하기는커녕 방지하고 있다고 느껴지는 점 때문에 시민들이 더욱 소외감을 갖게 되는 현상을 알아차릴 리가 없다.

정치·사회 분야에서 이러한 양극 간의 위험한 상황을 깨뜨려 보려는 시도가 일부 나타나고 있다. 유럽 전반의 정치·사회·환경 문제에 대한 근본적인 변화를 마련하는 방법을 택하려는 것이다. 위기가 이어졌던 지난 10년 동안 순전히 유럽 차원의 긴급 사태인 경우도 도 한두 번이 아니었다. 그중에서도 특히 교육과 연구 분야에서 공공투자 과정에 구조적으로 축소되는 문제, 사회적 불평등의 확대, 지구온난화의 가속, 이민자와 난민 수용 위기 등을 꼽아 볼 수 있다. 하지만 이들은 구체적인 대안을 고안하는 데 어려움을 겪는다. 미래의 유럽이 어떤 모습으로 조직되어야 하는지, 유럽 내부에서 민주적인 의사결정은 어떻게 이루어져야 하는지 등에 대해 구체적인 방안을 제시하지 못하고 있는 것이다.

우리들은 유럽 시민으로서 이 선언문과 조약과 예산안에 구체적인 제안을 담아 공적인 토론의 장에 내놓고자 한다. 우리의 제안들은 불완전하지만 적어도 제시되었다는 데 큰 의미가 있다. 시민들 각자가 제안된 내용을 고민하고 토론하여 개선에 참여해주기를 바란다. 우리의 대안들은 간단한 믿음에서 비롯되었는데, 바로 유럽은 유럽 시민들을 위해서 사회보장제도를 갖추고 공정하며 지속가능한 유럽만의 발전 모델을 고안해야 한다는 믿음이다. 이는 또한 애매하고 이론적인 약속만을 남발해서는 유럽 시민들을 설득할 수 없다는 믿음이기도 하다. 유럽이 자신의 시민들과 진정한 화해에 이르기 위해서는 우선 유럽 시민들 사이에 연대가 확립될 수 있다는 구체적인 증거를 제시해야만 한다. 두 번째로는 유럽이 현재 너무나 필요로 하는 공공자원의 공급을 위해서 세계화로 혜택을 본 부유층에게 공정한 방식으로 과세할 방안을 내놓아야만 한다. 앞으로 중소기업보다는 대기업의 사회기여분을 더 높이고 최고 부유층 납세자들이 서민들보다 사회에 더 기여하도록 강제할 방법이 필요하다는 뜻이다.

우리가 제안하는 사항들을 실현하려면 주권을 갖춘 유럽 차원의 의회에서 토의와 표결 절차를 통해 민주화 예산을 편성하는 작업이 우선적으로 이루어져야 한다. 이는 마침내 유럽이 유럽의 위기에 지체없이 대응할 수 있게 해줄 것이라 생각한다. 또한 연대에 기반한 지속가능한 경제 체계 내에서 공공재 전반의 생산을 가능케해줄 유럽 차원의 진정한 공공 권력이 갖춰질 것이라 믿는다. 이렇게 해야만 마침내 로마 조약에서 명기한 유럽의 약속, '생활상과 노동 조건의 개선 과정이 평등하게 이루어져야' 한다는 약속이 진정한 의미를 갖게 된다.

유럽의회가 원한다면 이 예산은 4가지 항목의 중요한 유럽 단위의 세금을 통해 조달될 수 있고, 이 세금 항목의 도입은 위에서 말한 유럽 내 연대의 구체적인 표지가 된다. 4가지 과세 대상은 대기업들이 유럽에서 창출하는 이윤, 연간 20만 유로 이상의 고소득자들, 100만 유로 이상의 자산가들, 그리고 탄소배출(이 경우 1톤당 30유로로 책정하고 매년 상향 조정하는 것을 원칙으로 한다)이다. 우리의 제안처럼 유럽 전체를 위한 예산이 역내 총생산의 4%로 정해지면 그 예산은 연구와 교육 및 유럽 내 대학교들을 위해 쓰일 수 있다. 이는 유럽이 성장하는 방식을 근본적으로 변화시키는 야심찬 투자 계획이라고 할 수 있다. 또한 이 예산은 이민자 수용이나 변화를 주도하는 혁신 경제의 주체들을 지원하는 데 쓰일 수 있다. 각 회원국들은 이 새로운 예산 덕분에 자국 예산을 운용하는 데 있어 여유가 생겨 임금이나 소비에 대해 역진세 징수를 줄여나갈 방편을 마련할 수 있다.

이러한 계획은 '사회이전을 꿈꾸는 유럽'을 만들기 위함이 아니다. '훌륭하게' 행동하는 회원국의 돈을 뺏어다가 그러지 못하는 나라에게 퍼주기 위한 게 아니라는 뜻이다. 우리의 "민주화 조약" 계획서에서는 각 회원국이 유럽으로부터 지급받은 지출액과 유럽에 납부한 세수의 차액을 자국 총생산의 0.1% 이내로 유지해야만 한다는 규정을 명시했다.* 의견이 모아진다면 이 수치는 상향 조정될 수도 있지만 관건은 다른 데 있다. 각 나라들이 자국의 다양한 불평등 요소들을 축소하고, 모든 유럽인들의 미래를 위해 공동으로 투자해야 한다는 것이다. 물론 어느 나라에게 편파적인 혜택이 돌아가지 않도록 유의해야 하며, 최저 연령의 시민들, 즉 유럽의 어린이들을 위한 투자에서 출발해야 한다. 위의 계산에는 지구온난화에 대항하는 조치를 위한 지출 항목과 같이 다른 모든 나라들에게도 혜택이 돌아가는 공동 이익을 목적으로 하는 지출과 투자는 포함하지 않는다. 유럽 국가들 전체에 이와 유사한 방식으로 혜택을 주는 유럽 차원의 공공재를 조달하게 해준다는 점에서 유럽의 '민주화 예산'은 유럽 국가들 사이에 사실상의 수렴 효과convergence를 가져오리라 기대된다.

우리가 유럽의회 창설을 제안하는 이유는 정세에 빠르게 대응하면서도 테크노크라트가 지배하는 구태의연한 조직체계에서 벗어나야 하기 때문이다. 이로써 기존에 비준된 유럽연합의 조약들을 뒤바꾸지 않고도 앞서 언급한 민주화 예산과 같은 중요한 유럽 차원의 새로운 조세제도를 먼저 논의하고 표결하는 기관을 마련할 수 있다.

유럽의회는 물론 기존의 의사결정 기관들과 논의를 이어가야

---

* www.tdem.eu

한다. 특히 매월 열리는 유로존 재무장관들의 비공식적 회합인 유로그룹과 협의할 필요가 있다. 하지만 이들의 의견이 일치하지 않을 경우 최종 결정권은 유럽의회가 가져야 한다. 이러한 권한을 통해 유럽의회는 초국가적 새 정치 공간이 될 수 있으며 그곳에서 정당들, 사회 운동들, NGO들이 자신들의 목소리를 낼 수 있을 것이다. 유럽의회의 효율성 또한 중요한 요소다. 국가 간 협상 원칙으로 인해 영원히 현상 유지만을 고집할 것 같았던 유럽이 드디어 새로워질 수 있는 기회일 것이다. 유럽연합은 조세 문제에 있어 만장일치 원칙을 고수하기 때문에 이미 수년 전부터 전 유럽 차원의 세금 도입이 철저히 좌절되었다. 어디로든 갈 수 있는 유동성을 지닌 최상위 구간의 부자들에게만 혜택을 주는 '세금덤핑' 조치가 이어지는 등 진짜 문제를 너무나 오랫동안 회피해왔다. 수많은 논의기 오고 갔지만 오늘날까지도 이런 상황은 여전하며 완전히 다른 의사결정 방식을 도입하지 않는 한 변화를 기대할 순 없을 것이다.

　여기서 제안하는 유럽의회는 세금을 표결할 권한을 갖고 회원국들의 조세와 사회문제에 함께 접근하는 민주적인 동맹의 핵심에 이르기 위해서는 각 회원국의 국회와 기존 유럽의회European Parliament의 협력이 필요하다. 각 나라 국회의원들에게 중요한 자리가 부여되기 때문에 국가 단위의 국회의원 선거가 사실상 유럽의회 선거가 되는 결과를 가져올 수 있다. 국회의원들은 더 이상 모든 책임을 유럽연합에 돌릴 수 없게 되며 유권자들에게 유럽의회 내에서 자신들이 어떠한 예산과 계획을 지지할 계획인지를 설득력 있게 설명해야만 한다. 유럽 전역의 국회의원들을 하나의 의회 기관으로 소집함으로써 공동 거버넌스를 확립할 수 있으리라 기대한다. 현재로서는 유럽 차원의 공동 거버넌스는 오직 국가원수들과 재무장관 회의 형태로만 존재한다.

우리 '민주화조약'의 틀 안에서 제안하는 바는 이러하다. 새로운 유럽의회는 구성원의 80%를 이 조약에 참여하는 나라의 국회의원들로 구성하고(각 국가의 인구별, 각국 의회의 정당 구성을 통해 배정), 나머지 20%는 이미 선출되어 있는 유럽의회에서(정당 비율을 반영) 파견하는 방안이다. 이 방안에 대해서도 물론 충분한 토의가 있어야 한다. 예를 들어 개별 국가 국회의원들의 비중을 50% 수준으로 낮춰도 충분히 이루어질 수 있다. 하지만 그 비율이 너무 낮아지면 사회문제와 조세 분야를 다루는 새로운 협약을 체결하는 데 있어 유럽 시민 전체의 의사를 대표한다고 하기에 무리가 있다. 즉, 유럽의회의 정당성이 약화될 가능성이 있다. 또한 국회의원 선거와 유럽의회 선거 사이에 민주적 절차상의 정당성을 놓고 갈등이 일어난다면 전체 유럽을 위한 '민주화 조약'의 기반 자체가 순식간에 약화될 가능성이 있다.

이제 재빨리 움직여야 한다. 유럽연합의 모든 회원국들이 이 계획에 발빠르게 참여하고 유로존 최대 국가 4개국(전체 유로존 인구 및 총생산의 70% 이상을 차지)이 제일 먼저 이 조약을 표결, 도입하는 방안이 가장 바람직하기는 하다. 하지만 우리의 제안은 법적으로나 경제적으로나 유럽의 어떤 부분집합 단위가 되었든 이를 원할 때 도입과 실행이 가능하도록 고안되었다. 원하는 국가나 정치

운동이 있다면 당장 지금부터라도 이 계획(혹은 이 계획의 개선안)을 도입함으로써 미래를 향해 전진하고자 하는 의지를 대외적으로 표명할 수 있는 기회를 얻을 수 있는 것이다. 우리는 유럽 시민들이 각자 자신의 책임을 다해 유럽의 미래에 대한 구체적이고 건설적인 토론에 참여해주기를 간절히 호소한다.

(2018년 12월 10일)

'노란조끼'와 조세정의

이른바 '노란조끼'라 불리는 이들의 시위는 프랑스와 유럽에 조세정의라는 중요한 화두를 던지고 있다.* 대선에서 승리한 후 에마뉘엘 마크롱은 내내 "등반대의 선두주자들"(마크롱이 최고 부유층이 일자리와 국가의 부를 창출한다면서 최고 부유층을 비유적으로 일컫는 말이다_옮긴이 주)를 소중히 여겨야 한다고, 최대 자산가들에게 세금 감면 혜택(부유세 폐지로부터 시작한다)을 주는 일을 우선해야 한다고 국민을 설득하는 데 온 시간과 노력을 기울이고 있다. 이 모든 것이 일체 양심의 가책 없이, 무소불위의 권력을 휘두르는 모양새로 그리고 일사천리로 진행되었다. 심지어 전 대통령 사르코지도 2007년 세금절감제('bouclier fiscal'라 불린 사르코지 정부의 핵심 세제 개혁안으로 연간 총소득에 대한 과세율의 상한선을 50~60%로 낮추는 것

---

* 2018년 12월 10일 기고문 「유럽 민주화를 위한 선언문」에서도 논의한 바 있다.

을 요지로 한다_옮긴이 주)를 도입할 때 마크롱 정부보다는 조심스럽게 움직였지만 결국 2012년에 스스로 그 안을 폐지해야만 했다. "등반대의 선두"에 서 있지 못한 보통 사람들은 마크롱 정부의 태도에 소외감, 나아가 모욕감을 느끼는 상황에 이르렀다. 프랑스가 지금 노란조끼 시위의 현장에 서게 된 이유가 바로 이러하다. 마크롱 정부는 사실에 입각하여 그 오류가 입증되고 역사적·정치적 실수인 정책들을 연이어 추진했다. 이제 시급한 일은 그러한 실수들을 바로잡는 일이다. 충분히 그렇게 할 수 있다.

마크롱은 부유세로 인해 프랑스에서 자산 반출이 발생한다며 부유세 폐지를 정당화했다. 문제는 마크롱이 아무리 확신에 차서 말해보았자 그의 주장이 사실과 완전히 다르다는 점이다. 1990년 이후로 부유세 자산의 액수와 가치는 놀랄 정도로 상승세에 있다. 부유세 과세 대상 전 구간에서 상승세가 나타났고, 특히 최상위 구간에서 더욱 두드러졌다. 최상위 구간에서는 금융자산이 부동산보다 훨씬 빠르게 증가하고 가치도 상승하고 있다. 부동산 가격의 상승세 또한 국내총생산이나 국가의 임금 총액이 상승하는 속도보다 훨씬 빨랐다. 2001년과 2008년에 주식 폭락으로 인해 그 추세가 일시적으로 진정되었을 뿐 금융 위기가 지나가자 장기적인 경향을 따라 이내 기존 추세를 회복하였다.

1990년부터 2017년까지 명목 국내총생산은 2배로 늘어난 반면 같은 기간 동안 부유세로 거둬들인 세수는 10억 유로에서 40억 유로로 4배 이상 증가했다. 부유세 납세 대상자들에게 세금 경감과 면제, 상한선 설정 등의 혜택이 주어지고 부유세 대상

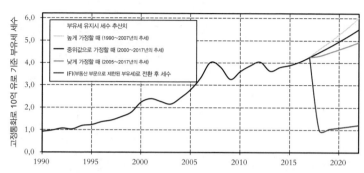

1990~2022년, 부유세로 거둬들이는 세수의 추산치: 높아져가던 부유세 수입에 제동을 걸다

부유세 유지시 세수 추산치
- 높게 가정할 때 (1990~2007년의 추세)
- 중위값으로 가정할 때 (2000~2017년의 추세)
- 낮게 가정할 때 (2005~2017년의 추세)
- IFI(부동산 부문으로 제한된 부유세)로 전환 후 세수

(세로축) 고정통화로 10억 유로 기준 부유세 세수

해석: 1990년과 2017년 사이 명목 국내총생산 수치가 2배로 증가하는 동안 프랑스가 부유세로 거둬들이는 수입은 4배 이상 급증해서 10억 유로에서 42억 유로가 되었다. 이러한 현상은 부유세 과세 대상인 자산의 숫자와 액수가 아주 크게 증가했기 때문이다. 모든 과세 구간에서 마찬가지지만, 부동산보다 금융자산의 증가폭이 훨씬 높기 때문에 최상위 구간에서 두드러진 현상이다. 심지어 각종 세금 감면과 상한선 설정 조치들이(특히 2007년의 세금감면제도) 시행되고, 부유세 과세 대상자의 자산 기준이 2012년 이후로 60만 유로에서 130만 유로로 점차 높아졌음에도 불구하고 벌어진 일이다. 2018년부터 2022년 사이 부유세가 폐지되지 않았을 때의 세수 예상치는 3가지 변수를 적용하여 추산하였다. 첫째, 가계 총자산이 이전의 추세와 같은 속도로 늘어나고, 둘째, 부유세 과세 구간은 평균자산 성장률에 연동되고, 셋째, 상위 구간 자산이 평균치와 같이 늘어난다는 가정이다. 부유세 관련 세무감사 체계가 사전 기입된 세금 신고서 도입 등의 조치를 통해 쉽게 개선될 수 있음을 또한 감안할 때 위의 추산은 최소주의(minimalist)로 본 수치라고 하겠다.

출처: piketty.blog.lemonde.fr 중 2018년 12월 11일 자료 참고.

이 되는 자산의 기준 액수가 1990년 60만 유로에서 2012년에는 130만 유로로 상향 조정되었음에도 불구하고 벌어진 일이다(심지어 주거주지의 자산 가치를 30% 공제한 후의 셈법이다).

게다가 부유세에 관한 세무조사가 충분히 이루어진 적도 없다. 소득세에 대해서는 사전 기입된 세금 신고서 양식이 10년 전부터 도입되었는데 부유세에는 이 제도가 전혀 시행된 바 없다는 점을 생각해보자. 시중 은행들이 국세청에 필요한 정보를 충분히 전달할 수 있는데도 말이다. 프랑스는 심지어 2012년에 300만 유로 이하 자산가들에게는 상세 신고제를 폐지하기까지 했다. 2012년 이후로는 전체 자산 액수만 뭉뚱그려 신고하면 되기 때문에 체계적인 세무조사가 이루어질 가능성이 아예 없어졌다는 뜻이다. 행정부가 보다 꼼꼼하게 세금을 징수한다면 부유세는 100억 유로 상당의 세수를 가져다줄 수 있다. 이미 토지세로 400억 유로를 거둬들이고 있고 프랑스의 자산은 극도로 집중된 구조(특히나 토지세 과세를 면하는 금융자산 부문에서 집중도가 더하다)를 보인다는 점에서 사실 놀랄 일도 아니긴 하다.*

그러니 부유세에 대한 법령과 적절한 과세 집행이 한참이나 부족한 상황 속에서도 부유세로 인한 세수가 1990년 10억 유로에서 2017년 40억 유로로 늘어났다는 이야기다. 자산 자체의 변화를 볼때, 부유세를 통한 세수는 2022년에 60억 유로에 달할 것으로 예측되었다. 그런데 기존의 부유세를 폐지하고 부동산 부문으로 제한된 부유세를 시행함으로써 2018년에 거둬들인 부유세는 10억 유로를 겨우 넘겼다. 30년 전으로 회귀한 액수이고, 지금부터 2022년까지 적어도 매년 50억 유로 상당의 세수를 손해 보는 셈이다.

프랑스 정부의 두 번째 실수는 역사적인 측면이다. 시대를 완전

---

* 2017년 10월 10일자 기고문 「부유세 폐지는 역사에 남을 실수」 뿐 아니라 위에서 인용된 다음의 보고서를 참조하기 바란다.
Bertrand Garbinti, Jonathan Goupille-Lebret et Thomas Piketty, 「Accounting for Wealth Inequality Dynamics: Methods, Estimates and Simulations for France(1800–2014)」.

히 착각하고 있다. 미국과 영국이 1980년대에 누진과세의 원칙을 붕괴시킨 것은 부인할 수 없는 사실이다. 부분적이긴 하지만 그러한 움직임이 1990년대와 2000년대 초반 유럽에서도 있었다. 독일이나 스웨덴 같은 나라에서도 부유세 제도가 중단되었고 심지어 스웨덴에서는 상속세까지 폐지되기도 했다. 과연 이 정책들이 기대했던 만큼의 효과를 가져왔는가? 2008년 세계 경제위기 이후로, 특히 트럼프 정권의 등장과 브렉시트, 유럽 전역에 반외국인 정서가 팽배하고 있음을 보여주는 선거 결과가 우후죽순 터져나온 이후로, 불평등의 확대와 서민층의 소외감이 얼마나 위험한 요소인가를 충분히 알 수 있었다. 많은 사람들이 자본주의를 사회적으로 제어할 수 있는 보다 효과적인 규제 체계가 필요하다고 느끼고 있다. 그런데 2018년에 이르러 오히려 사회의 가장 부유한 이들에게 혜택을 주는 정책을 시행한다는 건 어떻게 보아도 똑똑한 행보는 아니다. 마크롱이 1990년대가 아니라 2020년대에 걸맞은 대통령이 되고자 한다면 당장 이 시대에 적응해주기를 바란다.

가장 슬픈 일은 기후변화에 대한 대책이 엉망진창이 되어버렸다는 사실이다. 탄소세가 성공을 거두기 위해서는 탄소세로 인한 수입을 모두 환경친화적 사회로 전환하는 데 필요한 사회정책에 사용해야 한다. 그러나 지금 프랑스 정부는 그와 완전히 반대 방향으로 가고 있다. 환경친화적 사회를 위한 정책에 배정된 예산은 프랑스 정부가 탄소세로 2018년에 거둬들인 40억 유로와 2019년에 탄소세로 거둬들일 것으로 추정되는 40억 유로를 합친 금액의 10%도 되지 않는다. 그러니 탄소세 수익의 나머지 90%는 사실상 부유세 폐지와 자본수익에 대한 '일률과세' 정책으로 인해 발생한 세수 손실을 막는데 쓰인 셈이다.

5년 임기를 성공적으로 이끌고자 한다면 마크롱은 즉시 부유세를 부활시켜야 하며, 그로 인한 세수는 탄소세 인상으로 가장 큰 타격을 입은 사람들을 위해 사용해야 한다. 바로 생업을 이어가기 위해 화석 연료를 쓸 수밖에 없는 사람들에게 말이다. 마크롱 대통령이 이러한 조치를 취하지 않는다면 지구온난화에 맞서 싸우는 길 대신 시대에 뒤처진 부자 친화적인 이데올로기를 선택했다는 걸 분명히 보여주는 셈이다.

(2018년 12월 11일)

1789년, 부채의 귀환

노란조끼 시위와 함께 국채탕감을 놓고 국민투표를 해야 한다는 이야기가 터져나오기 시작했다. 어떤 이들은 이탈리아에서도 등장했던 이런 논의가 '포퓰리즘'의 위험이 얼마나 큰지를 보여주는 현상이라고 지적한다. 대체 어떻게 부채를 상환하지 않겠다는 생각을 할 수가 있냐는 거다. 하지만 현실에서는 지금처럼 부채가 엄청난 경우 예외적인 조치를 취하는 게 관례였음을 역사 속 사례들이 증명하고 있다. 그렇다고는 해도 국민투표가 이렇게 복잡한 문제를 단숨에 해결해주는 건 아니다. 부채탕감에는 다양한 방식이 동원될 수 있고, 그에 따라 사회적 여파는 매우 다르게 나타난다. 부채탕감 방식에 대한 결정을 타인에게 맡기거나 다음 경제위기가 올 때까지 꾸물대지 말고 지금 우리가 할 일은 바로 그 방식에 대한 토론이다.

독자 스스로 자신의 견해를 스스로 정립할 수 있도록 여기서는 2가지 정보만 제공하고자 한다. 하나는 현재 유럽연합 내 규정에 대한 정보이며, 다른 하나는 이런 수준의 부채에 대해 역사상 어떤 대응책이 있었는지에 대한 정보다.

우선 현재 유럽연합 내 규정에 대해 이야기해보자. 이에 대해 알고 있는 사람이 많지 않아 혼선을 빚고 있다. 많은 이들이 '3% 규칙'을 언급하는데, 그렇기에 2.5% 수준의 재정적자를 계획했다가 결국 2%로 하향 조정하기로 합의한 이탈리아가 왜 유럽의 제재를 받아야 하는지를 이해하지 못하고 있다. 이를 이해하려면 1992년 체결된 마스트리히트 조약이 2012년 비준된 '새로운 예산 조약'으로 수정되었다는 사실을 알아야 한다. '안정·조정·거버넌스를 위한 협약'TSCG'*이라는 이름의 새로운 협약 3조에는 재정적자가 국내총생산의 0.5%를 넘어서는 안 된다는 내용이 명시되어 있다. 여기에는 부채가 "국내총생산의 60%에 현저히 못 미치는" 나라의 경우 1%까지는 재정적자를 용인한다는 예외 조항이 추가되어 있다. "예외적인 상황"을 제외하고 규정을 준수하지 않으면 자동적으로 제재가 발동된다.

이 조약에서 대상으로 삼고 있는 적자란 항상 2차적인 적자, 다시 말해 채무이자를 지불한 후 액수를 뜻한다.** 만약 한 나라의 부채액이 국내총생산의 100%이고 이자율은 4%라면, 지불할 이

---

* https://www.consilium.europa.eu/media/20386/st00tscg26-fr-12.pdf
** 유로존의 채무이자와 1차 재정수지 흑자의 평균값에 대해서는 유럽중앙은행에서 발행한 다음의 자료를 참조할 것.
European Central Bank, Economic Bulletin, décembre 2018, p.36, Chart 27, et, p.S23-S25, https://www.ecb.europa.eu/pub/pdf/ecbu/eb201808.en.pdf

자액은 국내총생산의 4%가 된다. 위의 조약에서 규정한 대로 2차 재정수지 적자를 0.5%로 유지하기 위해서는 국내총생산의 3.5%에 달하는 1차 재정수지 흑자를 이뤄내야 한다는 뜻이다. 이는 해당 국가의 납세자들은 자신들에게 혜택으로 돌아오는 국가의 공공지출 액수보다 더 많은 세금을 내야만 한다는 뜻이다. 그것도 국내총생산의 3.5%라는 엄청난 액수를 메꿀 정도의 세금을 말이다. 게다가 이러한 상황은 수십 년간 지속될 가능성이 있다.

새로운 협약 TSCG의 접근방식이 비논리적이란 건 아니다. 인플레이션이 0%에 가깝고 경제성장이 미미한 상태에서 부채탕감이라는 방안을 배제한다면 그때는 국내총생산에 맞먹는 엄청난 규모의 1차 재정수지 흑자만이 부채를 줄일 수 있는 방법이다. 하지만 이 방법을 선택했을 때 파생되는 정치적·사회적인 영향을 충분히 감수해야 한다.

이렇게 지속될 리 없겠지만 유로존의 이자 비율은 평소와는 너무 차이나게 낮아져서 현재 역내총생산의 2% 정도다(평균 재정수지 적자는 1%, 1차 재정수지 흑자가 1%를 기록하고 있다). 이는 연간 2,000억 유로에 달하는 액수다. 에라스무스 프로그램에 투자되는 금액이 연간 20억 유로라는 점을 생각해볼 때, 이런 방향의 정책을 택하는 게 가능은 하겠지만 과연 최선의 방법일까? 이 정도 예산을 교육과 연구 분야에 투자한다면 유럽은 미국을 훨씬 앞선 전 세계 개혁의 중심지로 거듭날 수 있다.

갚아야 할 이자가 국내총생산의 3%에 달하는 이탈리아에서 전체 고등교육에 투자되는 국가예산은 이자액의 6분의 1에 그치고 있다.*

한 가지 분명한 점은 이 문제에 대응하는 다른 방식들이 존재한다는 걸 역사가 증명하고 있다는 사실이다.** 흔히 20세기의 대규모 부채 사례를 언급하곤 한다. 세계대전 후 독일과 프랑스, 영국은 모두 국내총생산의 2배에서 3배에 이르는 부채를 안고 있었으며, 이는 온전히 상환된 바가 없다. 이후 몇 년 동안 단순 부채탕감 조치, 인플레이션, 사유재산에 대한 예외적인 원천징수 실행(인플레이션과 같은 이야기를 좀 더 교양 있게 표현한 것뿐이다. 재산이 많은 최상위 계층 사람들의 세금 기여도를 높이고 중산층을 보호할 수 있는 방법이다) 등의 방법을 통해 부채는 완전히 사라졌다. 독일 외채의 경우 1953년 런던 협약을 통해 동결되었다가 1991년에 완전히 탕감되었다. 이런 식으로 독일과 프랑스는 채무의 부담없이 1950~1960년대에 경제성장을 위해 투자할 수 있었다.

하지만 사실 가장 적절한 비교 대상을 찾으려면 1789년 프랑스 혁명 당시로 거슬러 올라가야 한다. 특권층에게 세금을 내게 할 방

---

* 이탈리아가 지급해야 할 이자의 기일장부는 유럽중앙은행에서 펴낸 다음의 통계자료를 통해 확인할 수 있다.
  European Central Bank, Statistical Data Warehouse, 「Italy. Governement Debt Securities: Debt Service」, http://sdw.ecb.europa.eu/reports.do?node=1000003919
** 18세기부터 20세기에 걸친 채무의 역사가 궁금하다면 《21세기 자본》의 3장부터 5장을 참조하기 바란다. 3세기에 걸친 전체 자료를 모두 확인하려면 다음의 논문을 확인할 것.
  Thomas Piketty et Gabriel Zucman, 「Capital is Back: Wealth-Income Ratios in Rich Countries, 1700-2010」, Quarterly Journal of Economics, vol. 129, n° 3, 2014, p. 1155-1210.

법이 없던 앙시앵레짐은 국가소득의 1년치에 달하는 부채를 끌어안고 있었다. 공직 매각의 액수를 포함하면 부채는 1년 반 동안의 국가 소득에 육박했다(공직 매각은 프랑스 조정이 국민들로부터 징수하는 세금 대신 즉각적으로 돈을 거둬들일 수 있는 방법 중 하나였다). 1790년 의회는 보조금 대상자의 이름을 명기한 등록대장을 편찬했다. 여기에는 궁정 가신에게 지급되었던 연금뿐 아니라 과거 고관들에게 지급되는 보수들이 기록되어 있었는데 평균소득의 10배, 심지어 20배가 넘는 금액이 지급되고 있음이 드러나 큰 물의를 빚었다(최근 '공공토론을 위한 국가위원회CNDP'를 이끌게 된 샹탈 주아노 위원장의 봉급을 둘러싼 논란과 너무나 흡사하다). 이러한 부채 상황은 좀 더 공정한 조세정책이 자리 잡으면서, 무엇보다 1797년의 정리공채와 당시 발행된 아시냐 화폐의 엄청난 인플레이션 현상으로 인해 서서히 정상화되었다.

이와 비교할 때 현재의 상황은 훨씬 복잡함과 동시에(각 나라가 서로 다른 나라의 부채를 일부 보유하다고 있다는 점 때문이다) 훨씬 간단하기도 하다. 현재 우리에게는 유럽중앙은행이라는 부채 동결 권한를 가진 기관이 있기 때문이다. 또한 주권을 갖춘 유럽의회를 설립함으로써 유럽 전반에 걸쳐 보다 정의로운 조세정책을 도입할 가능성도 남아 있다.* 유럽의 가장 부유한 이들에게 과세하는 건 불가능하다는 정부 주장이 계속되고 유럽 밖으로 나갈 여력이

---

* www.tdem.eu

없는 서민들만 꼼짝없이 세금 부담이 커지는 상황이 지속된다면, 앞으로 매우 심각한 저항에 맞닥뜨리게 될 가능성이 높다.

(2019년 1월 15일)

미국의 부유세

에마뉘엘 마크롱에게 최후의 일격을 가할 사람은 노란조끼 시위대가 아니라 미국 매사추세츠 주의 상원의원인 걸까? 하버드대학교 법학 교수이자 2020년 민주당 대선 후보 경선에 나선 엘리자베스 워렌 상원의원은 차베스 대통령식의 정치나 도심 게릴라 시위를 추종하는 사람이 아니다. 하지만 얼마 전 앞으로의 유세 과정에서 핵심 주제로 부상할 파격적인 공약을 하나 공개했다. 미국 역사상 최초로 연방정부 차원에서 진정한 의미의 부유세를 도입하겠다고 선언한 것이다. 경제학자 이매뉴얼 사에즈와 게이브리얼 저크먼이 공들여 계산한 수치와 최고 권위의 헌법학자들의 지지를 받아 작성된 워렌 의원의 부유세안은 5,000만 달러에서 10억 달러 사이의 자산을 가진 이에게는 2%, 10억 달러 이상의 자산가에게는 3%의 부유세를 부과하겠다는 내용을 담고 있다. 또한 이 조치를 이유로 국적을 포기하고 미국 영토를 떠나려는 이들을 대상으로 자산의 40%에 해당하는 일종의 출국세를 규정해

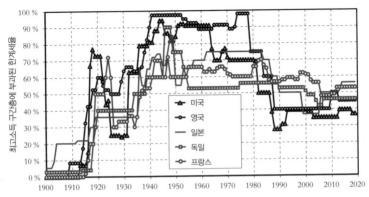

누진세제의 발명: 1900~2018년까지 고율 누진세의 추세

두었다. 워렌 의원의 부유세는 예외 항목 없이 모든 종류의 자산에 적용되며, 해외에 보유한 모든 자산에 대해 충분한 정보를 제공하지 않는 개인이나 외국 정부에게도 상당한 억제력을 가진 제재를 가할 수 있는 규정을 담고 있다.[*]

　논의는 이제 시작이다. 워렌 의원이 제시한 과세 구간은 확대될 수 있고 누진세 방향으로 갈 수 있다. 억만장자들에게는 5%에서

---

[*] https://www.warren.senate.gov/newsroom/press-releases/senator-warren-unveils-proposal-to-tax-wealth-of-ultra-rich-americans.
이 제안과 관련해서는 다음의 글도 참조하기 바란다.
Emmanuel Saez et Gabriel Zucman, 「How Would a Progressive Wealth Tax Work? Evidence from the Economics Literature」, 5 fevrier 2019, https://eml.berkeley.edu/~saez/saez-zucmanwealthtaxobjections.pdf

10%까지도 과세할 가능성이 있다는 뜻이다. 어찌되었든 조세정의 문제가 2020년 미국 대선에서 핵심 주제가 되리라는 점은 분명하다. 뉴욕 주 하원의원인 알렉산드리아 오카시오 코르테스는 최고소득 구간을 대상으로 70%에 달하는 소득세를 제안하였고, 버니 샌더스는 최고 상속액 구간에 대해 상속세를 77% 부과하자고 주장했다. 워렌 의원의 제안이 가장 혁신적이기는 하지만 세 사람의 제안 내용은 상호보완적이기 때문에 시너지 효과를 낼 수 있는 방안들이다.

이 사안을 제대로 이해하려면 미국 역사를 거슬러 올라가야 한다. 1880년과 1910년 사이 미국에서는 산업과 금융을 통한 부의 축적이 맹렬하게 일어났다. 즉, 미국도 구대륙 유럽처럼 불평등한 사회가 될 위험이 팽배했던 시기였다는 뜻이다. 이때 미국에서는 좀 더 공정한 부의 재분배를 주장하는 강력한 정치 운동이 일어났고, 이로 인해 1913년에 연방소득세에 이어 1916년에는 연방 상속세가 도입되었다. 1930년부터 1980년 사이 미국의 최고소득 구간에 부과되는 소득세율은 평균 81%에 달했고 최고 자산 구간의 상속에는 상속세가 74%까지 부과되었다. 세금이 높다는 이유로 미국 자본주의가 무너져내리지 않았다는 사실이 너무나 명백히 증명되지 않는가. 오히려 높은 세금 덕분에 미국은 보다 평등하고 생산적인 사회가 되었다고 보아야 한다. 국가 번영의 원동력은 사유재산과 불평등을 신봉하는 태도가 아니라 교육 분야에서 앞서 나가고 후세 양성에 투자하는 일임을 당시 미국은 잊지 않았기 때문이다.

1980년대 이후로 레이건, 부시 그리고 트럼프 정부는 이러한 미국의 정치 유산을 붕괴시키려 들었다. 이들은 미국의 평등주의적 기원에 등을 돌렸고, 사람들이 역사는 다 잊어버렸을 거라 자신하며 정체성을 정쟁의 소재로 삼아 국민 분열을 부추겼다. 시간적 거리를 두고 이들 정권의 행보를 되돌아볼 수 있게 된 지금, 분명한 것은 그들의 정책이 재난과도 같은 결과를 불러일으켰다는 사실이다. 1980년부터 2020년까지 1인당 국가소득의 성장은 1930년에서 1980년 대비 절반으로 뚝 떨어졌다. 그나마 성장의 혜택은 최고 부자들에게로 돌아갔고 결과적으로 소득 하위 50% 집단만을 보면 소득 성장이 완전히 멈춰버렸다. 그러니 사회정의를 확대하기 위해 누진세로 복귀하자는 움직임이 오늘날 힘을 얻고 있는건 너무나 당연한 일이고 오히려 뒤늦은 감이 있다.

최근 논의에서 새로운 점이 있다면 기존의 소득세와 상속세에 더해 누진세 개념의 연간부유세를 도입하자는 부분이다. 이는 조세정의와 효율성 측면에서 결정적으로 중요한 혁신이라 할 수 있다. 부동산자산이나 영업자산 혹은 금융자산에 대한 여러 특별세가 세계대전 이후 성공적으로 도입되어 일본뿐 아니라 독일, 이탈리아, 프랑스를 포함한 수많은 나라가 국가 채무를 갚아나가는 데 기여한 바 있다. 최고 자산가들에게 부과되는 세금은 한번에 징수되었으며 세율은 40~50%, 심지어 그보다 높은 경우도 있었다. 반면 현재 논의되는 연간 자산세는 상시 기반 자산을 바탕으로 적용되어야 하기 때문에 세율이 제한될 수밖에 없다. 그럼에도 자산세 세율은 상당히 높게 유지할 필요가 있다. 부의 유동성이 진정한

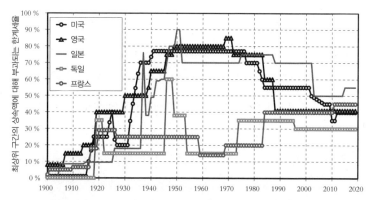

누진세제의 발명: 1900~2018년까지 고율 상속세의 추세

해석: 최상위 구간의 상속에 대해 부과되는 한계세율은 미국에서 1900년에서 1932년 사이 12%, 1932년에서 1980년 사이 75%, 1980년부터 2018년 사이에는 50%가량이었다. 동일 기간을 기준으로 다른 나라의 사례를 살펴보았을 때 영국에서 각각 25%, 72%, 46%로 가장 높았고, 일본은 각각 9%, 64%, 63%, 독일은 8%, 23%, 32%, 프랑스는 15%, 22%, 39%를 기록했다. 상속세 분야에서도 누진세 원칙은 20세기 중반에 미국과 영국에서 최대로 적용되었음을 알 수 있다.

출처: 《자본과 이데올로기》 중 도표 10.12 및 piketty.pse.ens.fr/ideologie

의미에서 보장되어야 하기 때문이다. 이러한 관점에서 보면 상속세에 대한 논의는 너무나 늦게 시작된 감이 있다. 제프 베조스나 마크 저커버그 같은 자산가가 90세가 되어서야 제대로 세금을 낸다면 말이 되겠는가? 워렌 의원이 제시한 3%의 세율로 계산하면 1,000억 달러 규모의 고정자산이 30년에 걸쳐 공동체로 환원된다. 상당히 의미 있는 시작이다. 최고 규모의 금융자산이 평균 얼마나 빠르게 성장하는지를 감안하면 아마도 5~10%, 혹은 그 이상의 세율까지도 목표로 삼아볼 수 있다.

이를 통해 거둔 수익을 정부가 다양한 불평등 요소들을 축소하는 데 사용해야 한다는 점 또한 중요하다. 특히 미국의 재산세는 프랑스의 토지세와 같이 오늘날 서민층 납세자들에게 가장 큰 부담을 안기고 있다. 자산 문제에 있어 훌륭한 제도인 두 세금의 문제는 흔히 생각하는 바와는 달리 주택 소유분뿐 아니라 (소득의 여부와 별도로 부과된다는 것, 특히 다주택 보유자들에 대한 과세에 대해서는 모두가 큰 문제없이 받아들이는 부분이다) 사무실, 부지, 창고 등의 영업자산 항목을 포함해서 부과된다는 점이다. 이 사안에 대해 프랑스는 18세기 이후 진지하게 고민한 적이 없다. 이제는 두 세금 제도를 순자산에 대한 누진세로 전환할 때가 되었다. 핵심은 생애 첫 주택을 구매하고자 가계부채를 떠안은 이들에게는 세금을 크게 감면해주어야 한다는 점이다. 프랑스에서 노란조끼 시위로 인해 대국민적 토론이 촉발되었던 바와 같이 앞으로 펼쳐질 미국의 대선 기간 동안 자산세와 조세정의를 둘러싼 근본적인 논의의 장이 마련되기를 희망해본다.

(2019년 2월 12일)

유럽을 사랑한다면 바꿔야 할 때다

유럽을 사랑한다면 지금과는 다른 모습을 원하는 게 당연하다. 프랑스와 독일 정부는 10년 전부터 자신들이 친유럽 정부라고 주장하지만 사실 보수파 유럽주의 정부에 불과하다. 이들이 현재 유럽의 근본적인 부분을 전혀 바꾸려 들지 않는 것은 유럽연합에서의 권력을 포기하거나 자신들이 유럽을 장악하고 있다는 망상을 내려놓기가 두렵기 때문이다. 결국 프랑스와 독일 정부는 유럽연합의 무덤을 파는 자가 되어버렸다. 이들은 브렉시트 사태를 겪고도 자기성찰을 할 생각이 없어 보인다.

가장 최근에 벌어진 사건을 예로 들어보자. 지난 1월 이른바 엘리제 조약이라 불리는 프랑스와 독일 간 조약이 재협상되었다. 이 조약에는 국방 문제와 기업 관련 법안 전반을 논의하기 위해 두 나라의 국회의원들이 모이는 프랑스-독일 양국 의회를 설립하자는 제안이 담겨 있다. 이는 훌륭한 시도지만, 엘리제 조약에 규정된 양국 의회는 순전히 자문 역할만 수행하고 실질적인 강제력은 없다. 이러한 의회가 실제로 구성된다면 우리에게 정말 필요한 조세정의와 관련된 시급한 조치들에 대해 표결해야 하지 않겠는가? 마침내 일관성을 제대로 갖춘 탄소세 부과 같은 문제들 말이다. 중소기업보다 대형기업의 탄소배출에 많은 세금을 부과해야 하는데 현재는 정반대의 상황이다. 자유경쟁 원칙과 유럽연합 내 규정이라는 미명하에 지금까지는 생계를 위해 자동차를 타야 하는 이들에게는 엄청난 부담을 안기면서 주말에 비행기를 타고 여행을 떠나는 이들에게는 세금을 면제해주고 있다. 프랑스와 독일의 정치지도자들은 자신들이 지구온난화에 대해 고민한다고 말하지만, 이런 말도 안 되는 조세정책을 시행하는데 사람들이 납득할 거라고 생각하는 건가?

좀 더 넓게 보면, 상위 차원인 유럽 단위에서 구체적인 방안이 논의되지 않는 이상 각국 정부가 최고 부유층 과세가 왜 불가능한지 설명하느라 시간을 허비하는 건 아무 의미가 없다. 마침 논의 중인 프랑스-독일 양국 의회가 대형 기업이나 최고소득자 및 자산가들의 이윤에 대한 공동 세금을 표결하는 역할을 맡을 수 있지 않은가. 이는 단순히 상식의 문제다. 상품과 사람, 자본의 자유로운 이동을 보장하는 조약들을 통해 대규모 연방 구조의 공동체를 이룬 유럽이기에 유럽의 중앙정부가 나서서 재분배 기능이 강한 조세 분야를 주도하는 방안이 마땅하다. 미국에서도 고소득자와 상속에 관련된 누진세는 원칙적으로 연방정부의 소관이다. 법인세 또한 마찬가지다. 각 주정부는 거의 비례세 개념의 지방세들과 간접세에 의존한다. 그러나 유럽은 정반대다. 유럽연합은 부가 가치세를 규제하지만 회원국들이 법인세나 소득세, 재산세 등으로 과도한 경쟁을 벌이는 상황은 방치해왔다. 이러다 보니 유럽은 경쟁적으로 법인세 감축을 시도하는 세계적 움직임을 주도하는 셈이 되어버렸고, 증세는 오직 서민층을 겨냥하고 있다. 이 모든 사태는 유럽연합과 그 제도들이 애초부터 거대한 '시장'을 관리할 목적으로 고안되었고, 이후 변화하는 유럽 공동체의 새로운 과제에 제대로 대응하지 못했기 때문에 발생한 문제다.

그로 인해 조세제도는 국가를 자유롭게 넘나들 수 있는 부자들에게 혜택이 가는 방향으로 바뀌어갔다. 이러한 조세 경쟁이 지나치게 심화되어 그 비용이 서민층과 중산층에 점점 과도한 부담으로 작용하기 시작했다. 결국 시장 통합이 가져다주는 이득보다 잠재적 피해가 커져가는 상황이 되었다. 다시 말해 지난 수십 년간 유럽 서민층 시민들이 점차 유럽회의론자로 돌아서는 현상은 비합리적이고 갑작스런 변덕이 아니라 심각한 현안에 기반한 당연한 반응이라는 뜻이다. 공동체 형성을 위한 모든 노력이 무위로 돌아가기 전에 근본적으로 유럽이라는 개념 자체를 시급히 수정해야 한다는 뜻이기도 하다.

지금 당장 이탈리아와 스페인 혹은 원하는 모든 유럽연합 회원국에게도 열린 구조로 조세정의와 관련해 강력한 조치를 취할 수 있는 능력을 갖춘 프랑스-독일 의회를 설립한다고 해도 현실적으로 모든 문제가 한꺼번에 해결되는 건 아니다. 하지만 당장이라도 의회를 세워 최저소득층의 세금을 감면하고 친환경적인 변화에 투자해야 한다. 유럽의 법조인들과 시민들이 참여하여 이와 관련해 구체적인 방안을 제시한 제안서의 선언문은 10만 명 이상의 지지 서명을 이끌어냈다.* 그 제안서는 물론 앞으로도 수정될 수 있고 수정되어야만 한다. 이제 핵심은 각 회원국 정부 및 정치인들이 공개 제안된 구체사항들을 지지할 때가 되었다는 사실이다. 이것도 저것도 안 된다고 국민들을 설득하려 들거나 다른 나라들이 소심해서 그렇다는 식의 핑계는 이제 집어치워야 한다. 당장 유럽연합 27개 회원국 모두를 납득시킬 수는 없다 하더라도 몇몇 회원국들이라도 나서서 단호한 결심하에 유럽연합의 기존 장치들을 보완할 수 있는 새 정치기관 출범 방법을 모색해야 한다. 현재 유럽연합은 만장일치의 원칙에 가로막혀 마비되어 있다. 기존 제도를 통해 유럽 차원의 공동 세제를 도입한다는 것은 불가능하다고 입증된 상황이다. 그러니 우선 몇몇 나라부터라도 새로운 제도를 도입하여 효율성을 증명한 후 다른 회원국들의 참여를 이끌어내야만 한다.

만약 프랑스와 독일 정부가 유럽의 변화를 이끌어내지 않으려고 한다면 그건 현 조세경쟁 체제의 장점이 단점보다 크다고 믿기 때문일 수 있다. 아니면 유럽연합 체계를 근본적으로 뒤흔드는 변화를 정당화할 만큼의 이득이 없다고 느끼기 때문일 수도 있다. 만약 이 추측이 사실이라면 양국 정부는 심각하게 시대착오적인 발상을 지닌 셈이다. 불평등이 가중되고 있는 지금의 상황이 얼마

---

* www.tdem.eu

나 심각한지 이해하지 못하고 있다고 보아야 한다. 프랑스와 독일 정부가 현재와도 같은 자세를 유지하는 건 1990년대에나 가능했던 일이다. 2008년 경제위기 때 유로화와 유럽연합의 취약성이 드러나고 10년이 지난 지금, 이들의 태도는 더 이상 유지 가능하지 않다. 유럽이 힘을 합쳐 조세정의를 실현하지 못한다면 종국에는 국가주의자들이 득세하고 말까 우려스럽다.

(2019년 3월 12일)

인도의 기본소득 공약

인류 역사상 최대 규모의 투표가 인도에서 막 시작되었다. 9억 명 이상의 유권자들이 선거권을 행사하게 된다. 흔히 인도인들은 영국 식민지배의 영향으로 의회민주주의를 배웠다고 한다. 그 말이 완전히 틀리지는 않았지만 인도가 의회민주주의를 미지의 영역까지 끌어올렸다는 단서를 반드시 덧붙여야 한다. 13억 인구를 품은 정치 공동체이자 사회문화적으로나 언어적으로 너무나 다른 집단이 공존하는 인도는 식민지배국이었던 영국보다 훨씬 복잡한 나라다.

한편 영국은 국내에서조차 공동체를 유지하는 데 어려움을 겪고 있다. 20세기 초 아일랜드가 독립한 데 이어 21세기 초입인 지금은 스코틀랜드가 연합왕국과 영국 의회의 품을 떠날 가능성이 보이고 있다. 이를 보면 전체 인구가 5억인 유럽연합에서 공동과세를 도입하기 위한 민주적인 절차의 기반을 마련하는 일도 요원해보인다. 유럽연합 대비 인구가 0.1%도 될까 말까 한 대공국들에게도 거부권 행사를 허락하고 있으니 말이다. 유럽의 지도자들은 가만히 앉아 유럽의 이 멋진 제도에는 아무것도 바꿀 게 없다고 현학적인 자세를 취하기보다는 인도의 사례를 들여다보고 인도의 연방 체계와 의회 모델을 탐구해보면 배울 점이 있을 것이다.

그렇다고 인구로 보았을 때 세계 최대의 민주주의 국가인 인도의 상황이 모두 장밋빛인 것은 물론 아니다. 엄청난 불평등이 존재하고 빈곤 감소세도 너무나 느려서 국가경제 발전에 걸림돌이 되고 있다. 이제 마무리 단계에 돌입한 이번 총선 유세에서 가장 중요한 혁신이 있다면 바로 NYAY(최소보장소득)라는 기본소득 제도를 도입하겠다는 인도국민회의The Congress Party in India의 제안이었다. 발표된 액수는 가구당 월별 6,000루피로, 이를 구매력으로 환산해보면 약 250유로에 해당한다(기본 환율로 비교할 때보다 구매력 평가 환율로 비교할 때 루피화의 가치가 3배 높다). 중위소득이 가구당 월별 400유로를 넘지 않는 인도에서 무시할 수 없는 금액이다. NYAY 제도가 도입된다면 소득 하위 20%의 빈곤층에게 혜택이 돌아가게 된다. 비용은 상당하겠지만(국내총생산의 1%를 조금 상회할 것으로 예상) 그렇다고 불가능한 정도는 아니다.

이런 종류의 제안이 나오면 항상 제안을 했다는 사실 자체에 만족하는 경향이 있다. 하지만 기본소득을 기적적인 해결책으로 여기거나 이를 통해 궁극적으로 빈부격차 문제가 해결될 것이라 생각해선 안 된다. 공정하게 부를 재분배할 체계와 지속가능하며 공평한 경제발전 모델을 갖추기 위해 사회·교육·조세 분야에서 일련의 조치들이 필요하며, 기본소득이란 그중 하나에 불과하기 때문이다. 니틴 바르티와 뤼카 샹셀(니틴 바르턴은 파리경제학교에서 박사학위를 받은 세계불평등연구소의 연구원이며, 뤼카 샹셀은 프랑스의 경제학자로 세계불평등연구소의 공동 소장이다_옮긴이 주)이 증명한 바와 같이, 인도 보건 분야의 공공지출은 2009년부터 2013년, 2014년에서 2018년 사이 국내총생산의 1.3% 수준에서 정체 상태이다.* 교육 부문에 대한 투자는 심지어 국내총생산 대비 3.1%에서 2.6%로 줄어들기까지 했다. 소득의 빈곤을 줄이는 길과 사회 전반에 대한 투자 사이에서 복합적인 균형을 찾아야 하며, 이는 인도가 중국을 따라잡기 위한 필요조건이다. 중국은 이미 국민 전체를 대상으로 교육과 보건 수준 향상을 목표로 하는 정책들에 훨씬 많은 자원을 투입해왔다.

인도국민회의가 제안한 기본소득 제도는 재분배에 방점을 두었고 일정 수를 할당하는 방식의 인도의 하층민보호정책Reservation policy을 넘어서는 새로운 대안의 틀을 제시했다는 점에서 분명 의미가 있다. 하층민보호정책 덕분에 아주 소수이긴 하지만 하위 카스트의 학생들이 대학에 진학하거나 공무원이 되거나 선출직에 뽑힐 수 있게 되었지만 그 정책만으로는 충분하지 않기 때문이다.

---

* Nitin Bharti et Lucas Chancel, 「Tackling Inequality in India. Is the 2019 Election Campaign up to the Challenge?」, WID.word Issue Brief 2019/2.
인도에서 정치 대립이 어떤 변화과정을 겪었는지에 대해서는 다음의 공저 연구보고서를 참조하기 바란다.
Abhijit Banerjee, Amory Gethin et Thomas Pikettty, 「Growing Cleavages in India? Evidence from the Changing Structure of Electorates, 1962-2014」, WID.world, Working Paper n° 2019/05.

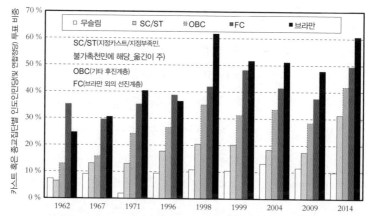

카스트와 종교별로 본 인도인민당(BJP) 투표 비중, 1962~2014년

해석: 2014년 총선에서 무슬림 유권자의 10%만이 인도인민당(힌두민족주의 색채) 혹은 연합정당들에 투표했고 하위 카스트 유권자 중 31%, 기타 후진계층의 42%, 기타 선진계층의 49%에 이어 브라만 계층에 이르면 61%가 인도인민당에 표를 던졌다.

출처: 《자본과 이데올로기》 중 도표 16.8 및 piketty.pse.ens.fr/ideologie

　　이번 제안의 가장 큰 한계는 인도국민회의가 기본소득 제도의 재정을 어떻게 충당할지에 대해 말을 아꼈다는 점이다. 상당히 유감이다. 이는 누진세의 역할을 재평가하여 1980년대와 1990년대를 거쳐 신자유주의 정책들을 대거 도입한 인도 정부가 기존의 기조로부터 단호하게 돌아설 수 있는 기회였기 때문이다. 게다가 재원을 분명히 밝혔다면 사회주의 계열 및 하위 카스트 정당들와 새로운 정치동맹을 분명히 할 수 있었을 것이다. 이들 군소정당들은 2,500만 루피 이상 자산가들을 대상으로 (구매력 환산 수치로는 100만 유로 상당) 2% 수준의 연방세를 새로 부과하자는 제안을 하고 있는데, 이 제도로 인도국민회의가 제안한 NYAY 제도를 충당하고 연방 소득세의 누진 원칙을 강화할 수 있다.

처음으로 돌아오면, 이번 인도 총선에서는 평등의 가치와 다문화를 지향하는 정치세력들이 연합하여 친기업 성향이 강하고 반무슬림 정서를 지닌 힌두민족주의 정당인 인도인민당에 당당히 맞설 세력을 형성할 수 있는가가 궁극적인 쟁점이다. 그러나 이번 선거에서 그럴 수 있는지는 확실치 않다. 중도 성향으로 시작해 과거 인도 정치를 풍미했던 정당인 인도국민회의는 인기 없는 라훌 간디가 오랫동안 이끌어왔다(그는 네루-간디 가계 출신이다). 반면 인도인민당은 모디 총리와 함께 정당을 이끌 지도자로 서민 출신을 처음으로 선출하는 영민함을 보였다. 인도국민회의는 자신들보다 좌파 성향이 강한 정당들과 노골적으로 연합을 형성한다면 정부를 구성할 때 주도권을 빼앗길 위험이 있다고 염려하는 듯하다. 그 와중에 인도인민당을 이끄는 모디 총리는 인도 거대기업들의 재정 지원을 등에 업고 있다(인도는 대기업 운영에 관한 규제가 지나치게 적은 나라다). 그것도 모자라 그는 지난 2월에 잠무카슈미르 주에서 일어난 풀와마 테러 사건(2019년 2월 14일 인도의 잠무카슈미르 주에서 발생한 사건. 인도 경찰이 탑승하고 있던 일련의 차량에 대한 자살폭탄 공격이었다. 카슈미르 지역 반군이 공격을 자인했지만 파키스탄과의 분쟁 지역에서 발생하여 인도는 실제 배후에 파키스탄이 있다고 맹렬하게 비판했다. 2월 26일 인도 공군의 전투기 편대가 파키스탄 영토 내 위치한 테러조직의 훈련캠프를 공습하여 수백 명이 사망했다_옮긴이 주) 과 그에 따른 정부의 공습 결정을 용의주도하게도 유세에 이용하였다. 반파키스탄 정서를 자극하면서 인도국민회의나 기타 좌파 정당들이 근본주의 이슬람 세력을 묵인한다고 비난한 것이다. 이러한 정치 행태가 프랑스에서만 일어나는 게 아니었다. 이 사안은 이번 선거 유세의 전환점이 될 가능성이 있다.

어찌되었든 세계 곳곳에서 꿈틀대는 정치 이데올로기 변화와 발맞추어 이미 심어진 씨앗에서는 싹이 트게 마련이다. 인도 총선에서 논의되는 사안들은 점차 우리 모두와 연관된 일이 될 수밖에 없다. 그런 의미에서 이번 인도 총선은 국제 사회에도 중요한 선거라 볼 수 있다.

(2019년 4월 16일)

유럽의 계급 분열

브렉시트에 대한 영국 국민투표가 시행된 지 3년이 되었다. 유럽 의회 선거를 며칠 앞둔 오늘까지도 유럽 전역에는 여전히 심각한 회의주의가 생생히 느껴진다. 특히 최빈곤층에서 그러한 경향이 두드러진다. 유럽을 향한 회의주의의 뿌리는 오래전부터 깊숙이 자리 잡았다. 지난 25년 넘게 유럽에 대한 시민들의 의사를 묻는 국민투표가 있을 때마다, 위에서 모든 걸 결정하는 유럽연합의 하향식 의사결정 모델에 대해서 유럽의 서민들은 일관적으로 반대 의사를 표명해왔다. 1992년 마스트리히트 조약에 대한 국민투표 당시 프랑스에서는 소득, 재산 및 학력에서 최하위층인 유권자의 60%가 반대표를 던졌고, 상위층 유권자의 40%가 찬성표를 던졌다. 그 결과 총 51%에 약간 못 미치는 찬성률로 조약은 아주 아슬아슬하게 비준되었다. 이러한 상황은 유럽연합의 헌법 개정을 다룬 2005년 조약에 관한 국민투표에서 반복되었다. 다른 점이 있다면 이번에는 상위층의 20%가 찬성한 반면 하위층 80%가 반대표를 던져 결국 반대 55%라는 명백한 결과로 조약이 부결되었다는 사실이다. 2016년 브렉시트에 대한 영국의 국민투표에서도 같은 일이 발생했다. 이번에는 영국 국민의 상위 30%가 유럽연합 잔류를 열성적으로 지지한 반면 하위 70%가 탈퇴를 선호하였기에 전체의 52%를 득표한 유럽연합 탈퇴 의견이 채택되었다.

유럽연합에 관련한 투표들에서 계급 간 분열 양상이 두드러지는 현상을 어떻게 설명할 것인가? 당연한 결과라고 보기는 어렵다. 정당들에 대한 지지 구조가 명백하게 계급을 따라가는 경향(사회계급의 차이를 규정하는 3가지 요소인 학력, 소득, 재산이 같은 방향성을 보이는 것)이 사라진 지 이미 오래되었기 때문이다. 1970년대와 1980년대부터 영국과 프랑스의 고학력자들은 좌파 정당을 지지하는 추세가 뚜렷해지기 시작했다. 반면 소득과 자산이 가장 높은 계층의 사람들이 우파 정당을 지지하는 현상이 강화되었는데, 이미 우파 정당들의 내부에서도 구조 재편의 움직임이 나타나기 시작한 시기였다. 반면 1992년과 2005년, 2016년 유럽연합 회원국 전체에서 시행된 투표에서 학력과 경제력의 영역에서 엘리트라고 할 수 있는 이들은 좌파 성향이든 우파 성향이든 간에 유럽연합의 형태가 유지되는 것을 지지하였고, 반면 서민층은 정치 성향을 막론하고 기존 모델을 거부하는 경향을 보였다.

가장 부유한 계층에 속한 사람들은 이런 현상을 설명할 때 서민들이 국가주의 성향이 강하고 외국인 혐오에 빠지기 쉬우며, 심지어 시대에 뒤처져 있기 때문이라고 분석한다. 하지만 서민층이라고 엘리트 계층보다 외국인 혐오에 빠지기 쉬울 리 없다. 이 현상은 훨씬 더 간단하게 설명할 수 있다. 지난 수십 년을 거쳐 현재 모습으로 자리 잡은 유럽연합은 국가 간 경쟁을 보편화하고 어디로든 이동할 수 있는 경제주체들에게 세금혜택을 주는 '세금덤핑'의 기조에 의존해왔다. 객관적으로 보아도 부유층에게 이득이 되는 방향으로 조세제도가 변화해온 게 사실이다. 여러 불평등 요소를 줄이기 위해 강력하고 상징적인 조치들(최하위 빈곤층에게 부과되는 세금을 감면하되 최상위 부자들에게는 유럽 전역에서 공동의 과세제도를 마련하는 방안들)을 곧바로 시행하지 않는다면 이러한 상황이 영원히 지속될 수도 있다.

유럽이 어때야 하는가에 대해 이렇게 다양한 견해들이 충돌하는 건 새로운 일이 아니다. 이쯤에서 역사를 돌아보자. 1938년 영국에서는 청년 운동가들이 '연방조합Federal Union'이라는 이름의 조직을 출범시킨다.* 이내 대학 연구자들이 합류하였는데, 그중에는 윌리엄 베버리지와 라이어널 로빈스(20세기 영미 경제학을 재정의한 런던정경대학교의 경제학자로 "인간은 가질 수 없는 걸 원한다"는 말로 유명하다_옮긴이 주) 같은 인물들도 있었다. 이 운동은 1940년 6월 제2차 세계대전 중 윈스턴 처칠 총리가 프랑스-영국 연합의 창설을 제안하는 데 영감을 주었다. 하지만 프랑스 정부는 이 제안을 거부하고 보르도로 피신한 채 페탱 원수에게 전권을 내주는 길을 택

---

* 너무나 흥미로운 다음의 책을 참조할 것.
  Or Rosenboim, 《The Emergence of Globalism. Visions of World Order in Britain and the United States》, 1939–1950, Princeton, Princeton University Press, 2017.

했다. 1940년 4월, 영국과 프랑스의 학자들이 파리에 모여 프랑스-영국 연합이 출범할 경우 어떻게 운영되어야 하는가를 논의한 적이 있다는 사실은 상당히 흥미롭다. 이 연합은 우선 프랑스와 영국이 연합하되 이후 유럽 차원으로 확대될 수 있다는 원칙을 갖고 있었지만 결국 최종 합의에 이르지 못했다. 그 자리에 모인 이들 중 경제적으로 가장 자유주의적인 견해를 제시한 건 프리드리히 헤이엑(오스트리아 출신 영국의 경제학자이자 정치철학자로 신자유주의의 아버지로 불린다_옮긴이 주)이었다. 그는 경쟁과 자유무역, 화폐 안정의 원칙에 입각한 순수한 무역 연합을 추구했다. 로빈스도 유사한 방향을 제시했으나 연방 차원의 예산을 두는 가능성을 배제하지 않았다. 특히 자유무역이나 노동의 자유로운 이동만으로 불평등을 해소하거나 이익을 분배하는 데 충분치 않다는 결론이 날 경우 연방 상속세까지도 고려할 수 있다고 보았다. 이 논의에 참여한 다른 사람들은 이들보다는 훨씬 사회민주주의에 가까운 견해를 갖고 있었다. 우선 사회보장제도를 지지하는 윌리엄 베버리지부터가 그랬다. 사회학자 바버라 우튼은 소득과 상속에 대해 연방세 제정을 주장하며 세율을 60%까지 고려했다. 당시 최대 상속세 상한선을 2배나 넘기는 제안이었다. 이 회의에 참석한 사람들은 연방형태의 연합을 구성할 정도로 사회문제나 경제정책의 내용에 대한 공감대가 형성되지 못했다는 결론을 내고 흩어졌지만, 연방조합 운동을 둘러싼 토의 내용은 전 유럽에 큰 반향을 불러일으켰다. 당시 무솔리니 치하에서 투옥 생활을 하던 이탈리아 공산주의 운동가 알티에로 스피넬리는 이에 영감을 얻어 1941년 자신이 투옥되어 있던 섬의 이름을 따서 벤토테네 선언이라 알려진 '자유연합유럽선언서'를 발표하기도 했다.

현재의 유럽이 헤이엑의 견해에 지나치게 치우쳐 있다는 사실을 숙명으로 받아들일 필요는 없다. 오늘날 자신들이 원하는 계급 정책을 강제하려는 세력이 유럽의 깃발을 악용하여 도구화하고 있을 따름이다. 하지만 우리의 몫은 80년 전에 우튼과 베버리지, 심지어 로빈스까지도 꿈꿨던 방식처럼, 유럽을 지금과 다른 방법으로 꾸려나갈 수 있음을 분명히 기억하는 일이라 믿는다.

(2019년 5월 14일)

중도파 환경주의라는 착각

좋은 소식이다. 유럽의회 선거 결과를 보면 프랑스를 포함한 유럽 시민들은 기후온난화에 더욱 관심을 기울이고 있다고 볼 수 있다. 단지 문제가 있다면 이번 선거를 통해서 토의가 근본적인 내용까지 진전되지는 못했다는 점이다. 구체적으로 녹색당 정치인들이 어떤 정치세력과 함께 어떤 정책안을 들고 국정운영에 참여할 수 있는가 하는 문제 말이다. 프랑스에서 녹색당은 13% 득표라는 유의미한 성과를 거두었다. 하지만 프랑스 녹색당은 이미 1989년에도 11%, 1999년에는 10%, 2009년에는 16%의 표를 얻은 기록이 있다. 이것으로 미루어볼 때 독자적으로 다수당이 될 만큼 표를 얻는 일이 가까운 미래에 실현될 것 같지는 않다. 유럽의회 차원에서는 녹색당이 751석 중 74석으로 10%에 가까운 의석을 얻었다. 7% 득표로 51석만을 가져갔던 이전 선거보다는 좋은 성적이지만 여전히 타 정당과의 연합 문제를 분명히 해야 하는 과제가 남았다. 그런 상황인데도 불구하고 녹색당 지도층은 내각 구성 시

좌파 정당의 손을 잡을 생각인지 우파와 연합할 생각인지 밝히길 거부한 채 그저 고무적인 선거 결과에 취해 있는 듯하다(특히 프랑스에서 그렇다).

사회적인 불평등을 전반적으로 강력하게 통제하는 조치들 없이 기후와 환경 문제를 해결할 수 없다는 건 이제 분명한 사실이다. 지금 세상에 존재하는 불평등의 규모를 볼 때 에너지 조절 정책을 추구한다는 건 헛된 소망에 불과할지 모른다. 우선 탄소배출이 가장 부유한 계층에서 집중적으로 발생하기 때문이다. 전 세계를 놓고 보았을 때 상위 10%의 부유층이 전체 탄소배출 중 절반 정도의 책임이 있다. 최상위 1%의 사람들만 놓고 보아도 세계 하위 50%의 인구가 배출하는 양보다 더 많은 탄소를 배출한다. 강력한 조치를 통해 부자들의 구매력을 제어한다면 그 자체만으로도 탄소배출을 줄이는 데 상당한 효과가 있으리라고 본다.

게다가 선진국이건 신흥국이건 중산층과 서민층이 생활방식을 바꾸려면(반드시 그렇게 할 필요가 있다), 최상위 부유층 또한 이러한 에너지 정책의 변화에 기여하고 있다는 증거를 내놓지 않으면 안 된다. 2017년부터 2019년 사이 프랑스 정계의 일련의 변화는 이상하게도 이번 유럽의회 유세 과정에서 눈에 띄게 논의되지 않았다. 하지만 관련 분야에서 공정한 조치가 꼭 필요함을 극적으로 그리고 상징적으로 보여주는 좋은 사례다. 2017년까지만 해도 탄소세 원칙은 상대적으로 프랑스 국민에게 긍정적인 반응을 얻었다. 파리협정에서 약속한 내용에 발맞추어 탄소배출을 줄여나가기 위해서 프랑스는 2030년까지 정기적으로 탄소세를 올릴 예

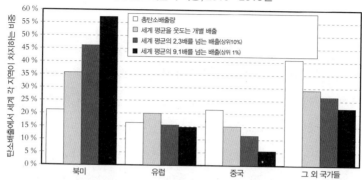

세계 탄소배출의 비중, 2010~2018년

해석: 세계 탄소배출에서 직간접적으로 북미(미국과 캐나다)가 차지하는 비중은 2010년부터 2018년 사이에 평균 21% 정도다. 북미는 연간 6.2톤인 전 세계 평균을 웃도는 개별 배출 중 36%를 차지하고 세계 평균의 2.3배 이상(즉 전 세계 개별 배출량의 상위 10%를 차지한다는 뜻이다. 하위 50%의 배출량은 13%인데 반해 상위 10%가 배출하는 양은 세계 탄소배출량 중 45%에 육박한다) 배출 구간에서는 46%를 차지한다. 세계 평균의 9.1배에 달하는 상위 1% 배출 구간에서는(상위 1%는 세계 배출 총량의 14% 차지) 57%가 북미에 위치한다.

출처: 《자본과 이데올로기》 중 도표 13.7 및 piketty.pse.ens.fr/ideologie

정이었다. 하지만 이러한 점진적인 증세가 받아들여지기 위해서는 적어도 서민층에게 부과된 수준과 비슷하게 최대 배출집단 또한 탄소배출에 대한 부담을 지는 것이 마땅하지 않겠는가. 또한 탄소세로 얻는 전체 수익은 정책 전환으로 인해 가장 큰 피해를 입는 가구들을 지원하고 에너지 전환을 실천하기 위한 목적으로만 사용하는 게 맞다. 그런데도 마크롱 정부는 완전히 정반대의 정책을 시행하고 있다. 서민층에게 가장 큰 타격을 주는 유류세를 증세하는 방식 혹은 자본소득 누진세와 부유세의 폐지 등으로 현 정부가 우선하는 여러 과제들을 해결하려 든다. 공공정책연구소IPP, Institut des politiques publiques가 발표한 내용에 따르면, 2017년에서 2019년 사이

상위 1%의 부유층이 지닌 구매력은 6% 상승했고 0.1%의 최상위 부유층의 구매력은 무려 20%나 상승했다고 한다.*

　프랑스에서 서민층의 불만이 쌓여가는 모습을 보았다면 프랑스 정부는 최상위 부유층을 위한 세제혜택 계획을 즉시 취소하고 기후문제나 서민층 지원에 관한 방안들을 검토했어야 한다. 그럼에도 이 정부는 아랑곳하지 않고 있다! 2007년에서 2012년까지 집권했던 사르코지 대통령이 자신이 약속한 세금 절감 정책에 집착했던 것처럼 마크롱도 부유층에게 유리한 세금 정책을 포기하지 않는 것이다. 마크롱 정부는 탄소세 인상 계획 또한 취소했다. 현 정부가 들어서기 전부터 결정되어 있었던 탄소세 점진 인상 계획이 다시 실행될 수 있을지 누구도 알 수 없는 데다가 파리협정을 완전히 무시하는 조치이다. 부유세 폐지라는 카드를 절대적인 핵심 정책으로 꺼내 듦으로써 집권 여당은 자신들이 친기업 성향을 띤 자유주의 우파의 후계자들임을 천명한 셈이다. 그들에게 표를 던진 유권자들의 사회계층을 보면 고소득층과 보유 자산이 많은 이들에게 집중되어 있다. 이는 2017년 대선은 물론 2019년 총선에서 더욱 두드러진 경향이어서 이제 집권 여당의 진정한 색채는 누구도 부인할 수 없게 되었다.

　이러한 상황에서 대체 프랑스나 독일의 녹색당은 자유주의자

---

*　Mahdi Ben Jelloul, Antoine Bozio, Thomas Douenne, Brice Fabre et Claire Leroy, 「Budget 2019: l'impact sur les mènages」, confèrence, Paris, Institut des ètudes publiques, 11 octobre 2018.

들이나 보수주의자들과 공동으로 국정 운영을 한다는 것이 과연 가능하긴 한지 의문을 갖는 게 당연하다. 의사 결정권자의 자리로 올라가고자 하는 인간적인 욕망은 차치하고 녹색당은 과연 그 방식이 지구를 위한 일이라고 확신하고 있는가? 좌파 정당들과 녹색당이 프랑스 정계에서 힘을 모은다면 자유주의자나 국가주의 정치세력보다 수에서 앞설 수 있다. 유럽의회 내에서 힘을 합치면 가장 큰 정치연합이 되어 의사결정 과정에서 더 큰 역할을 할 수 있을 것이다. 이러한 사회연방주의 및 환경주의 원칙을 따르는 정치연합이 탄생하려면 여러 좌파 정당들 또한 어느 정도 양보하고 한 발자국 다가와야 한다. 프랑스의 좌파 정당 불복하는프랑스나 독일 좌파 정당은 '현재 유럽의 모습에 변화를 가져오겠노라', '기존 협약에서 탈퇴하겠노라' 식의 구호를 외치는 데 그쳐서는 안 된다. 어떤 새로운 차원의 협약에 참여하고자 하는지 자신들의 구체적인 입장을 밝혀야 한다. 사회주의 정당들과 사회민주주의 정당들의 경우 이미 정권을 잡아본 세력들이라는 점에서 현재 정치제도의 분열 양상에 커다란 책임이 있다. 그렇기에 이들 세력은 유럽의 정치제도를 개혁하는 데 있어서도 핵심적인 역할을 맡아야 한다. 즉 자신들이 과거에 저지른 실수를 인정할 필요가 있다는 뜻이다. 그들은 분명 지금 유럽의 틀을 만드는 데 큰 기여를 했기 때문이다. 특히 공동조세정책이나 규제도 없이 자본이 자유롭게 이동하도록 했고 구체적인 청사진도 없이 유럽연합의 조약들을 재협상할 거라고 헛된 공약을 남발했던 자신들의 잘못에 대한 책임을 져야 한다. 유럽에서 공정하면서도 지속가능한 사회발전 모델을 만들어내는 일은 충분히 가능하다. 그러기 위해서는 다만 토론의 과정이 필요하고, 까다로운 선택을 해야 하는 상황도 발생할 것이 분명하다. 바로 그렇기 때문에 이제는 의미 없는 다툼에서 벗어나 당장 그 막중한 임무를 수행하는 데 전념하기를 바랄 뿐이다.

(2019년 6월 11일)

통화공급이 우리를 구할 것인가?

2007~2008년 경제위기가 있기 전 유럽중앙은행의 대차대조표(즉 유럽중앙은행이 보유한 자산과 부채의 합계액)는 약 1조 유로에 가까웠다. 즉 유로존 총생산의 10%에도 못 미쳤다는 뜻이다. 2019년 현재 그 액수는 4조 7,000억 유로가 되어 유로존 총생산의 40%에 육박하고 있다. 이는 2008년과 2018년 사이에 유럽중앙은행의 신규 통화공급량이 프랑스의 연간 국내총생산의 1.5배, 혹은 독일의 연간 국내총생산에 맞먹는다는 뜻이다. 이는 유로존 전체의 연간 총생산의 30%에 육박하는 수치다. 다시 말해 지난 10년간 유로존 총생산의 3%에 해당하는 추가 통화공급이 매년 이루어진 것과 같다. 이렇게 엄청난 통화공급은 같은 기간 유럽연합의 전체 예산(농업부터 지역 기금, 연구 지원, 에라스무스 프로그램에 이르기까지 모든 지출을 합쳐도 연간 총생산의 1% 정도다)보다 3배나 높은 수준이다. 이 방법을 통해 유럽중앙은행은 엄청난 힘을 쥔 채 금융시장에 관여하거나 공공부채와 민간부채를 사들이고 시중 은행들에게 대출을 해주

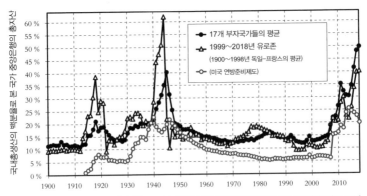

중앙은행들의 대차대조표 규모, 1900~2018년

국내총생산의 백분율로 본 국가 중앙은행의 총자산

60 %
55 %
50 %
45 %
40 %
35 %
30 %
25 %
20 %
15 %
10 %
5 %
0 %

1900 1910 1920 1930 1940 1950 1960 1970 1980 1990 2000 2010

- ● 17개 부자국가들의 평균
- △ 1999~2018년 유로존
  (1900~1998년 독일-프랑스의 평균)
- ○ (미국 연방준비제도)

해석: 유럽중앙은행의 총자산은 2004년 12월 31일자로 유로존 총생산의 11% 수준이었으나 2018년 12월 31일에 이르자 41%까지 높아졌다. 1900~1998년 곡선은 독일과 프랑스 중앙은행들의 대차대조표 평균값을 보여준다(최고점은 1918년의 39%, 그리고 1944년의 62% 지점이다). 1914년에 창설된 미국 연방준비제도의 총자산은 2007년 미국 국내총생산의 6% 수준에서 2014년 26% 정도로 급증했다.

주해: 부자국가들의 평균이라 함은 다음 17개국의 산술적 평균치다. 여기에는 독일, 오스트레일리아, 벨기에, 캐나다, 덴마크, 스페인, 미국, 프랑스, 핀란드, 네덜란드, 이탈리아, 일본, 노르웨이, 포르투갈, 스웨덴, 스위스, 영국이 포함된다.

출처: 《자본과 이데올로기》 중 도표 13.13 및 piketty.pse.ens.fr/ideologie

면서 상업 은행들이 지불 능력을 갖추도록 돕는 등의 행보를 이어올 수 있었다.

이런 정책들 덕분에 2008년의 경기 '대침체'가 1929년이나 1935년에 있었던 전 세계 '대공황'으로 번지지 않았는지도 모른다. 대공황 당시 중앙은행들은 불간섭에 기초한 자유주의의 원리를 굳게 신봉했기 때문에 은행들이 줄줄이 도산해도 내버려두었다. 그로 인해 경제 전반이 무너져내리고 실업률이 폭발하였으며, 나치가 활개치는 계기가 되었으니 이는 곧 세계대전으로 가는 길을 닦아준 셈이다. 적어도 이 점에 대해서는 역사적 교훈을 얻은 것이다. 2008년 경제위기 당시, 대공황 때와 같은 '청산' 위주의 접근방식을 다시 도입하자고 한 사람이 (거의) 아무도 없었다는 사실은 당연히 좋은 소식이다. 세계화된 금융자본주의가 지닌 극도의 취약성을 고려하면 긴급 정책을 통해 시중 금융기관들의 줄줄이 도산하는 것을 막을 수 있는 유일한 공공기관은 중앙은행들이었으니 말이다.

그러나 통화공급이나 중앙은행 이사회의 힘으로 모든 문제를 해결할 수는 없다는 점. 그리고 또 하나, 이러한 사례들로 인해 경제위기 대응책을 세울 때 공동체의 의견을 반영하는 길이 근본적·장기적으로 막혀버렸다는 점은 문제다. 2008년 이전에는 그 정도 규모의 통화공급은 있을 수 없다거나 바람직하지 않다는 게 지배적인 여론이었다. 이는 1970년대 스테그플레이션(성장은 더디면서 인플레이션은 지속되는 상태) 시대를 겪은 이후 1980년대부터 자리 잡은 견해다. 바로 그 맥락에서 1992년에 마스트리히트 조약이, 1999~2002년에 걸쳐 유로라는 화폐가 탄생하였다. 2008년 경제위기 이후 이어진 엄청난 통화공급 조치는 이러한 공감대를 산산조각 냈다.

유럽중앙은행이 클릭 한 번으로 총생산의 30%에 달하는 화폐를 발행해 시중 은행들을 구했을 때, 유럽의 수많은 시민들이 목소리를 높여 (예를 들어 '금융-환경 협정 계획Pacte Finance-Climat' 등의 방식으로) 에너지 전환이나 불평등 축소, 연구와 교육 분야 투자를 위해서도 그 정도의 강력한 정책을 도입해야 한다고 주장했다. 이와 유사한 요구가 미국과 세계 여러 나라들에서도 제기되었다. 당연히 요구할 법한 정당한 주장이다. 이러한 시민들의 목소리를 오랫동안 무시하기는 어려울 것이다.

여러 현안에 대해 명확히 할 필요는 있다. 중앙은행들은 여전히 대차대조표의 규모를 확대할 가능성이 높다(이미 일본이나 스위스 중앙은행의 대차대조표는 국내총생산의 100%에 이르렀다*). 이는 앞으로 다가올 금융위기에 대응하기 위함이거나 단순히 민간금융의 대차대조표 추이(1970년대에 총생산의 300%였으나 현재는 1,000%를 훌쩍 넘겼다)를 따라가기 위해서일 수도 있다. 끝이 보이지 않는 이런 추격전 논리는 사람들을 전혀 안심시키지 못한다. 차라리 필요하다고 판단되는 규제들을 도입하여 극도로 금융화된 경제체제에 종지부를 찍고 민간금융기관의 대차대조표 규모를 줄이도록 하는 방법이 나을 수 있다.

게다가 경제성장이 침체되어 있고 이자율은 거의 0%를 기록하고 있으며 인플레이션도 거의 없는 상황에서는 공공권력이 나서야 한다. 중앙은행의 지원을 바탕으로 부채 비율을 더욱 끌어올려서 환경이나 교육 분야에 공공투자를 추진하는 게 올바른 접근법이다. 유난히 모순적인 상황에 대해 이야기하자면 초등·중등·고등 분야를 모두 합한 교육 분야에 대한 선진국들의 공공지출이 지난 1980년 이후로 국내총생산의 5% 정도 수준에 머물러 있다는 사실이다. 같은 기간에 동년배 학생 중에서 고등교육으로 진학하는 학생들의 비율은 20% 미만에서 50% 이상으로 엄청나게 늘어

---

* 이와 관련해서는 2020년 5월 12일 기고문 「녹색화폐의 시대」 중 '중앙은행들과 금융계의 세계화'라는 도표를 참고하기 바란다.

났다. 유럽이 처한 상황에서 빠져나오기 위해서는 지적 성찰과 정치적 고민을 처음부터 다시 해야 할 것이다. 투자, 부채, 통화공급 등의 문제들을 해결하려면 계속해서 교묘하게 왜곡되는 자동예산규정이나 밀실회의라는 틀을 벗어나야 한다. 이러한 중요 쟁점들은 각 나라의 의회에서 공개적인 방식으로 논의되어야 하며 그에 대한 결정 과정에는 사회 전체가 참여할 수 있어야 한다. 각국의 재무장관들이 모인 자리나 중앙은행 총재들만이 참석하는 회의에 전적인 의사결정권이 부여되어서는 절대로 안 될 일이다.

마지막으로 무엇보다 중요한 사항이 있다. 2008년부터 2018년 사이 실행된 통화공급 정책이 새로운 형태의 '통화주의'적인 환상으로 귀결되어서는 안 된다는 것이다. 기후온난화나 불평등 문제 등 우리가 마주하고 있는 중대한 현안들의 해결은 적절한 규모의 자원을 동원할 수 있는지 여부에만 달려 있는 문제가 아니다. 이러한 현안들에 대응하려면, 함께 부담을 지겠다는 결정을 내리는 정의로운 과정이 무엇인가에 대한 새 규범을 마련해야 한다. 그러기 위해서는 선출직 의원들로 이루어진 의회를 구성하여 소득이나 자산 및 탄소배출에 대한 누진세를 표결하고, 투명성을 바탕으로 한 새로운 금융권의 원칙을 세우는 데서부터 시작해야 한다. 통화를 활용한 문제 해결은 어느 정도의 효과는 있겠으나 맹목적으로 신봉해서는 안 된다. 화폐란 본래의 자리, 즉 세금제도와 의회를 통한 의사결정 과정이 중심 역할을 하는 제도상 도구라는 위치로 되돌아가야 한다.

(2019년 7월 9일)

공정한 퇴직연금이란 무엇인가?

시행 일정도, 방법도 불확실하긴 하지만 프랑스 정부는 대대적인 연금제도 개혁에 나설 결심을 한 듯하다. 현재 시행 중인 프랑스의 수많은 연금체계(공무원, 민간기업 회사원, 지방자치단체, 개인사업자, 특별연금체계 등이 모두 다르다)에 적용되는 규정들의 일원화야말로 연금개혁의 열쇠다. 분명히 말해두자. 보편적인 체계의 도입은 그 자체로는 아주 훌륭한 일이지만 프랑스에서는 이러한 방향의 개혁은 분명 너무 늦은 감이 있다. 젊은 세대, 특히 여러 차례에 걸쳐 연금체계상 지위 변화를 겪은 모든 이들은(민간기업과 공기업, 자영업, 근무 또는 이민 등을 다녀온 사람들) 자신이 나중에 어떤 연금혜택을 받게 되는지 아예 모르는 경우가 흔하다. 이처럼 불확실성이 커진 상황에서는 경제적인 불안감 또한 심화된다. 프랑스 연금제도는 전반적으로 재정상태가 상당히 좋음에도 불구하고 이와 같은 문제가 지속되고 있다.

정부는 우선 연금혜택을 분명히 밝히고 일원화하겠다고 선언하긴 했다. 사실 그다지 대단한 선언은 아니다. 현존하는 다양한 규정을 일원화하는 데는 실제로 여러 방식이 존재한다. 하지만 권력을 쥔 현 정권이 이 문제를 실행 단계까지 끌고 갈 만큼 국민들의 공감대를 끌어낼 능력이 있는지는 미지수다. 마크롱 정부가 내세우는 정의로운 연금체계의 원칙은 단순하면서도 실행가능성이 있어 보인다. 연금체계의 종류에 상관없이, 혹은 임금소득이나 활동소득(어떤 기업 등에 고용되어 임금을 받지 않아도 물건의 생산이나 서비스를 창출하는 활동에 참여함으로써 지급받는 임금 그리고 그로 인해 발생하는 소득_옮긴이 주) 수준과 상관없이 1유로를 납부했으면 나중에 같은 액수가 연금으로 돌아와야 한다는 논리다. 문제는 이 원칙을 따르자면 이미 자리 잡은 임금 불평등을―이는 어마어마한 수준으로 확대되는 중이다(분산된 형태의 저평가된 노동을 하는 이들도 있고, 노동에 비해 과도한 임금을 받아가는 이들도 있다)―그대로 연금체계에 반영하게 된다는 점이다. 즉, 완전한 경제적 의존 상태에 처하는 은퇴 연령에 이르러서까지 불평등에서 벗어나지 못한다는 뜻이다. 이건 '정의로운' 일이라 보기 어렵지 않은가?

이러한 어려움을 알고 있기에 연금개혁위원장인 장 폴 들르부아는 분담금 중 4분의 1은 계속해서 '연대' 용도로 사용될 것이라고 발표했다. 말하자면 자녀양육이나 경력단절에 대비한 상여금이나 최저임금노동자들의 최소연금 지급을 위해 사용하겠다는 계획이다. 여기서 문제는 위의 계산 방법에는 이견의 여지가 매우 많다는 점이다. 이 계산법은 예상수명으로 미루어 추정할 수 있는 사회적 불평등을 아주 철저하게 무시한다. 서민층의 임금노동자들이 연금을 수령하는 기간이 10년이라면 고위 간부의 경우는 보통 20년이 된다. 결국 전자가 납부한 금액의 많은 부분이 실제로는 후자의 연금으로 들어간다는 뜻이 된다(노동의 강도라는 항목은 연금체계 내에서 아주 사소하게 취급되기 때문에 그 부분과 관련한 불평등을 보완하는 데 연금은 전혀 도움이 되지 않는다).

좀 더 총체적인 이야기를 하자면, '연대'라는 게 무엇인지 정의하기 위해 조정할 수 있는 매개변수는 당연히 여러 가지가 있다. 이번에 정부가 괜찮은 제안을 내놓긴 했지만 그게 우리가 선택할 수 있는 유일한 방법은 아니라는 말이다. 대안을 도출하기 위해서는 국가적 차원의 대대적인 시민 토론을 시도할 필요가 있다. 예를 들어 들르부아 개혁안에서는 최저임금 수준 완전경력자(43년간 납입)의 경우 소득대체율(연금액이 개인의 생애평균소득의 몇 %가 되는지를 보여주는 비율_옮긴이 주)을 85%로 잡고 있다. 다음 층위인 최저임금의 1.5배 정도 소득자의 경우 소득대체율은 70%로 급락하지만 최저임금의 7배 소득 구간(즉 연간 소득 세전 12만 유로 수준)까지도 소득대체율은 70%로 동일하다. 이러한 방침을 선택할 수는 있겠지만 유일한 선택지인 건 아니다. 점진적인 소득대체율을 도입하여 최저임금 수준의 소득자에게는 85%로, 최저임금의 1.5배에서 2배 구간 소득자에게는 75~80%로 소득대체율을 점점 낮춰서 최저임금의 5배에서 7배 소득 구간에 이르면 50%에서 60%까지 낮추는 방식을 생각해볼 수 있겠다.

마찬가지로 정부가 제시한 개혁안에는 은퇴연금의 재정을 충당하기 위해서 연간 세전 12만 유로 이하 소득자 모두에게 포괄적으로 28.1%의 분납금을 걷겠다는 내용이 있다. 그 이상을 버는 사람들에게는 갑자기 분납금 비율이 2.8%로 급감한다. 공식적인 평계에 따르면 새로운 연금제도에서는 연금혜택 상한선이 세전 12만 유로 소득 수준으로 정해져 있기 때문이라고 한다. 연금혜택을 받는 데 있어 소득상한선이 있음에도 불구하고 고소득 최고경영자들조차 내야 하는 분납금에는 상한선을 두지 않았기 때문에 노년을 준비하는 데 있어 부유층의 연대를 이끌어내는 정책이라며 정부는 오히려 자화자찬을 하고 있다. 이 과정에서 사람들은 10만 유로, 20만 유로 연봉을 받는 이들은 대체로 예상수명이 아주 길다는 사실을 다시금 망각하게 된다. 결국 이들보다 기대수명이 짧은 서민층 노동소득자들이 납입한 분납금의 혜택을 고소득자들이 상당 부분 가져갈 거라는 이야기다. 연금혜택을 받는 데 있어 소득상한선이 정해져 있더라도 12만 유로 이상 소득자가 연대 명목으로 납입한다는 2.8%는 너무 낮은 수치이다. 특히나 연봉액 자체가 과연 정당한지 문제가 될 만큼의 고소득자들이라면 더욱 그러하다.

불평등 축소를 위한 소득세 혹은 연금제도가 사회 불평등을 재생산할 뿐이라는 생각 자체를 버려야 할 때가 되었다. 터무니없이 높은 보수라든지 은퇴연금 또는 경제의존도라는 화두가 새로운 차원의 중요성을 띠게 된 오늘날, 가장 뚜렷하게 납득이 가는 사회정의는 다음과 같다. 소득 수준에 관계 없이(최상위 소득자까지 포함) 연금에 대한 분납은 동일 비율로 하되(연금혜택을 받을 소득에는 상한선을 두더라도), 소득세에는 따로 누진세의 원칙을 적용하는 것이다.

분명한 게 있다면 현 정부는 사회정의라는 개념 자체에 대해 큰 불만이 있는 것처럼 보인다는 점이다. 모두가 알고 있겠지만 마크롱 정부는 프랑스의 최상위 부자들에게 세금혜택(부유세 폐지, 배당금과 이자에 대한 일괄 과세 등)을 주는 정책으로 대통령 임기를 시작했다. 최상위 부자들이 진정으로 의미 있게 사회에 기여하도록 정부가 나서서 요구해야 한다. 그렇게 하지 못한다면 이번에 정부가 제시한 연금제 개혁안이 과연 합당한지에 대해 국민들이 납득하기 어려우리라 예상한다.

(2019년 9월 10일)

순환경제를 옹호하며

순환경제économie circulaire란 말을 꺼내면 사람들은 흔히 쓰레기나 원
료의 재활용 혹은 자연자원을 적절하게 사용하는 습관 등을 떠올
린다. 하지만 지속가능하고 공정한 새로운 사회체제가 등장하려
면 우리의 경제 모델 전반을 새롭게 고민해보아야 한다. 현재 수
준의 빈부격차가 존재하는 한 환경친화적인 세상을 이루고자 하
는 소망은 실현될 수 없다. 에너지 자원을 절제의 원칙하에 활용
하는 삶의 방식을 정착시키려면 경제와 사회문제에서도 절제 있
는 원칙이 세워져야 한다. 고삐 풀린 듯이 뭐든지 과도한 생활양
식을 유지해서는 불가능한 일이다. 민주적인 토론과 대화를 거쳐
서 사회문제나 교육·조세·환경과 관련된 새롭고 정의로운 규범
을 세우고 그러한 규범들을 통해 경제권력이 극소수에게 집중되
어 있는 현재의 경제 모델을 극복할 필요가 있다. 그와는 반대로
21세기 경제는 권력과 부와 지식이 모두 영속적으로 순환하는 체
계에 기반을 두어야 한다.

교육과 소유권을 다수가 누릴 수 있게 된 20세기 들어서야 인간적인 방식 그리고 사회문제에 관심을 기울이는 방식으로 발전을 도모하는 시대가 도래했다. 이미 18세기와 19세기에도 지적 담론을 통해 이러한 움직임이 싹트기 시작했고, 1900~1910년대부터 1970~1980년대에 이르는 동안 불평등을 축소하고 사회이동의 가능성을 확대하는 강력한 움직임에 가속이 붙었다. 이것이 가능했던 이유는 교육에 유례없이 엄청난 투자가 이루어졌고 임금 노동자의 권리를 강화하여 주주의 권리와 균형을 잡아가는 작업(특히 북유럽 국가들에서)이 있었으며 누진세제 도입(특히 미국에서)을 통해 소득과 자산의 순환이 이루어졌기 때문이었다.

　이러한 움직임은 1980~1990년대에 들어서면서 중단되었다. 공산주의 몰락으로 인한 환멸과 레이건 정권의 등장으로 추가 반대 방향으로 기울었다. 탈공산주의는 하이퍼자본주의에게 최고의 동지가 되었다. 자연자원의 극한 착취와 사유화로 소수에게만 혜택이 돌아가게 되었고, 조세피난처들이 등장해 합법적으로 자국의 조세와 사법체계를 피할 수 있는 길이 열렸다. 모든 누진세는 완전히 폐지되었다. 푸틴이 지배하는 러시아에서는 소득세율이 13%로 고정되어 있는데, 이 세율은 당신의 소득이 1,000루블이든 10억 루블이든 상관없이 똑같이 적용된다. 이러한 현상은 중국에서도 벌어지고 있다. 중국공산당 고위 권력자들의 측근이라면 재물을 쌓아 제국을 건설하고도 이를 상속세 한 푼 내지 않고 자손에게 물려줄 수 있다. 이러한 이유로 홍콩은 공산주의를 표방하는 정권에 주권이 이양된 후 오히려 불평등이 훨씬 심각해진, 참으로 놀라운 사례가 되었다.

이보다는 덜 극단적인 예를 들어보자. 1980년 레이건 정권이 등장한 후 최상위 부유층에 부과되는 세율이 70%에서 30%로 낮아졌다. 레이건 대통령은 뉴딜 정책에서 기인한 과도한 재분배 및 평등주의 정책이 너무 길게 이어졌다고 주장하고, 누진소득세가 반공산주의 기치를 내건 자유 진영의 십자군을 이끌어야 할 미국을 너무 물렁하게 만들어버렸다고 비난하며 제동을 걸었다. 민간 사업자들에게 에너지 분야를 개방하면서 레이건은 유례없는 새로운 경제성장의 시대가 도래할 거라 주장했다. 물론 불평등은 확대되고 억만장자들의 숫자와 권력도 모두 늘어나겠지만, 자신이 추구하는 정책은 대중에게도 도움이 될 엄청난 혁신을 가져와 결국에는 모두에게 혜택이 돌아가게 되어 있노라고 호언장담했다. 실제로 미국 경제에서 억만장자들이 차지하는 비중은 1980년대 이후로 급증해서 미국의 자산 집중도는 이제 20세기 초에 절정에 이른 유럽의 사유재산 집중도와 가까워졌다.

문제는 레이건이 약속했던 역동적인 경제성장이 일어나지 않았다는 사실이다. 1인당 국가소득 성장률은 과거와 비교할 때 절반으로 뚝 떨어졌다(1950~1990년 사이에는 연간 2.2%, 1990~2020년 사이에는 1.1%였다). 임금 수준도 정체되었고, 세계화에 대해 의심을 품는 사람들이 점점 더 많아졌다. 트럼프식의 국가주의가 강경 태세로 바뀐 직접적인 이유는 레이건주의가 실패했기 때문이라고 보아야 한다. 경제 분야에서 자유주의를 고수하는 것만으로는 근본적으로 문제를 해결할 수 없으니 미국 백인사회가 애써 일궈

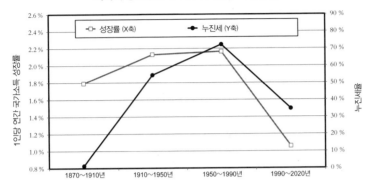

미국의 경제성장과 누진세, 1870~2020년

해석: 미국에서 1인당 국가소득 성장률은 1950년부터 1990년 사이 연간 2.2% 정도였고, 1990년부터 2020년까지의 시기에는 1.1%였다. 한편 최상위 소득층에 부과되는 한계세율은 동일 시기에 각각 72%였다가 35%로 내려앉았다.

출처: 《자본과 이데올로기》 중 도표 11.13 및 piketty.pse.ens.fr/ideologie

놓은 힘든 노동의 열매를 훔쳐간다는 누명을 씌워 중국인들과 멕시코인들을 비난하는 걸로 대신하겠다는 것이다.

레이건주의가 실패한 사실을 통해 우리는 자산 소유나 경제권력이 극도로 집중되는 현상은 우리 시대의 순환경제 모델에 부합하지 않는다는 걸 알 수 있다. 누군가가 30세에 이미 부자가 되었다고 해서 그 사람이 50세가 되어도, 나아가 60세, 90세가 되어도 당연히 부자여야 하는 것은 아니다. 경제성장이 둔화된 이유는 1990년대 이후 교육에 대한 공공투자가 걱정스러울 정도로 정체되어 있고, 미국이나 유럽 모두 교육에 대한 접근에 있어 엄청난 불평등이 존재하기 때문이다.

기후변화라는 과제, 불평등의 부작용에 대한 세계 공동체의 각성은 변화를 이끌 힘이 될 수 있다. 다국적 기업이 벌어들이는 이윤에 대한 법인세 부과를 논하는 OECD의 계획안은 너무나 부수적인 부분만을 대상으로 하는 데다가, 재분배 방식이 가난한 나라들보다 이미 잘 살고 있는 나라들에게 훨씬 유리하게 고안되었다 (이러한 분석은 '국제법인세제 개혁을 위한 독립위원회Icrict'의 연구결과가 잘 보여주고 있다).* 최근 미국에서 출간된《그들은 왜 나보다 덜 내는가The Triumph of Injustice》라는 책의 저자인 이매뉴얼 사에즈와 게이브리얼 저크먼은 OECD의 보고서보다 훨씬 야심 찬 해결책들을 제시한다.** 이들이 핵심적으로 다루는 주제는 금융시장의 투명성과 누진과세제도의 복귀다. 이는 보건 분야의 발달, 교육 기회의 평등, 환경친화적 사회를 향한 사회개혁 조치들을 위한 재정을 충당하기 위해 꼭 필요한 조건들이다. 이러한 제안은 미국 민주당 정치인들(특히 워렌과 샌더스)에게 인기였고, 이들이 이에 관심을 가졌다는 사실은 상당히 고무적이다.

그렇다고 해서 유럽은 넋을 놓은 채 미국으로부터 변화의 물결이 도착하기만을 기다리고 있어선 안 된다. 과거의 입장에서 벗어나 친환경 뉴딜 정책Green New Deal에 힘을 실어주기 위해서는 사회정의와 조세정의 분야의 강력한 조치들이 유럽에서도 실행되어

---

* Independent Commission for the Reform of International Corporate Taxation (Icrict), 「Icrict Response to the OECD Consultation on the Review of Country-by-Country Reporting (BEPS Action 13)」, https://www.icrict.com
** 프랑스어 번역판은 다음과 같이 출간되었다.
  Emmanuel Saez, Gabriel Zucman, 《Le Triomphe de l'injustice. Richesse, évasion fiscale et démocratie》, trad. Cécile Deniard, Paris, Seuil, 2020.
  또한 다음의 링크를 확인하기 바란다. https://taxjusticenow.org/#/

야 한다. 그러한 비용을 치러야만 영국의 노동당을 유럽의 궤도로 다시 끌어올 수 있다. 영국 총선에서 보수당이 승리하는 끔찍한 사태를 막을 가능성이 생긴다. 베를린 장벽이 무너진 지 30년, 이제 평등, 순환경제, 참여사회주의*라는 가치를 향한 행진이 다시 시작되어야 할 때가 되었다.

(2019년 10월 15일)

---

* 내 책 《자본과 이데올로기》에서 언급한 바 있는 내용이다.

경제정의를 통해
정체성 갈등에서 벗어나자

오랫동안 유럽인들은 미국에서 사회계층과 인종문제 갈등이 정치권과 유권자들의 대립 구도로 이어지는 모습을 먼 산 보듯이 바라보기만 했다. 프랑스를 비롯한 유럽 전역에서 점점 정체성에 기반한 갈등이 커지고 있는 가운데, 이러한 갈등에 내재된 잠재적 파괴력을 감안하면 이제 유럽 바깥에서 온 교훈들을 곱씹어볼 필요가 있다.

역사를 거슬러 올라가보자. 1861년부터 1865년까지 이어진 미국 남북전쟁 당시 노예제를 지지했던 민주당은 점차 변화하여 1930년에는 루스벨트 대통령과 뉴딜 정책으로 대표되는 정당으로 탈바꿈했다. 1870년부터 민주당은 사회적 차이주의(생물학적인 차이가 있다는 생각을 바탕으로 발생하는 인종주의를 말하며, 인종차별과 다른 '문화적 인종주의'의 혹은 '신인종주의' 등으로 불리기도 한다. 특정 인종이나 민족 집단은 문화적인 차이로 인해 서로 어울릴 수 없다는 생각을 기반으로 한다_옮긴이 주)라 부를 법한 이데올로기를 바탕으로 정체성을 재수립하기 시작했다. 민주당은 흑인들에게는 극도로 불평등한 분리주의를 견지하고 백인들에게는(특히나 아일랜드와 이탈리아에서 새롭게 도착하는 이민자들에 대해서) 공화당보다 훨씬 더 확고한 평등 주의를 표방했다는 의미다. 민주당원들은 1913년 연방소득세를 도입하는 데 성공했고, 1929년 대공황 이후에는 사회보장제도의 발전을 이끌었다. 마침내 1960년대가 되자 흑인 운동가들의 압력 과 냉전, 탈식민 등 소용돌이치는 지정학적 상황으로 인해 민주 당은 노예제를 지지했던 자신들의 엄중한 과오에서 벗어났다. 시 민권과 인종 간 평등을 지지하는 정당으로 탈바꿈하기 시작했다 는 뜻이다. 이 시점부터 공화당은 점차 인종주의적인 성향을 가진 유권자들의 표를 잠식하기 시작했다. 정확히 말하면 연방정부와 고학력 백인 엘리트들은 오직 소수집단에게만 혜택을 준다고 믿 는 다른 모든 백인들의 표를 끌어오기 시작했다. 이러한 변화 과 정은 1968년 닉슨 대통령, 1980년 레이건 대통령 집권 이후에 시 작된 흐름이며 이는 2016년 이후 트럼프 시대에 더욱 고착화되었 다. 레이건 정권이 약속한 경제성장과 번영이 실패로 돌아간 이후 등장한 정체성 기반 국가주의 담론을 더욱 강경하게 끌어가는 인 물이 바로 트럼프다. 공화당원들이 얼마나 드러내놓고 흑인들에 게 반감을 보였는지를 생각해보면 흑인 유권자들의 표가 1960년 대 이후 90%까지 민주당에게 몰렸다는 사실은 놀랄 일이 아니다 (미국 사회에서 '보조금 여왕welfare queen'이라는 말은 흔히 한 부모 가정을 꾸 리는 흑인 엄마들의 게으름을 상징하는 표현으로 쓰였다. 레이건 정권은 이 러한 표현을 퍼뜨려 보조금에 의지하는 이들에게 낙인을 찍었고 트럼프는 샬

정치 갈등과 민족정체성: 1948~2016년 미국의 상황

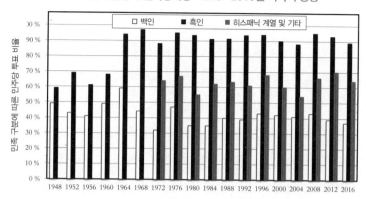

해석: 2016년 대선에서 민주당 후보는 백인 유권자(총유권자의 70%) 중 37%의 지지를 받았고 흑인 유권자(총유권자의 11%) 중 89%, 히스패닉 계열과 그 외 다른 민족에 속한다고 밝힌 유권자(총유권자의 19%인데, 히스패닉 계열 유권자만 해도 총유권자의 16%를 차지한다) 중 64%의 지지를 받았다. 1972년으로 돌아가보면 민주당 후보에 투표한 비율은 백인 유권자(총유권자의 89%) 중에서 32%, 흑인 유권자(총유권자의 10%) 중 82%, 그리고 히스패닉 및 그 외 민족 유권자(총유권자의 1%) 중 64%였다.

출처: 《자본과 이데올로기》 중 도표 15.7 및 piketty.pse.ens.fr/ideologie

정치 갈등과 출신 배경: 프랑스와 미국의 비교

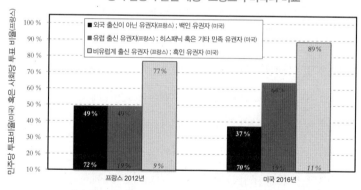

해석: 2012년 프랑스 대선 2차 투표에서 사회당 후보에 표를 던진 비중을 보면 외국 출신이 아닌 유권자(조부모 대까지 외국인이 없는 사람을 의미한다)와 기타 유럽 국가 출신 유권자(특히 스페인, 이탈리아, 포르투갈)에서 49%, 비유럽 출신 유권자(주로 북아프리카와 사하라 이남 아프리카 출신)에서 77%에 이른다. 2016년 미국 대선에 나타난 투표 성향을 보면 백인 유권자의 37%, 히스패닉 계열 혹은 기타 민족 유권자의 64%, 그리고 흑인 유권자의 89%가 민주당 후보에게 표를 던졌다.

출처: 《자본과 이데올로기》 중 도표 15.9 및 piketty.pse.ens.fr/ideologie

러츠빌에서 벌어진 백인우월주의자들의 폭동을 옹호하기까지 했다).

이와 같은 정체성에 기반한 분열 구도가 유럽에서도 심화되고 있다. 비유럽계 이민자들에 대한 우파의 적개심으로 인해 이민 가정 출신 유권자들은 자신들을 배척하지 않는 유일한 정당들(결국 좌파 정당들이다)에게 표를 던지게 되었다. 그러다 보니 우파 정치인들이 좌파 정치인들은 이민자들에게만 혜택을 준다고 비난하는 악순환이 벌어진다. 예를 들어 2012년 프랑스 대통령 선거 당시 2차 투표 통계를 살펴보자. 조부모 세대에 1명이라도 비유럽 출신이 있는 유권자 중 77%가(전체 유권자의 9%) 사회당 후보에게 표를 던졌다. 다른 유럽 국가 출신 유권자들(전체 유권자의 19%)과 조부모 대까지도 비유럽 출신이 없는 유권자들(유권자의 72%)은 모두 49% 비율로 사회당 후보를 택한 것과는 대조되는 현상이다.

미국과 비교해보면 유럽에 살고 있는 '소수집단'은 현지인들과 통혼할 확률이 훨씬 더 높다(북아프리카 출신 이민 1세대 중 30%가 프랑스인과 결혼한 반면, 미국 흑인의 경우는 백인과 결혼한 비율이 10%를 겨우 넘긴다). 이는 적어도 원칙적으로는 공동체 간의 분열과 대립을 줄여줄 수 있는 요소다. 이러한 측면과는 반대로, 종교적 차원의 대립과 이슬람을 둘러싼 문제로 인해(미국에서는 별로 쟁점이 아니다) 안타깝지만 유럽의 상황 또한 경직되어가고 있다.

이러한 관점에서 유럽의 상황은 인도와 비슷해지고 있다. 힌두 민족주의 성향의 인도인민당은 국내 무슬림 소수집단 배척을 자신들의 기조로 삼아 발전한 정당이다.* 인도에서 정체성을 둘러싼 대립은 소고기 섭취 여부와 채식주의를 통해 표출된다. 프랑스에서는 이러한 쟁점이 무슬림 여성들의 히잡 착용 논란으로 집약되며, 가끔은 치마 길이나 바닷가에서 수영복 대신 레깅스를 입고 수영하는 것에 대한 논란으로 표출되기도 한다. 인도의 힌두 민족주의자, 프랑스의 세속주의 및 국민전선 지지자들이 가진 공통점은 반무슬림 정서에 집착한다는 것이다. 이들의 집착은 여러 다양한 소수집단의 권리를 수호하려는 모든 이들을 싸잡아 비난하며 험악한 말을 퍼붓는 방식으로 표출된다(소수집단에 대한 지지가 곧 이슬람 근본주의에 대한 동조와 마찬가지라는 식의 비난을 받게 된다). 다른 한편으로는 이 두 나라에서 소수집단 지지자들이 갈등을 악화시킬 위험이 있긴 하다. 종교적 이유로 히잡을 착용하려는 여성의 정당한 권리를 수호하려다 보니 히잡을 쓰지 않기로 결정한 여성의 권리, 혹은 히잡을 쓰라는 시대착오적인 압박을 받는 여성들의 권리는 뒷전으로 물러날 수 있다는 뜻이다.

사태가 이렇게 치명적일 정도로 악화되는 상황을 어떻게 벗어나야 할까? 우선 불평등과 차별 요소들에 대한 투쟁 그리고 경제정의 실현이라는 기준을 바탕으로 한 토의가 이루어져야 한다. 구직 과정에서 같은 학위를 가지고 있어도 아랍이나 무슬림 계통의 이름을 가진 사람들은 면접 단계까지 가지 못하는 일이 흔하다는 사실이 여러 연구와 실험을 통해 입증되었다. 차별 행위들의 추이를 추적할 수 있는 지수들을 개발하고, 이러한 행위에 제재를 가

---

* 2019년 4월 16일자 기고문 「인도의 기본소득 공약」 내용 중에서 '카스트와 종교별로 본 인도인민당 투표 비중, 1962~2014년' 도표를 통해 확인할 수 있는 내용이다.

할 수 있는 방도를 마련하는 일이 시급하다.

더 넓게 보면, 정체성을 둘러싼 갈등이 점점 경직되고 출구가 없다고 느껴질 정도로 지속되는 이유는 경제문제를 둘러싼 논의가 이루어지지 않고 있기 때문이다. 국가가 이 갈등의 대안이 될 만한 경제정책을 내놓는 것은 포기한 채 '이제 국경을 제외하고는 아무것도 규제하지 않는다'는 식의 자세를 취하는 순간, 정치 논의는 온통 국경과 정체성 문제들에만 집중되는 게 당연하지 않은가. 정체성 담론에 집착하는 국민주의와 엘리트 중심의 자유주의 사이에 충돌이 발생하는 건 뻔한 일이다. 이제는 그러한 갈등 구조를 거부하는 모든 시민들이 다시 정신을 차려서 경제체제 변화를 위한 계획을 세우는 데 힘을 모아야 할 때다. 그 작업은 교육 분야에서 정의를 확립하고 철저한 자본주의에 기반한 소유제도를 극복하며 기존 유럽연합의 조약들을 구체적이고 현실에 맞게 수정하는 데서 시작한다. 사소한 문제에 대한 갈등이나 해묵은 증오를 극복하지 못한다면 그때는 이민자 혐오가 모든 걸 압도해버릴지도 모른다.

(2019년 11월 12일)

다양한 방식의
보편연금제가 가능하다

연금개혁의 다양한 대안들을 놓고 평온한 토론이 가능한가? 정부의 태도로 미루어보면 회의적이다. 현 정부는 연금개혁을 둘러싼 논의를 '당신들은 내 계획을 지지하는 사람이거나(정부의 개혁안 자체도 매우 애매모호하다), 그렇지 않으면 옛 시대의 기득권을 지키기 위해 그 어떤 변화도 거부하려 드는 수구세력임이 분명하다'는 논리에 가두려 하고 있다.

사실 보편적인 연금체계를 설계할 때 사회정의와 불평등 축소에 얼마나 중점을 두느냐에 따라 다양한 체계가 구상될 수 있으므로 정부의 이러한 이분법적 시각에는 문제가 있다. 오래전부터 CGT(프랑스의 거대 노동조합 중 하나_옮긴이 주)가 주장해온 '연금체계 공동운영Maison commune des régimes de retraite'(프랑스에 존재하는 다양한 연금체계를 넘나드는 사람들을 위해 동일한 혜택을 보장하면서 연금체계 이동이 가능하도록 하자는 개혁안_옮긴이 주)부터 들르부아의 제안서에 소개된 내용에 이르기까지 그 범위가 방대하다. 나는 2008년

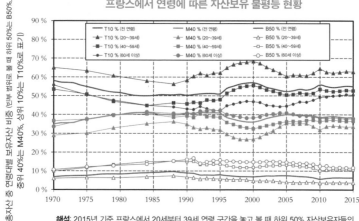

해석: 2015년 기준 프랑스에서 20세부터 39세 연령 구간을 놓고 볼 때 하위 50% 자산보유자들의 자산은 4%에 불과하다. 중위 40%가 34%, 상위 10%가 62%를 보유하고 있다. 60세 이상 연령층을 보면 각 구간의 자산 비중은 동일 연령대의 총자산 중 각각 12%, 38%, 50%다. 즉 전 연령층에서 자산은 특정 집단에 집중되어 있다는 의미다.

출처: piketty.pse.ens.fr/ideologie

에 앙투안 보죠와 함께 연금체계 일원화를 위한 몇 가지 실마리를 논하는 소책자를 펴낸 바 있다. 그 책에는 여러 한계가 있었지만, 출판 이후 이어진 논의를 통해 몇 가지 핵심적인 부분에 대해 상세한 설명을 더할 수 있다. 특히 그 책자에서 기대수명이 불평등하다는 사실을 보완하기 위한 여러 해결책들을 제시한 바 있었다. 직접적인 방식으로 직종별 수명을 고려하는 방식(예를 들어 특정 노동자 직군이 은퇴 이후 10년을 더 산다면 중간 간부들은 은퇴 후에도 20년을 더 산다는 차이를 연금체계 안에서 조정하기 위함이다)이 있을 수 있다. 간접적이고 대략적인 방식으로는 급여가 높은 사람들의 분납금 비율을 구조적으로 높이고(이들이 평균적으로 연금혜택을 받는 기간이 더 길기 때문이다), 최저임금 층위에는 연금수령액을 높이는 방식이 있다(이들은 평균적으로 연금혜택 기간이 더 짧다). 2008년에 낸 소책자에서는 이러한 제안들을 언급하고 나열하는 데 그쳤고 명확한 결론을 내놓지 않았다. 명확한 결론을 내지 않으면 문제 자체를 회피하게 될 위험이 있는데, 바로 현 정부의 연금개혁이 바로 이런 태도를 반영한다.

잘 생각해보면 직접적인 방식은 실용성이 떨어지므로 차라리 명쾌하게 두 번째 언급한 간접적 접근 방식을 택하는 게 낫다. 기대수명의 차이를 감안할 필요가 있으므로 높은 급여를 받는 사람들보다 중간 혹은 낮은 수준의 급여를 받는 사람들의 연금에 유리한 계산방식을 도입하자는 이야기다. 물론 이건 복합적인 문제에 대해 내놓는 불완전한 답안이다(기대수명의 차이는 물론 급여 수준뿐 아니라 다양한 요소에 의해 결정된다. 그렇기에 유난히 업무 강도가 높은 직종이 있다는 점 또한 연금체계에서 감안할 필요가 있다). 그래도 이 해답은 전통적인 답안보다는 만족스럽다. 전통적 답안이란 연금문제는 너무나 방대하고 복잡하다고 말만 꺼내고 해결을 위한 근본적인 대책을 세우기 위해서는 아무것도 하지 않는 태도를 말한다.

크게 보면 기대수명의 문제를 떠나 연금체계를 오직 직업활동 당시 확립된 불평등을 노년에 이르기까지 재생산하는 제도일 뿐이라고 비난하는 건 고리타분한 생각이다. 노동시장에서 커져만 가는 불평등 요소들, 은퇴 이후 경제적인 의존이 확대됨으로 인해 사회 전체가 짊어지게 될 새로운 현안들을 감안할 때 이제는 연금체계를 재분배의 관점에서 바라볼 필요가 있다. 구체적으로는 최저연금 수령 계층의 혜택을 보장하고 개선하는 데 노력을 기울여야 한다(이들은 최저임금부터 최저임금의 3배 정도 되는 소득이 있는 이들이다). 임금이 높고 자산보유액도 상당한 이들에게는 연금제도에 더 많이 기여하라고 강제하는 한이 있더라도 말이다.

현 정부가 내놓은 개혁안에 드러난 가장 큰 문제는 사회정의를 실현하겠다는 의지가 전혀 보이지 않는다는 점이다. 사실 연금개혁안 말고도 정부의 전반적인 기조도 마찬가지였지만 말이다. 마크롱 정부의 정책은 임기 시작부터 부유세 폐지와 일괄과세 등의 조치로 부유층에게 엄청난 세금혜택을 주고 한편으로는 상대적으로 소득이 낮은 공공기관과 민간기업의 노동자들을 대립시키고 있다. 그러나 위에서 언급한 CGT의 개혁안이나 CFDT의 요구사항 몇 가지를 감안하여 사회보장의 측면에서 좀 더 공정한 보편연금체계를 고안하는 작업은 충분히 가능하다. 예를 들어보자. 들르부아 개혁안은 최저임금 수령자가 완전경력에 이를 시(즉, 43년간 불입) 임금의 85%를 보장한다고 한다. 그러고는 갑자기 최저임금의 1.5배 정도의 급여를 받는 사람의 소득대체율은 70%로 확 떨어진다. 최저임금의 7배 수준을 버는 사람까지도(세전 연봉 12만 유로까지) 70%의 소득대체율을 적용하면서 말이다. 정부로서 충분히 선택할 수 있는 방안이지만 유일한 대안이 아니란 건 분명하다. 최저임금 소득자는 85%, 최저임금 2배 소득자는 80%, 최저임금 3배 소득자는 75% 정도로 소득대체율을 낮추다가 최저임금 7배 소득자에게는 50%까지 낮추는 방안을 고려할 수 있다. 또한 은퇴 후의 생활수준을 감안할 때 그 구간의 격차를 더 줄여서 계산하는 방식 또한 고려할 만하다.

어떤 방식을 택하든 새로운 보편연금체계는 '확정된 연금수당'을 원칙으로 움직여야 한다는 게 핵심이다. 각자의 급여 수준에 따라 지정된 소득대체율이 적용되어 사전에 은퇴연금이 정해져 있어야지 포인트 제도로 운영되어서는 안 된다는 뜻이다. 지난 10년간 공무원 연금 포인트 동결 사례가 보여주듯이 포인트 제도는 추후에 혜택이 대폭 줄어드는 결과를 초래할 수가 있다. 2008년 앙투안 보죠와 냈던 소책자에서 제안한 '유로화 구좌' 체계는 포인트 제도의 논리에서 벗어나기 위한 발상이었지만, 궁극적으로는 확정연금수당체계보다 투명하지 않고 연금 수급자를 불안하게 만들 수 있는 체계라는 점이 드러났다.

마지막으로 보편연금체계의 재원 조달은 모두의 연대와 기여를 통해 이루어져야 한다. 최상위 소득층의 참여가 무엇보다도 절실하며 모든 임금 구간에서 적어도 28%를 불입할 필요가 있다. 들르부아 개혁안에서처럼 최고소득 구간에 있는 사람들에게 (12만 유로 이상) 소득의 2.8%를 분담금으로 납부하게 하는 것이 아니라 이들에게도 똑같이 28%를 적용해야 한다. 연금제도에 누진 적용을 고려해볼 수 있겠다. 이는 임금소득과 보유자산에서 최상위에 속하는 사람들의 기여도를 더욱 높이는 방안이다. 직업활동을 하고 있는 연령대에서든 노년층에서든 우리 사회는 자산의 불평등이 매우 심하기 때문에 더욱 필요한 조치다. 보편연금체계는 다양한 방식으로 구성이 가능하다. 이제는 공공의 장에서 이 문제를 논의할 때다.

(2019년 12월 10일)

환경문제와 불평등에 대한 현실 부정

기후변화를 부정하는 움직임이 겉으로 보기에는 약해진 듯하다. 그런데 이젠 불평등이란 없다고 현실을 부정하는 세력이 대두하는 모양새다. 프랑스 정부도 거기에 포함된다. 2017년 집권 이후 시행한 모든 정책이 마치 프랑스는 지나치게 평등해서 문제라고 말하는 듯한 조치들이다. 그렇게 생각하지 않고서야 임기 초기부터 최고 부유층에게 세금혜택을 안겨준다는 건 말이 되지 않는다. 최근 프랑스 시민들이 들고 일어나 공정을 요구하는 사태를 정부가 도무지 이해하지 못하는 건 그런 이유 때문인 듯하다. 연금이라는 구체적인 사안에 대해 말해보자. 보편연금체계를 구축하는 건 가능한 일이지만 반드시 중소 규모의 연금을 수령하는 이들의 연금혜택을 개선한다는 조건이 붙어야 한다. 임금소득과 보유자산에서 최상위에 속하는 이들에게 훨씬 더 많은 사회기여를 요구하는 한이 있더라도 말이다. 프랑스 사회의 맨 꼭대기에 올라 있는 지도자들이 반드시 이해해야 할 점은 노후의 삶이나 늙어감 자

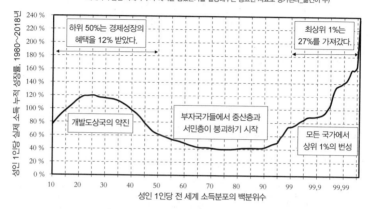

하위 50%는 경제성장의
혜택을 12% 받았다.

최상위 1%는
27%를 가져갔다.

개발도상국의 약진

부자국가들에서 중산층과
서민층이 붕괴하기 시작

모든 국가에서
상위 1%의 번성

성인 1인당 실제 소득 누적 성장률, 1980~2018년

성인 1인당 전 세계 소득분포의 백분위수

해석: 세계 하위 소득 50% 집단은 1980년부터 2018년까지 상당한 구매력 증가로 이어진 경제성장을
경험했다(+60%에서 +120%까지). 세계 최상위 소득 1% 집단은 이보다 훨씬 더 큰 구매력 증가 혜택을 보
았다(+80%에서 +240%). 중간 소득 집단은 반면에 성장이 제한적이었다. 세계 소득 분포에 있어 하위층과
중위층 사이의 불평등은 축소되었으나 중위층과 상위층의 불평등은 오히려 늘어났다는 뜻이다.

출처: 《자본과 이데올로기》 중 도표 0.5 및 piketty.pse.ens.fr/ideologie

체가 인간의 존엄성과 평등이라는 화두에 있어서 새로운 고민거
리를 안겨주는 우리 시대의 현안이라는 사실이다.

보다 넓은 관점에서 얘기해보자. 공정을 요구하는 목소리는 세
계 곳곳에서 다양한 시위와 운동을 통해 표출되고 있다. 한편 재
계와 밀접한 언론에서는 지난 수십 년간 이어진 불평등 확대 현상
을 상대적으로 축소하여 보도하려는 모습을 보인다. 물론 경제지
〈이코노미스트〉가 평등을 위한 투쟁의 선봉에 서기를 기대하는
사람은 아무도 없다. 그렇다고 해서 확실한 자료가 말해주는 사실
을 왜곡할 필요는 없지 않은가.

한층 더 안타까운 사실은 선진국 정부들이 지난 2008년 세계 경제위기 이후 부의 재분배에 있어 투명성을 개선하려는 진정한 노력을 한 적이 없다는 사실이다. 조세피난처 규제에 대한 엄중한 선언이나 은행 정보의 자동 전송 등 그럴듯한 말을 잔뜩 늘어놓았으니 사람들이 금융계 특유의 불투명성이 많이 줄어들었을 거라고 생각하는 게 당연하다. 당시 정부들의 약속에 따르면 원칙적으로 소득이나 자산 규모에 따라(특히 최상위 부유층에 있어서) 부의 재분배 변화 양상을 추적할 수 있도록 금융 및 조세 관련 자료들을 수집하고 공개하는 작업이 지금쯤이면 모든 나라에서 가능한 상태여야 한다. 슬프게도 현실은 전혀 그렇지 않다. 여러 나라에서 보유자산이나 자본소득에 대한 누진세가 폐지되면서—프랑스에서도 그렇지만 독일이나 스웨덴, 미국도 마찬가지다— 심지어 확인할 수 있는 공개자료가 오히려 줄어드는 사례들이 속출하고 있다. 관련 연구자들이나 공공기관에서조차 경제잡지에서 발표하는 부자 순위에 의지해야 하는 일이 빈번하게 일어난다. 물론 그 순위에서도 최상위 부유층이 점점 더 부유해져가고 있다는 사실 정도는 확인할 수 있다. 하지만 이토록 중요한 문제에 대해 차분하고 민주적인 토론을 하기 위해 반드시 갖춰야 하는 자료의 투명성이나 엄밀함이라는 조건을 잡지 기사로 충족시킬 수는 없다. 흔히들 빅데이터의 시대를 살고 있다고 말한다. 아마도 몇몇 독점 대기업에게는 맞는 말인지 모른다. 우리가 자신의 개인정보를 뒤질 권리를 그들에게 넘겨버렸으니 말이다. 하지만 부의 분포라든지, 부의 재분배 추이를 살펴볼 국가통계자료에 접근하는 문제에 있어서는 빅데이터는커녕 불평등 축소에 반대하는 세력들이 교묘한 암막을 드리워놓은 시대를 살고 있다.

그것도 모자라서 정치 활동의 핵심을 불평등 축소에 두어야만 해결할 수 있는 환경문제에 대해서는 아예 잊어버리는 일이 다반사다. 경제적·사회적 발전을 가늠할 수 있는 지수들 또한 물론 근본부터 다시 검토되어야 한다. 우선 각국 정부와 언론이 국내총생산 개념 사용을 중지하고 '국가소득' 개념에 집중해야만 한다. 이 지수들 사이의 핵심적인 차이점 2가지를 짚어보겠다. 국가소득은 국내총생산 수치에서 외국으로 빠져나가는 소득(나라별 상황에 따라 반대로 외국으로부터 유입되는 소득을 더해야하는 경우도 있다)과 자본소비(원칙적으로 모든 형태의 자연자본 소비는 포함하는 게 맞다고 생각한다)를 제외한 액수다. 간단한 예를 들어 설명해보자. 만약 영토 내에서 1,000억 유로어치의 탄화수소가 나온다면 (혹은 영해에서 그만큼의 생선이 잡힌다면) 국내총생산에는 1,000억 유로가 더해진다. 하지만 그 과정에서 탄화수소의 매장량이나 영해의 물고기 수가 줄어드는 셈이므로 국가소득 개념상으로는 전혀 수치가 증가하지 않는 것이다. 게다가 탄화수소를 연소시킴으로써 공기가 오염되어 전보다 살기 힘든 곳이 된다면 국가소득 차원에서는 부정적인 영향을 준다고 보아야 한다. 물론 탄소배출의 사회적인 비용을 정확하게 계산해야겠지만 말이다.

국내총생산 개념 대신에 국가소득 지수와 국가자산 개념을 이용하고, 평균 수치보다 재분배에 집중한다고 문제가 다 해결되는 것은 물론 아니다. 여전히 갈 길은 멀다. 또 하나 시급한 일이 있다면 기후와 환경 변화를 탐지할 수 있는 다양한 지수들을 개발하는 작업이다(배출량, 공기의 질, 생물종의 다양성 등). 하지만 소득이나 자산 개념을 배제한 채 이러한 지수들만 놓고 앞으로의 논의를 이어갈 수 있다고 생각하면 그 또한 오산이다. 대다수 시민들이 납득할 수 있는 새로운 정의 규범을 확립하기 위해서는 상이한 사회 집단들에게 요구되는 노력을 검증할 수 있어야 한다. 그러기 위해서는 한 나라에서뿐 아니라 나라들 간, 혹은 시대별로 부의 수준을 비교할 수 있어야 한다. 소득이나 성장 같은 개념들을 모두 폐기해버리는 게 환경을 구하는 길이 아니다. 사회 현안들을 무시한다면 환경주의 정당들은 오히려 기득권층 유권자들만을 끌어들이게 되고, 결국 보수주의자와 국가주의자가 정권을 잡게 되는 사태가 발생할 위험이 있다. 기후와 불평등 문제는 동반 해결해야만 한다. 그렇기에 이 2가지 문제에 대한 현실 부정의 움직임에 대해서는 한목소리로 맞서 싸워야 할 것이다.

(2020년 1월 14일)

국가자유주의에 맞서는
사회연방주의

며칠 전 영국이 유럽연합을 공식 탈퇴했다. 브렉시트는 2016년 미국에서 트럼프가 대통령으로 당선된 사건과 함께 세계화 시대 역사의 중요한 전환점이라는 사실을 명심해야 한다. 1980년대 미국과 영국은 각각 레이건 대통령과 대처 수상이 이끌던 시기 초자유주의를 선택한 이후로 불평등의 엄청난 확대를 경험한다. 30년이 지난 지금 두 나라는 국가주의를 선택하면서 국경과 국가정체성이라는 담론으로 회귀하는 중이다.

이 전환기를 바라보는 관점은 여러 가지가 있을 수 있다. 지금의 상황은 어떤 의미에서는 레이건주의와 대처주의가 실패한 결과라고 볼 수 있다. 영국과 미국의 중산층과 서민층은 온전히 자유주의를 선택한 사회 속에서 정부가 약속했던 번영을 누리지 못했다. 시간이 지나면서 이들은 세계화된 경제체제와 국제경쟁으로 인해 삶이 힘들어진다고 느끼기 시작했다. 그러니 잘못을 뒤집어쓸 대상을 찾아야 했고, 트럼프는 멕시코 노동자들과 중국을 미국 백인들이 힘겨운 노동으로 일궈낸 결실을 훔쳐가는 음흉한 세력으로 몰아세웠다. 브렉시트를 주장한 이들이 찾아낸 희생양은 폴란드 이민자와 유럽연합, 즉 위대한 영국에 반기를 드는 모든 이들이었다. 국가주의나 정체성을 기반으로 한 폐쇄적인 정책 기조는 결국 우리 시대의 중대한 현안들, 즉 불평등과 기후변화 문제를 해결할 수가 없다. 트럼프와 브렉시트를 지지하는 정권은 최상위의 부를 누리고 국가 간 이동이 자유로운 계층에게 유리한 세금혜택과 사회정책을 확대했다. 그렇게 불평등은 오히려 강화되고 서민들의 좌절감만 커졌다. 하지만 유권자들은 지금 당장으로서는 국가주의 및 자유주의 정치세력이 자신들의 불안을 해소해

유럽에 대한 영국 내 갈등: 2016년 브렉시트 찬반 국민투표

해석: 브렉시트 찬반 의견을 묻기 위한 2016년 영국의 국민투표(결과는 52% 찬성으로 유럽연합 탈퇴가 결정되었다)에서 사회계층에 따라 찬반 의견이 크게 갈라졌음을 볼 수 있다. 소득·학력·자산의 상위 십분위수 집단에서는 브렉시트에 반대하는 의견이 두드러졌지만 하위 십분위수에 속하는 국민들은 브렉시트에 크게 찬성하는 견해를 표시했다.

주해: 그래프에서 D1은 각 부문별로 소득·학력·자산 분포에 있어서 하위 10%를 의미한다. D2는 그다음 구간의 10% 집단을 의미하고 D10에 이르면 상위 10% 집단이 된다.

출처: 《자본과 이데올로기》 중 도표 15.8 및 piketty.pse.ens.fr/ideologie

줄 새롭고 믿을 만한 그리고 유일한 해답이라고 생각한다. 좀 더 설득력 있는 대안이 나타나지 않고 있기 때문이다.

실제 이러한 이데올로기적 일탈의 위험은 앵글로색슨 국가들을 넘어 이탈리아부터 동유럽, 브라질부터 인도까지 세계 곳곳에서 이미 국가정체성 담론을 중심으로 외국인 혐오 현상으로 이어지고 있다. 독일 튀링엔 주에서는 '중도 우파' 정치세력이 극우정당의 표를 등에 업고 지역정부를 꾸리는, 제2차 세계대전 이후 초유의 사태가 발생하기까지 했다(2019년 10월 주정부선거 이후 2020년 초까지 튀링엔 주에서 이어진 정치 스캔들_옮긴이 주). 프랑스에서는 아랍 계통 사람들에 대한 반감이 정점을 찍고 있다. 점점 더 많은 언론 매체들이 '좌파'야말로 세계적인 이슬람주의 대두에 책임이 있다고 생각하는 듯하다. 언론에서는 좌파 정치인들은 이 문제에 지나치게 관대하며 제3세계주의에 빠져 있는 데다 선거에서 이기는 게 전부라는 식의 정치를 한다고 비판한다. 현실을 살펴보자. 북아프리카나 사하라 이남 아프리카 출신 유권자들이 좌파 정당에게 투표하는 이유는 우파나 극우파 정당이 자신들에게 노골적으로 격렬한 반감을 표시하기 때문이다. 이는 미국의 흑인 유권자들이나 인도의 무슬림 유권자가 느끼는 바와 같은 맥락이다.

무엇보다 영국이라는 국가적인 특성을 넘어 브렉시트를 있는 그대로 분석할 필요가 있다. 브렉시트는 1980년대 이후 유럽연합 내 경제 세계화의 잘못된 실행 방식 때문에 초래된 우리 모두의 실패작이다. 80년대 이후 정권을 잡았던 유럽의 모든 정치 지도자들, 특히 독일과 프랑스의 정치인들은 모두 각자의 책임이 있다.

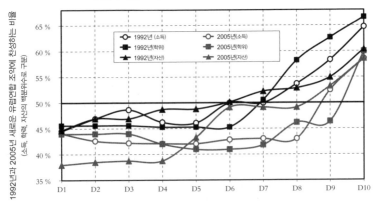

유럽에 대한 프랑스 내 갈등: 1992년과 2005년 국민투표

범례:
- 1992년(소득)
- 1992년(학위)
- 1992년(자산)
- 2005년(소득)
- 2005년(학위)
- 2005년(자산)

(세로축) 1992년과 2005년 새로운 유럽연합 조약에 찬성하는 비율 (소득, 학력, 자산의 백분위수로 구분)

(가로축) D1 D2 D3 D4 D5 D6 D7 D8 D9 D10

해석: 1992년 마스트리히트 조약을 놓고 열린 프랑스의 국민투표(51%가 찬성) 그리고 유럽연합 헌법 개정을 담은 유럽연합 조약을 놓고 열린 2005년 국민투표(찬성표 45%로 부결되었다)에서의 결과와 같이 프랑스에서도 국민투표 결과가 사회계층에 따라 대립 양상을 보였다. 소득, 학력, 자산에서 상위 백분위수에 속한 이들은 찬성표를 던진 비율이 매우 높고 하위 백분위수 집단은 반대표를 던진 비율이 높다.

주해: 그래프에서 D1은 각 부문별로 소득, 학력, 자산 분포에 있어서 하위 10%를 의미한다. D2는 그다음 구간의 10% 집단을 의미하고 D10에 이르면 상위 10% 집단이 된다.

출처: 《자본과 이데올로기》 중 도표 14.20 및 piketty.pse.ens.fr/ideologie

유럽 차원의 공동규제나 공동조세제도 혹은 사회정책도 없이 자본, 물자, 서비스의 자유 이동을 시행했는데, 이는 무엇보다 이동이 자유로운 최상위 부유층에게만 이득이 되었음과 동시에 빈곤하고 가장 취약한 계층의 사람들을 짓누르는 결과를 가져왔다. 자유무역, 무한 경쟁, 시장의 원칙에 기대서만은 제대로 된 사회발전의 모델을 만들거나 정치적 미래 설계를 할 수 없다.

세계 경제의 전반적인 흐름에 유럽연합은 분명 2가지 요소를 보탰다. 하나는 사람들의 자유 이동이고, 또 하나는 소규모지만 공동예산(유럽 전체 총생산의 1% 수준)이다. 이 예산은 회원국들이 납부금으로 조성되며 가장 부유한 회원국들이(각자 국내총생산의 0.5% 정도) 가장 빈곤한 회원국들에게 재분배 차원의 지원을 하게끔 되어 있다. 공동화폐(서아프리카에서 공동화폐 도입을 준비중이다)와 함께 위의 2가지 요소로 인해 유럽연합은 세계 다른 자유무역지대와 구별된다. 예를 들어 북아프리카의 자유무역지대, 즉 멕시코, 미국, 캐나다에서는 사람들이 자유롭게 이동할 수 없고 공동예산이나 지역 차원의 구조 기금이 조성되어 있지 않다. 그러나 유럽연합 특유의 2가지 요소로 모든 회원국을 진정한 공동체로 묶기에는 부족하다는 게 문제다. 브렉시트 지지자들이 도박을 하듯이 내건 논리는 간단하다. 세계화의 흐름으로 인해 물자와 서비스, 자본의 자유로운 이동은 어차피 이루어지고 있으니 사람의 이동을 제어할 권리를 다시 가져오고 또한 유럽의 공동예산에도 기여하지 않는 것이 영국에 이득이라는 논리다.

유럽연합에게 치명적일 수 있는 이러한 함정을 피해갈 방법은 오직 세계화의 원칙들을 사회연방주의에 입각한 접근으로 재정의하는 길밖에 없다. 달리 말하면 자유무역 원칙에 강제력 있는 사회보장적인 목표를 도입한다는 조건이 포함되어야 한다는 말이다. 이 조건으로 이동이 자유로운 최상위 부유층에 속하는 경제주체들이 지속가능하고 공정한 새로운 발전 모델에 기여하게 만들어야 한다.

요약하자면 이렇다. 국가주의자들은 개인의 자유로운 이동을 보장하는 정책을 비판하지만 사회연방주의에 따르면 비판할 대상은 자본의 자유이동이다. 최상위 부유층이 아무 탈 없이 세금을 피할 수 있는 방법이라고 보기 때문이다. 칼 폴라니와 한나 아렌트는 각각 1944년과 1951년에 이미 자본 이동에 대한 사회민주주의자들의 순진함과 연방체계에 대한 그들의 소심한 태도를 비난한 바 있다. 그들이 남긴 교훈은 오늘날에도 유효하다. 폴라니와 아렌트가 주장한 방향으로 나아가기 위해서는 유럽연합 및 국제사회의 조약들을 대대적으로 손보는 작업이 선행되어야 한다. 우선 몇몇 나라들부터 시작해볼 수 있다. 예를 들어 최상위 부유층에게 유리한 세금덤핑을 실행하는 기업들이나 국가들로부터의 수입품에 과세하는 등의 방식을 통해 일방적이면서도 다른 나라의 결단을 부추길 수 있는 조치를 취해볼 수 있다. 결단력 있는 대안이 나오지 않는다면 국가주의와 자유주의의 물결은 우리의 앞길에 놓인 모든 걸 다 쓸어버릴 게 뻔하다.

(2020년 2월 11일)

유럽 조세정의 실현을 위한
둘도 없는 기회

이 글은 '유럽 민주화를 위한 선언문'*의 주창자들인 마농 부쥐, 뤼카 샹셀, 안 로르 들라트, 스테파니 에네트, 기욤 사크리스트, 앙투안 보셰와 함께 작성하였다.

2020년 2월 5~6일 동안 스트라스부르에 위치한 유럽의회에서 제3차 프랑스-독일 의회 APFA가 소집되었다. 회의가 열린 장소는 아주 상징적이다. 독일 연방의회 의장인 볼프강 쇼이블레가 강조한 대로, APFA는 사실상 양국 차원을 넘어서서 유럽연합 전체에 본보기가 될 만한 성격을 갖기 때문이다.

프랑스 의회 의원 50명과 독일 연방의회 의원 50명으로 구성된 APFA는 구성 면에서도 유례가 없는 조직이다. 이 의회는 유럽연합 내 두 강대국 사이의 협력 관계를 제도화하려는 의도로 설

립되었으며, 1963년 1월 22일 체결된 엘리제 조약의 일환으로 시
작된 프랑스-독일 장관협의회와 짝을 이루어 의회 역할을 수행
한다. APFA는 위의 1963년 조약이 제대로 시행되는지를 감시하
고 2019년 1월 22일 마크롱 대통령과 메르켈 수상이 서명한 아헨
조약의 이행 과정을 감독하는 역할을 한다. 아헨 조약의 제1조는
"두 나라는 유럽 관련 정책에 있어서 서로 긴밀하게 협력한다. 경
쟁력을 갖춘 유럽연합을 건설하기 위해 노력한다. 번영에 기여할
굳건한 산업기반을 바탕으로 경제·조세·사회 분야에서의 통합을
추구하고, 이 모든 차원에서 지속가능성의 가치를 수호하는 유럽
연합을 이루도록 한다"고 명시하고 있다. 이때까지 유럽연합의 여
러 조약들을 작성한 이들이 즐겨 사용했던 수사적인 표현들을 아
헨 조약에서도 다시 찾아볼 수 있다. 우선 '경쟁력'을 언급한 다음
에 '경제·조세·사회 분야의 통합과 지속가능성'을 이야기하는 수
사법은 마스트리히트 조약 이후로 유럽연합의 우선순위를 표현
하는 데 있어 굳어진 방식이다. 아마도 그렇기 때문에 프랑스-독
일 의회가 은연중에 가장 중요하게 여긴 업무는 '국제적으로 가중
되고 있는 경쟁구도 속에 양국 경제의 경쟁력을 강화'하기 위해
'프랑스와 독일의 상법과 파산법 통일'을 위한 특별위원회를 꾸리
는 일이었는지 모른다. 반면 독일 좌파당의 파비오 드 마시 의원
과 프랑스 정당 불복하는프랑스의 다니엘 오보노 의원이 '조세정
책과 사회보장정책 통일을 위한 특별위원회'를 구성하려는 시도
도 있었지만 다수표를 얻지 못해 좌절되었다.
　유럽 상법을 조정 통합하려는 이 계획은 이미 전문가들과 법학

교수들의 연구로 상당히 진전되어 있기에 의회가 나서는 게 어떤 잉여 가치를 생산하는지 의문이다. 게다가 현재 유럽연합이 마주한 현안들의 규모와 중요성을 생각하면 이 일은 무게가 한참이나 떨어지는 문제다. 사회의 불평등과 시급해지는 환경위기로 인해 서구 민주주의 사회의 마지막 보루가 무너지고 있는 시점에 상법 통합을 우선순위에 놓는 식의 계획을 내놓는 건 1990년대 자유주의 단일시장 시대에서 혜택을 본 자들이나 내놓을 법한 발상이다.

반대로 진정한 '새로운 규범의 실험실'로서의 프랑스-독일 의회 구성을 통해 유럽연합의 관습적인 위계질서를 완전히 전복시키는 기회로 삼아야 한다. 이 의회는 조세와 사회적 권리 문제에 있어서 민주주의 국가 내 국회가 갖는 정당성을 동일하게 지닌 기관이다. 조세와 사회적 권리 문제는 이제는 '해야 할 일'의 목록 맨 위에 놓아야 한다. 현재 휘몰아치는 시급한 상황에 대처하고 아헨 조약 제1조가 제시하는 바를 균형 있게 지켜내려면 꼭 필요한 일이다. 또 한 가지, 이번 회의는 유럽연합의 건설 과정에서 저질러진 원죄를 프랑스-독일 의회가 갚을 수 있는 기회다. 즉, 조세 관련 정책 결정 시 회원국들의 만장일치를 고수하는 유럽연합의 경직된 원칙 때문에 표류하고 있는 문제들을 타개할 열쇠가 될 수 있다는 뜻이다. 리샤르 페랑 의원은 여러 다수 정당들과 연합하여 프랑스-독일 의회가 '유토피아'를 건설하리라 믿는다고 전했다. 페랑 의원이 라마르틴느(19세기 프랑스의 시인 알퐁스 드 라마르틴느를 말함_옮긴이 주)의 "시기상조의 진실"라는 표현을 인용하며 기원한 바와는 아마 다른 의미의 유토피아가 될 가능성이 높다. 프랑스-

독일 의회는 오히려 에릭 올린 라이트(사회계층과 평등주의를 연구했던 미국의 사회학자_옮긴이 주)의 표현을 따르자면 "현실적인 유토피아"에 가깝다. 즉, 지금 여기서 성립될 수 있으며 진정으로 이상적인 사회가 이루어지기 전에 선행되는 형태라는 뜻인데, 여기서는 유럽연합의 현재 문제를 극복할 수 있도록 도와주는 제도나 관습이라고 정의할 수 있다.

이 프랑스-독일 의회는 역사에 선례가 없는 기관이다. 그렇기에 기업체들에게 직접세를 부과하는 일에 두 나라가 공조체계를 구상하는 것은 정당하고 이는 유럽의 상법을 보완하는 역할을 할 것으로 기대된다. 이것이야말로 1960년대부터 꿈꾸어오던 유럽연합의 모습이 아닌가! 프랑스와 독일이 법인세 정책에 공조하기로 하면서 이제 중요 현안은 1980년대 중반부터 유럽연합을 가로막아온 세금덤핑과 사회정책덤핑의 악순환을 깨는 것이고, 그뿐 아니라 '유럽연합이 사회적·경제적 상향 통합을 향해 가도록' 해야 하는데 이는 아헨 조약의 전문에 분명히 밝혀둔 사항이기도 하다. 세제 관련 양국의 협력이야말로 조세 및 사회정책상 불평등에 맞서 싸우기 위한 핵심 사항 중 하나다. 이러한 불평등은 유럽 사회 기저에 자리한 도덕적인 경제를 해치고 이에 반하는 포퓰리즘적이거나 권위주의적인 움직임을 배양시켜 결국 유럽 내 공동체들의 응집력을 무너뜨린다.

마찬가지로 최고 부유층에 대한 과세를 실시하기 위해서 프랑스-독일 의회 내에 별도의 특별위원회를 구성할 필요가 있다. 당장의 상황을 보아도 독일에서는 이 문제에 대한 토의가 수그러들

기미가 보이지 않는다. 재무장관 올라프 숄츠를 포함한 독일 사민당 지도부는 부유세를 공개적으로 지지했고, OECD 또한 이 원칙에 동의하고 있다. 게다가 독일의 유력 일간지 〈디 벨트〉가 발표한 최근 여론조사에 따르면 독일 국민의 58%가 부유세 과세에 긍정적이라고 한다. 이 프랑스-독일 의회는 규제 최소화를 위해 일방적이고도 맹렬하게 경쟁했던 분위기를 완전히 뒤바꾸어버리는 파급력을 지닐 수 있다. 또한 독일과 프랑스가 연합한 이 경제권은 유로존 총생산 중 50% 넘게 차지하는 '임계량'의 역할을 할 수 있다. 그렇기에 유럽연합 정책의 핵심에 조세제도 개선을 제시할 수 있는 영향력을 갖추게 되며, 다른 회원국가들에게도 유리하고 공정한 조세제도라는 선순환 체계로 합류하라고 권유할 수 있게 된다.

이러한 과세로 얻은 수입은 우리가 유럽 민주화를 위한 선언문을 통해 주장한 바와 같이 장기적인 투자를 통해서 유럽의 공공재 전반을 풍성히 갖추는 데 쓰일 것이다. 대학과 연구기관, 에너지 전환 등의 영역은 물론 프랑스-독일 의회의 판단하에 (그리고 독일 정부가 긴축정책 기조를 마침내 포기하기로 결정한다면) 프랑스와 독일 간 혹은 유럽 차원의 프로젝트 어디에라도 쓰일 수 있다. 지금 유럽연합이 유럽의 미래를 논하기 위한 회담을 준비하고 있다. 이러한 가운데 프랑스-독일 의회는 정치적 쇄신을 위한 새로운 길을 제시하는 역할을 해야 한다. 시민들이 그저 오랫동안 유럽을 지탱해온 버팀줄 취급을 받는 게 아니라 당당한 대표자로 대우받는 사회를 이루고 사회문제와 조세제도의 위기에서 벗어나기 위해 각 회원국들이 새 출발을 하기로 결심만 한다면 말이다. 프랑스-독일 의회를 구성하는 조약에 서명할 당시 볼프강 쇼이블레의 발언에 빗대자면 이 의회를 구성하는 100명의 프랑스와 독일 의원들, 즉 이 전례 없는 의회를 이끌 선구자들에게 힘을 실어줄 때다. 라인강 건너 프랑스에서는 이 의회를 그렇게나 비난하고 비웃었지만, 이제는 "이 시대의 도전에 응하라"는 말로 이들을 격려해야 한다.

(2020년 2월 21일)

미국 민주주의의 구원 타자 샌더스

처음부터 밝혀두겠다. 미국과 유럽의 주요 언론 매체가 버니 샌더스를 다루는 방식은 불공정하며 위험하기까지 하다. 주요 텔레비전 채널과 유력 일간지들은 대부분 샌더스 후보가 '극단주의자'이기에 바이든과 같은 '중도파' 후보만이 트럼프에 맞서 이길 수 있을 거라고 보도한다. 편파적이고 뻔뻔한 언론의 태도가 유난히 유감스러운 이유는 사실 관계를 세심히 살펴보면 드러난다. 미국 서민층 유권자들이 투표에 흥미를 잃는 건 미국 사회에 팽배한 불평등이 주원인이다. 이를 해결하기 위해서는 장기적인 관점에서 샌더스가 제시한 정도의 혁신적인 정책이 꼭 필요하다.

그의 유세 내용부터 살펴보자. 극도로 불공평한 사설 의료보험에 의존하는 현 체계보다 적은 비용으로 더욱 효과적으로 의료 서비스를 제공할 수 있는 보편적인 공공 의료보험이 필요하다는 샌더스의 강력한 주장은 전혀 '극단적인' 발언이 아니다. 오히려 그 반대다. 수많은 연구결과와 세계 여러 나라의 자료를 통해 완벽히 뒷받침되는 사실이다. 모두가 '가짜 뉴스'의 확산에 탄식하는 이 시대에 정치인들 역시 상투적인 정치 선전과 책략에서 벗어나 확실한 근거와 사실에 입각한 유세를 하는 게 건전하다고 생각한다. 공교육과 공립 대학교에 대대적으로 정부 투자를 하겠다는 샌더스의 제안 또한 올바른 시각이다. 역사적으로 미국이 번영을 이룰 수 있었던 것은 20세기 동안 교육 분야에서 유럽보다 앞서나가 어느 정도 평등한 교육권을 보장했기 때문이다. 20세기 미국의 번영은 1980년대에 레이건이 밀어붙이려던 방식, 그러니까 불평등을 신성화하고 끝없는 부의 축적을 추구하는 사회 가치에서 비롯된 것이 아니다. 그러한 가치에 의존한 레이건주의의 실패는 오늘날 1인당 국가소득 성장률이 반토막 나고 불평등이 전례 없이 심화된 현실을 통해 명백히 증명된다. 샌더스는 단지 원래 미국이 시행하던 경제발전 모델의 근원, 즉 교육의 대대적 확대라는 방안으로 돌아가기를 제안했을 뿐이다. 또한 샌더스는 최저임금을 현재 수준보다 훨씬 높게 잡아야 한다고 제안하였다(이 부분에 있어서도 미국은 오랫동안 세계의 선두주자였다). 또한 지난 수십 년간 독일과 스웨덴에서 성공적으로 적용된 바와 같이 기업의 이사회에서 회사 직원들이 표결권을 행사하며 공동 경영권리를 갖는 제도에서 영감을 얻어 이와 비슷한 정책을 도입하고자 한다. 샌더스가 제안하는 정책들을 보면 그는 실용적인 사회민주주의 정치인이라 할 수 있다. 이미 시행된 정책들로부터 최선의 요소들을 끌어오려는 샌더스를 어떤 의미로도 '급진적인' 인물이라 부를 수 없다. 유럽의 사회민주주의 정책보다 한 발자국 더 나아가 억만장자들을 대상으로 연간 8%에 이르는 연방부유세를 도입하자는 제안은 샌더스의 급진성을 드러낸다기보다는 역설적으로 현재 미국의 부가 얼마나 비정상적으로 소수에게 집중되어 있는가를 보여주는 것으로 해석해야 한다. 또 이미 역사적으로 검증된 미국 연방정부의 조세 및 행정집행 능력을 증명할 수 있는 방도라고도 할 수 있다.

　이제 여론조사의 문제를 이야기해보자. 트럼프에 맞서 샌더스보다는 바이든이 이길 가능성이 더 높다는 보도가 반복되는 것의 문제는 대체 그 논리가 어떠한 객관적인 사실에 입각한 것인지 알 수 없다는 점이다. 리얼클리어폴리틱스RealClearPolitics.com에서 수집한 자료 등 기존 정보를 검토해보면 국가 차원의 모든 여론조사에서 결론은 같다. 샌더스가 민주당 후보일 경우와 바이든이 민주당 후보일 경우 둘 다 트럼프를 상대로 동일한 격차로 승리할 것이라 예측된다. 너무 섣부른 예측이긴 하지만, 시기상조인 것은 바이든이든 샌더스든 마찬가지가 아닌가. 펜실베이니아와 위스콘신과 같은 몇몇 핵심 주에서는 오히려 샌더스만이 트럼프와 맞섰을 때 이길 가능성이 있는 후보라는 조사결과가 나왔다. 얼마 전 열린 민주당 경선에 대한 여론조사 결과를 검토해보면 샌더스가 바이든보다 서민층 유권자들을 동원할 능력이 더 큰 후보임이 명백하게 드러난다. 물론 바이든 후보는 오바마 대통령 시절 부통령을 역임했으므로 흑인 유권자들의 표를 많이 끌어오리라 예상된다. 하지만 샌더스는 히스패닉계 유권자들로부터 과반수가 훨씬 넘는 표를 가져오리라 예측되고 30~44세 유권자뿐 아니라 18~29세 유권자에게도 바이든의 인기를 압도한다. 무엇보

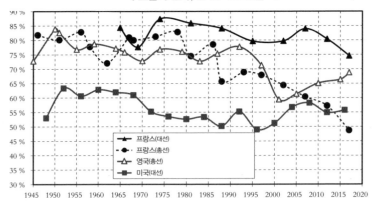

투표율의 변화, 1945~2020년

해석: 프랑스 대선 투표율은 1965년 이후 안정적으로 80%에서 85%를 기록해왔다(2017년 75%로 약간의 하락을 보이긴 했다). 총선 투표율은 훨씬 낮아졌는데, 1970년대까지는 총선 투표율이 80%에 달했지만 2017년에 이르자 50%에도 미치지 못했다. 영국의 투표율은 계속해서 떨어지다가 2010년 이후 상승세를 보이고 있다. 미국의 투표율은 대체로 50%에서 60% 안팎을 오간다.

출처: 《자본과 이데올로기》 중 도표 14.7 및 piketty.pse.ens.fr/ideologie

다도 모든 여론조사 결과에서 샌더스가 최하위계층 유권자들로부터 압도적으로 지지받고 있다는 사실이다(이 구간은 연간 소득 5만 달러 이하로 고등교육을 받지 못한 인구를 말한다). 바이든의 경우는 오히려 샌더스와는 정반대로 상위 특권층이 선호하는 후보다(연간 소득 10만 달러 이상에 고등교육을 받은 사람들을 말한다). 이러한 경향은 나이에 상관없이, 백인이든 소수인종이든 동일하게 나타난다.

이번 선거에서 가장 크게 움직일 잠재성을 갖고 있는 건 하위계층 유권자들이다. 영국이나 프랑스에 비해 미국의 투표율은 항상 저조했다. 최근 다소 낮아지기는 했지만 프랑스와 영국에서는 대개 투표율이 70~80%에 이르지만 미국은 50%를 겨우 넘기곤 한

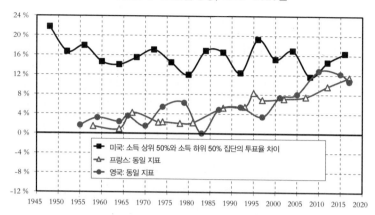

투표율과 사회분열 양상, 1945∼2020년

해석: 1950∼1970년대까지 프랑스와 영국을 보면 소득 상위 50% 집단의 투표율이 하위 50% 집단의 투표율을 불과 2∼3% 앞서는 데 그쳤다. 이 격차는 이후 계속해서 벌어져서 2010년대에는 10∼12%에 이르게 되어 미국 사회에서 보이는 양상에 가깝게 되었다.

출처: 《자본과 이데올로기》 중 도표 14.8 및 piketty.pse.ens.fr/ideologie

다. 구체적으로는 미국 하위 50% 유권자들의 투표가 저조하다. 상위 50% 유권자들과 비교할 때 15%에서 20% 정도 차이가 난다 (1990년대부터 유럽에서도 나타나기 시작한 현상이지만 아직은 그 차이가 미국에서만큼 명백하지는 않다).

분명히 해두자. 미국 서민층 유권자들이 정치에 관심을 끊은 건 너무나 오래된 일이라 하루아침에 판도를 뒤집을 수는 없다. 하지만 민주당의 정책 방침이 근본적으로 전환하지 않는다면, 전국적인 선거 유세 과정에서 공개적으로 이러한 제안들을 논의하지 않는다면 대체 어떤 다른 대책이 있겠는가? 냉소적인 시각으로 보면—불행히도 민주당의 엘리트 지도부에서 매우 흔한 태도다—

서민층 유권자들을 끌어들이기 위해 할 수 있는 일이 더 이상 없다고 한다. 이건 너무나 위험한 생각이다. 종국에는 그와 같은 냉소주의가 민주주의 선거제도의 정당성 자체를 약화시킬 위험이 있기 때문이다.

(2020년 3월 10일)

최악의 사태 피하기

코로나 바이러스로 인한 전염병 위기는 시장경제를 추종하고 자유주의에 치우친 세계화의 최후를 재촉하고 공정하고 지속가능한 발전 모델이 등장하는 계기가 될 수 있을까? 가능성 있는 시나리오지만 아직 확실한 건 아무것도 없다. 지금 시점에서 시급한일은 현재 위기에 대한 적절한 조치를 취하고 최악의 사태, 다시말해 대규모 인명 피해를 막는 일이다.

전염병 역학 모델의 예측 내용을 상기해보자. 적절한 조치를 취하지 않는다면 이번 코로나바이러스는 세계에서 4,000만 명, 프랑스에서만 40만 명의 사망자를 발생시킬 것으로 예상된다. 세계인구는 현재 70억이 넘고 프랑스 인구는 거의 7,000만에 육박하므로 인구의 0.6% 수준이다. 기존의 연간 사망자수가 추가된 것이나 다름없다(연간 평균 사망자수는 프랑스에서 55만 명, 세계 5,500만명이다). 지난 몇 달 동안 가장 심한 타격을 입은 지역에서는 평소보다 사망자가 5~6배 이상 급증한다는 뜻이기도 하다(슬프게도 이미 몇몇 이탈리아 지역감염 사례를 통해 벌어지고 있다).

불확실한 예측이긴 하지만 이러한 역학 모델로 인해 각국 정부는 이 질병이 단순한 독감과는 다르며 긴급하게 국가를 봉쇄할 필요가 있음을 깨달았다. 물론 인명 피해가 어느 수준까지 치솟을지 아는 사람은 없다(현재 전 세계에서 10만 명에 가까운 사망자가 발생했고, 이 중 이탈리아에서 2만 명, 스페인과 미국에서 각 1만 5,000명, 그리고 프랑스에서 1만 3,000명이 사망했다). 봉쇄 조치가 없다면 어디까지 치솟을지도 알 수 없다. 전염병 전문가들은 봉쇄 조치를 통해 최초 예상보다 10배에서 20배까지 피해를 줄일 수 있으리라 기대하고 있지만 매우 불확실한 예측에 불과하다. 2020년 3월 26일 영국 임페리얼 칼리지에서 발표한 보고서에 따르면 대대적인 검사와 감염자 격리 정책만이 인명 피해를 상당 수준 줄일 수 있는 방법이라고 한다.* 달리 말하면 국가를 봉쇄하는 조치만으로는 최악의 상황을 피할 수 없다는 뜻이 된다.

역사 속에서 찾을 수 있는 유일한 전례는 1918년에서 1920년 사이에 벌어진 스페인독감 사태다. 우리는 당시 전염병이 스페인에서만 발생했던 게 아니라 세계적으로 5,000만 명의 사망자를 냈다는 사실을 알고 있다. 당시 세계 인구의 2%에 달하는 희생자

---

* 이 보고서의 요약본을 다음의 링크에서 https://www.imperial.ac.uk/mrc-globalinfectious-disease-analysis/covid-19/report-12-global-impact-covid-19/ 그리고 보고서 전문은 다음의 링크에서 찾아 볼 수 있다. https://www.imperial.ac.uk/media/imperial-college/medicine/mrc-gida/2020-03-26-COVID19-Report-12.pdf

가 나왔다는 이야기다.* 호적 자료 등을 확인한 결과 연구자들은 2%라는 평균 사망률 뒤에 엄청난 불균형이 자리하고 있음을 발견했다. 미국과 유럽에서는 0.5에서 1%의 사망율을 보인 반면, 인도네시아와 남아프리카에서는 3% 정도였고 인도에서는 5%를 넘겼다.

우리가 정말 신경 써야 할 부분은 바로 이 점이다. 가난한 국가들에서는 보건 체계가 이러한 전염병을 감당할 수 없기 때문에 피해가 극심하지 않을 수 없다. 더욱이 지난 수십 년간의 지배 이데올로기에 의해 긴축정책을 강요받았기 때문에 상황은 한층 암담하다. 체제가 취약한 상태에서 봉쇄를 시행한다는 건 부적절한 조치이다. 최소한의 소득이 보장되지 않으면 극빈층 사람들은 일자리를 찾으러 나설 수밖에 없으니 전염병이 재창궐하는 건 뻔한 일이다. 인도의 봉쇄 조치 사례를 보면 특히 농촌 출신 사람들과 이주자들을 도시에서 몰아내는 데 주력했기 때문에 대규모의 폭력 사태나 대대적인 인구 이동을 초래했다. 이건 바이러스를 오히려

---

*   스페인독감에 관련해서 단연 중요한 연구결과는 다음의 논문이다.
    Christopher Murray, Alan D. Lopez, Brian Chin, Dennis Feehan et Kenneth H. Hill, 「Estimation of Potential Global Pandemic Influenza Mortality on the Basis of Vital Registry Data from the 1918–20 Pandemic : A Quantitative Analysis」, The Lancet, vol. 368, n° 9554, 2007, p. 2,211–2,218.
    이외에도 다음의 보고서를 참조하기 바란다(사망률에 있어서는 위의 중요 논문의 결과물을 인용하고 있다).
    Robert J. Barro, Jose F. Ursua et Joanna Weng, 「The Coronavirus and the Great Influenza Pandemic: Lessons from the "Spanish Flu" for the Coronavirus's Potential Effects on Mortality and Economic Activity」, National Bureau of Economic Research, Working Paper n° 26866, 2020.

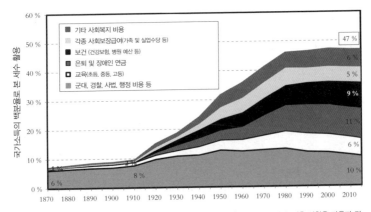

유럽 내 사회보장국가의 대두, 1870~2015년

해석: 2015년 서유럽에서는 평균적으로 세수가 국가소득의 47%를 차지했다. 지출 사항은 다음과 같다. 국가소득의 10%는 군대, 경찰, 사법, 일반 행정 및 기초 인프라 등 국가 유지 비용으로 사용되었고, 교육에 6%, 연금에 11%, 보건 분야에 9%가 쓰였다. 연금을 제외한 각종 사회보장급여 비용으로 5%가 쓰였고 나머지 공공지출(주택 등)에 6%가 사용되었다. 1914년 이전에는 세수의 거의 전부가 국가 유지 비용으로 들어갔던 것과 비교해볼 수 있다.

주해: 여기 드러난 변화 추이는 독일, 프랑스, 영국, 스웨덴의 자료에서 평균치를 낸 것이다(도표 10.14를 참조할 것).

출처: 《자본과 이데올로기》 중 도표 10.15 및 piketty.pse.ens.fr/ideologie

확산시킬 위험이 있는 조치다. 대규모 인명 피해를 막으려면 무엇보다도 사회보장국가가 필요하다. 지금 시기엔 경찰국가 따위가 필요한 게 아니다. 코로나바이러스로 인한 위기에 대처하는 현명한 방안은 선진국에서는 사회보장국가 체계를 확대하는 일이고 개발도상국에서는 사회보장국가를 건설하기 위해 박차를 가하는 일이다.

급한 대로 필수불가결한 사회적 비용(보건 비용, 최소한의 소득 지급 등)은 부채와 통화정책을 통해 해결할 수 있다. 서아프리카에서는 새롭게 도입하는 화폐에 대해 신중하게 재고하여 청년정책과

인프라 투자에 기반한 발전 계획에 활용하는 기회로 삼아야 한다
(서유럽에서 새로 도입하려는 공용 화폐는 최상위 부유층이 가진 자본의 자
유 이동에 기여하기 위한 도구여서는 안 된다). 서아프리카의 새 화폐는
유로존에서 여전히 유효한 불투명성 원칙보다 훨씬 잘 짜인 체계
와 의회의 지지를 바탕으로 하는 민주적인 구조에 기반하기를 바
란다(유로존에서는 여전히 재무장관들의 밀실회의에서 관련 사안이 결정되
는 체계에 머물러 있다. 2008년 경제위기 이후에도 달라지지 않았고 여전히
비효율적이기까지 하다).

　이렇게 해서 만들어지는 새로운 사회보장국가는 공정한 조세
제도와 국제적인 금융 대장을 요구하여 최고 부유층과 대기업
에게 사회가 필요로 하는 만큼 기여하게 만들 수 있다(이는 2008년
경제위기 이후 국제경제 특히 금융계의 투명성을 요구하는 목소리가 높아지
면서 제시된 방법 중 하나다. 세금회피나 탈세 등을 막기 위한 대안으로, 전
세계적으로 금융활동에 대한 기록을 남기고 공유하는 의무 제도라고 할 수
있다. 정확한 정의나 범위도 불분명하고, 작성과 강제력의 주체가 누구여야
하느냐 등의 문제가 아직 명쾌하게 정해지지 않은 문제가 존재한다_옮긴이
주). 1980년대와 1990년대에 부유한 나라들의 압박으로 확립된
자본의 자유이동에 기반한 세계 경제체제가 확립되었는데 이것
은 사실상 전 세계 억만장자들과 다국적 기업들의 세금 회피를 용
이하게 만든 셈이었다. 지금 체제에서는 빈국의 조세 담당 관청이
정당하고 공정한 세금 행정을 실행하기가 쉽지 않다. 한마디로 세
금집행이라고 하는 국가를 정상적으로 운영하는 과정 자체에 큰
피해를 준다는 뜻이다.

이번 전염병 위기는 또한 지구상 모든 사람들을 대상으로 하는 최소한의 보건·교육 체계에 대한 고민의 기회이다. 이는 모든 나라들이 함께 참여하는 보편적인 법안에 따라 가장 부유한 경제주체(즉 대기업들과 최상위 소득 및 자산 구간에 속한 가구들, 세계 평균소득·자산의 10배 이상에 해당하는 사람들을 말하는데 이는 세계 상위 1% 정도다)들이 납부하는 세금의 일부를 활용하여 실현시킬 수 있다. 어차피 이들이 누리고 있는 번영은 현 경제체제하에 이루어졌고 지난 수 세기 동안 미친 듯이 착취한 역사에 기인하였으니 말이다. 사회를 고려하며 환경친화적인 지속가능성을 유지하기 위해서는 국제적 차원에서 이들에 대한 규제를 도입해야 한다. 특히 가장 탄소를 많이 배출하는 경제주체들의 행태를 막기 위해 탄소카드제 도입이 시급하다.

이러한 체제 전환 논의에 있어 다양한 영역에서 문제가 제기되리라는 것은 충분히 예상할 수 있다. 예를 들어 마크롱과 트럼프는 임기 시작부터 최고 부유층에게 안겨준 세금혜택을 다시 거둬들일 결심이 섰는가 하는 문제가 있다. 이 의문에 대한 답은 이들을 둘러싼 지지층의 반응뿐 아니라 반대파와 야당들이 어떻게 움직이느냐에 따라 결정될 것이다. 한 가지 확신할 수 있는 건 정치 이데올로기적인 격변이 이제 겨우 시작되었을 뿐이라는 사실이다.

(2020년 4월 14일)

녹색화폐의 시대

코로나바이러스로 인한 세계적 위기는 좀 더 공정하고 지속가능한 발전 모델을 도입할 기회를 촉진할 수 있을까? 대답은 '그렇다'지만 다음과 같은 조건이 붙는다. 우리 사회의 기존 우선순위에도 분명한 변화가 있어야 하고 통화정책과 조세 영역의 몇몇 금기사항에 도전해야 한다. 통화정책과 조세제도는 마침내 실제 경제에 이바지하며 사회문제와 환경위기 극복이라는 목표를 이루는 데 일조하도록 바뀌어야 한다.

무엇보다 우선해야 할 일은 코로나 위기로 마비된 경제상황을 전화위복의 기회로 삼아서 완전히 새로운 방식으로 재시동을 거는 일이다. 지금 같은 경기침체 이후에는 공공기관이 나서서 경제활동과 고용을 촉진하기 위해 핵심적인 역할을 해야 한다. 하지만 그 방식이 중요하다. 새로운 분야(보건·혁신·환경)에 투자하고 탄소배출이 많은 활동을 점진적으로 축소하는 방식을 택해야 한다. 구체적으로는 수백만 개의 일자리를 창출, 병원, 학교, 대학교에

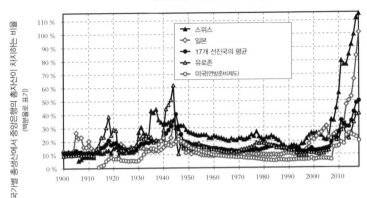

중앙은행과 금융계의 세계화

국가별 총생산에서 중앙은행의 총자산이 차지하는 비율
(백분율로 표기)

범례:
- 스위스
- 일본
- 17개 선진국의 평균
- 유로존
- 미국(연방준비제도)

해석: 부유한 나라들의 중앙은행이 보유한 총자산은 평균적으로 2000년 12월 31일 기준 국내총생산의 13% 수준이었다가 2018년 말일에 51% 수준으로 폭증했다. 일본 중앙은행과 스위스 중앙은행의 자산은 심지어 2017~2018년도에 국내총생산의 100%를 넘어섰다.

주해: 부유한 나라들의 평균이라 함은 17개국 통계자료의 산술적 평균을 말한다. 여기에는 독일, 오스트레일리아, 벨기에, 캐나다, 덴마크, 스페인, 미국, 프랑스, 핀란드, 네덜란드, 이탈리아, 일본, 노르웨이, 포르투갈, 스웨덴, 스위스, 영국이 포함된다.

출처: 《자본과 이데올로기》 중 도표 13.14 및 piketty.pse.ens.fr/ideologie

서 일하는 이들의 임금을 인상, 기존 건물들의 단열환경 개선 및 지역 경제가 활성화 방안 등이 실시되어야 한다.

당장은 부채를 발생시켜야만 재정 조달이 가능하기에 중앙은 행들의 적극적인 지지가 필요하다. 2008년 이후로 중앙은행들은 대규모 통화공급에 나섰다. 시중 은행들이 경제위기를 유발해놓고 그 늪에서 허덕이자 중앙은행들은 그 위기 유발자 은행들을 구제해주려고 전격 통화공급 정책을 단행했다는 뜻이다. 유로시스템 Eurosystème (유럽중앙은행이 지휘하는 중앙은행들의 네트워크)의 대차대조표는 2007년 초 1조 1,500억 유로에서 2018년 말 4조 6,750억 유로로 급격히 늘어났다. 즉 유로존 총생산(12조 1,000억 유로)의 10%도 안 되던 규모에서 40%에 육박하게 된 것이다. 이러한 정책 덕분에 1929년 세계 대공황을 불러온 기업 줄도산 사태를 피했는지도 모른다. 하지만 유럽의 통화공급 정책은 밀실회의에서 결정되었고, 심지어 시행조차 적절한 민주적 틀 안에서 이루어지지 않았다. 결과적으로 경제구조의 문제들은(투자 부재, 불평등의 확대, 환경 위기 등) 해결하지 못한 채 금융과 부동산 시세 상승을 부추겼고 최상위 부유층을 한층 더 살찌우는 데 기여한 셈이 되었다.

그래도 여전히 그런 비슷한 방향으로 진행하려 한다면 진짜 위험이 도사리고 있다. 코로나 위기에 대응하기 위해서 유럽중앙은행은 긴급 자산매입이라는 새로운 계획을 발표했다. 5월 5일에 유럽중앙은행이 공개한 자료에 따르면 유로시스템의 대차대조표가 폭증하여 2월 28일 4조 6,920억 유로에서 5월 1일에는 5조 3,950억 유로가 되었다.* 두 달 사이에 7,000억 유로라는 엄청난 통화공급이 이루어졌지만, 이것으로도 충분치가 않았다. 이탈리

---

* 유로시스템의 대차대조표는 다음의 링크에 확인 가능하다(또한 《자본과 이데올로기》 중 13장 내용을 참고하기 바란다).
Eurosystem Balance sheet, May 1st 2020, 5, 395 billions, https://www.ecb.europa.eu/press/pr/wfs/2020/html/ecb.fst200505.en.html
Eurosystem Balance sheet, February 28 2020, 4 692 billions, https://www.ecb.europa.eu/press/pr/wfs/2020/html/ecb.fst200303.en.html
이는 유럽중앙은행이 새로운 자산매입 프로그램(팬데믹 긴급 매입 프로그램PEPP, Pandemic Emergency Purchase Programme)을 도입함과 함께 과거 프로그램들(특히 공공분야 매입 프로그램, PSPP, Public Sector Purchase Programme)의 활용 또한 늘어났기 때문이다. 국가별 분석(항상 유럽중앙은행 자본을 국가별 국내총생산에 기반하여 분석하는 것을 목표로 한다)은 다음 링크에서 확인하기 바란다. https://www.ecb.europa.eu/mopo/implement/omt/html/index.en.html

아에게 불리한 금리차(스프레드, 장기채권과 단기채권 간 금리의 격차를 의미하며 대표적인 경기선행지수 중 하나로 알려져 있다_옮긴이 주)는 3월 중순 유럽중앙은행의 긴급자산매입 조치 발표 이후 하락했다가 금세 상승세로 돌아섰다는 사실만 봐도 알 수 있다.

　대체 어떻게 해야 하는가? 우선 유럽연합 19개 회원국의 이자율을 시장의 투기에 맡긴다는 원칙을 고수하는 이상 유로존은 계속 취약한 상태일 거라는 점을 명심할 필요가 있다. 시급한 과제는 유일하고 동일한 이자율을 도입하여 유로존 공동의 공채를 발행할 수 있는 체계를 만드는 일이다. 이러한 정책은 결국 일부 부유한 회원국들이 다른 나라들의 부채를 대신 갚게 만든다는 주장이 가끔 등장한다. 하지만 유로존 공동의 공채 발행이 가진 실제 목적은 무엇보다 이자율을 상호부조하는 체계를 만드는 데 있다. 이 문제에 대해 가장 앞서 있다고 자신하는 프랑스, 이탈리아, 스페인 같은 나라들은 세밀하면서도 실행 가능한 현실적인 제안을 내놓아야 한다. 이와 함께 그 체계 전반을 감시할 수 있는 의회를 갖추어야 한다(작년에 구성된 프랑스-독일 의회의 모델을 따르되 강제력을 갖춘 조직이어야 하며 가입을 희망하는 모든 나라들에 열려 있어야 한다). 헌법재판관들로부터 유럽연합과의 관계를 명확히 하라는 압박을 받는 독일 정부는 아마도 잘 준비된 제안이 나오고 주요 협력국가들이 논의를 진전시킬 준비를 한다면 언제든 이런 변화에 참여할 의사가 있어 보인다. 어찌되었든 시급한 상황에서는 만장일치의 결정을 기다릴 수 없다. 어차피 만장일치가 이루어지지도 않을 게 뻔하므로 기다리는 건 더더욱 의미가 없다.

무엇보다 통화공급은 환경친화적이고 사회문제를 고민하는 방식의 경제활성화 방안에 기여해야 하지 증시를 부추기는 역할을 해서는 안 된다는 사실을 받아들여야 한다. 스페인 정부는 다음과 같은 제안을 했다. 유로존 총생산의 10% 정도인* 1조에서 1조 5,000억 유로 수준의 유럽 공공부채를 공동 발행하되, 이 무이자 공채는 영구적 혹은 초장기적으로 유럽중앙은행의 대차대조표에서 떠안아야 한다는 내용을 골자로 했다. 이와 관련해서 1953년 독일의 외채가 동결되었던 사실을 상기해보자(그러고는 1991년에 완전히 탕감되었다). 전후 막대한 공공부채 중 나머지는 당시 최상위 자산가들에게서 예외적인 원천징수 조치를 시행함으로써 해결했다는 사실도 말이다(이 또한 지금 다시 실행해야 할 정책이다). 인플레이션이 적정수준에서 유지되기만 한다면 스페인의 제안을 지지해야 하고 필요하다면 그러한 조치를 되풀이할 수도 있어야 한다. 유럽연합의 조약에는 물가 안정을 추구해야 한다는 것에 대한 정확한 정의가 내려져 있지 않다는 점을 또한 짚어보아야 한다(인플레이션을 2%로 고정한 건 유럽중앙은행이다. 사실 3~4%로 조정할 수도 있다). 유럽연합 조약에 유럽중앙은행은 유럽연합의 전반적인 목표를 실현하기 위해 애써야 한다고 명시되어 있다. 그 목표에는 완전고용, 사회발전, 환경보호가 포함된다(유럽연합 조약 3조의 내용).

---

* 2019년 유로존의 총생산은 12조 유로였고, 전체 유럽연합의 총생산은 시가 14조 유로에 달했다. 자세한 사항이 나와 있는 표를 다음의 링크를 통해 참고하기 바란다. https://ec.europa.eu/eurostat/databrowser/view/tec00001/default/table

확실한 건 위에서 언급한 엄청난 금액을 조달하는 건 부채를 늘리지 않고는 불가능하다는 점이다. 재정 조달 방법을 제시하지도 않은 채 그린딜Green Deal에 관해 엄청난 액수를 언급한 브뤼셀 소재 유럽연합 본부 담당자들은 그 정책을 과장한 게 아니다. 그린딜이라는 이름대로 유럽연합의 이 정책은 다른 곳에 쓰기로 약속된 금액을 활용한다는 뜻이거나(예를 들어 유럽 전체 총생산의 1%도 안 되고 연간 1,500억 유로에 불과한 유럽연합의 예산에서 자원을 도로 가져온다는 뜻이다), 같은 지출을 여러 번 계산한다는 뜻이거나 그것도 아니면 공공출자와 민간출자를 합산한다는 뜻이다(이렇게 하면 지구상 모든 투기꾼들이 부러워 미칠 정도의 레버리지 효과가 발생한다). 보통은 이 3가지가 한꺼번에 적용되는 경우가 가장 흔하다. 이러한 관행은 이제 멈추어야 한다. 코로나 위기에 허덕이는 유럽 시민들을 위해 동분서주하는 노력을 기울이지 않으면 유럽은 치명적인 위험에 처하게 될 것이다.

(2020년 5월 12일)

인종주의에 맞서다,
역사를 바로 세우다

인종주의와 차별행위에 반대하는 시위대의 물결은 우리 사회에 한 가지 중요한 문제를 제기한다. 그냥 넘어갈 수는 없는 식민지배와 노예제 역사에 대한 보상 문제다. 제아무리 복잡한 사안이라고 해도 유럽이든 미국이든 이 문제를 놓고 영원히 미적거릴 순 없다.

1865년 미국 남북전쟁이 끝날 무렵, 공화당 정치인 링컨은 북군이 전쟁에서 승리하면 해방된 노예들에게 "땅 40에이커(약 16헥타르 정도다)와 노새 1마리"를 주겠노라고 약속한다. 이 제안은 수십 년간 학대받으며 대가도 없이 노동을 제공했던 데 대한 배상임과 동시에 이들이 자유로운 노동자로서 미래로 나아가는 걸 도와주려는 의도였다. 링컨의 제안이 실제로 실행되었더라면 대규모의 농토 재분배가 실행되었을 수도 있다. 무엇보다 과거 노예를 소유했던 대농장주들에게 피해가 갔을 것이다. 하지만 전쟁이 끝나자마자 이 약속은 잊혀졌다. 보상에 관한 그 어떠한 법안도 표결되지 않았고 '땅 40에이커와 노새 1마리'는 북군의 거짓말과 기만의 상징으로 자리 잡았다(미국의 영화감독 스파이크 리가 제작사 이름을 이렇게 지었을 정도다). 남북전쟁 이후 남부에서는 민주당(남부 민주당은 미국 남북전쟁 당시 노예제에 찬성했다. 노예제에 반대한 링컨은 공화당의 대선주자였다. 대선에서 노예제에 대해 의견을 달리하는 민주당 후보가 2명 등장하면서 정세가 악화되고 1861~1865년 사이 미국 남북전쟁을 촉발했다_옮긴이 주)이 다시 권력을 장악했고 이 지역에서는 한 세기 이상, 즉 1960년대까지도 인종 간 격리와 차별이 지속되었다. 그 100여 년의 세월에 대해서도 일절 보상이 이루어진 바 없다.

이상하게도 역사 속 다른 사건들을 보면 이와는 상이한 결과가 있었다. 1988년 미국 의회는 제2차 세계대전 동안 강제 수용되었던 일본계 미국인들에게 1인당 2만 달러를 보상금으로 지급하는 법안을 채택했다. 당시 아직 생존해 있는 이들을 대상으로 적용되었고, 총비용이 16억 달러에 이르렀다(1942년에서 1946년 사이 12만 명의 일본계 미국인들이 피해를 입었으나 1988년 법안 채택 당시에는 8만 명가량이 생존해 있었다). 인종차별 분리 정책으로 피해를 입은 아프리카계 미국인들에게도 이와 유사한 피해 보상이 이루어진다면 상징적으로 상당한 의미를 지닐 것이다.

영국과 프랑스는 노예제 폐지 당시 국고에서 노예 소유주들에게 보상을 해주었다. 토크빌(알렉시 드 토크빌은 19세기 프랑스의 정치사상가이자 역사가로 미국과 프랑스의 체제와 민주주의에 대한 고찰로 잘 알려져 있다_옮긴이 주)이나 쉘셰르(빅토르 쉘셰르는 19세기 프랑스의 문인이자 정치가로 프랑스의 노예제 폐지를 강하게 주장한 인물이다. 실제로는 오늘날의 아이티인 생도맹그로부터 돈을 받아 노예주들에게 '재산손실'을 보전해주는 데 대해 강하게 반대했다고 알려져 있으나, 여기서 피케티는 반대의 맥락으로 쉘셰르를 언급하고 있다_옮긴이 주) 같은 '자유주의' 지성인들에게 그건 당연한 일이었다. 뭔가를 가진 사람으로부터 소유물을 빼앗으면서(취득 자체가 합법이었다) 공정한 보상을 해주지 않는다면 그런 위험한 발상은 어디까지 치닫겠는가? 노예에서 해방된 이들은 고된 노동에 시달리며 자유가 무엇인지부터 배워야만 했다. 막상 이들에게는 아무 권리도 주어지지 않았다. 오직 지주들과 장기 노동계약서를 체결해야 하는 의무만이 새롭게 생겨났다. 그렇지 않으면 부랑죄라는 명목으로 체포되기도 했다. 1950년까지도 여러 종류의 강제 노동이 프랑스의 여러 식민지에서 시행되었다.

1833년 영국에서 노예제가 폐지되었을 때 영국 국가소득의 약 5%가량이 (현재로 치면 1,200억 유로 정도다) 4,000여 명 정도의 노예 소유주들에게 보상금을 지급하는 데 쓰였다. 평균적으로 3,000만 유로가량 보상금이 지급된 덕에 수많은 부자 가문이 탄생하였고 이는 지금까지도 영국 내 사회구조에 영향을 주고 있다. 노예 소유주들에 대한 보상은 1848년(프랑스의 노예제가 최종 폐지된 해_옮긴이 주) 레위니옹, 과들루프, 마르티니크, 귀안 등의 프랑스 식민지(언급된 이 영토는 현재도 프랑스의 해외 영토로 남아 있는 지역들이다_옮긴이 주)에서도 이루어졌다. 2001년에 노예제를 반인도적 범죄로 규정하는 것에 관한 프랑스 의회의 토론이 있었을 때 크리스티안 토비라(귀안 출신 프랑스 정치인으로 당시 국회의원이었고 이후 사회당 올랑드 정부에서 법무장관을 역임한다. 실제 2001년 프랑스 의회는 노예제를 반인도적 범죄로 규정하는 이른바 '토비라 법안'을 통과시켰다_옮긴이 주)의원은 동료 의원들을 설득해 노예로 끌려온 이들의 후손들에게 보상하는 문제를 다룰 특별위원회를 구성하려고 시도했으나 실패로 돌아갔다. 그 위원회는 특히 토지와 재산 문제를 다룰 계획이었다. 프랑스의 해외 영토에서는 지금까지도 노예제 시절 대농장을 운영하던 노예주들의 후손이 토지나 자산의 대부분을 차지하고 있는 상황이다.

가장 불공정하고도 극단적인 사례는 생도맹그다. 18세기 프랑스의 식민지 중에서도 보석 같은 영토로 여겨졌지만 1791년 노예반란이 일어났고 1804년에는 '아이티'라는 이름으로 독립을 선언하기에 이른다. 1825년 프랑스 정부는 아이티에서 노예제로 운영되던 재산을 잃은 프랑스인 소유주들에게 보상금을 줄 목적으로 엄청난 금액의 채무 변제(당시 아이티 국내총생산의 300%)를 요구했다. 프랑스는 이를 이행하지 않으면 다시 침략하겠다고 위협했고 아이티는 막대한 빚을 변상하겠노라 그저 묵묵히 약속하는 수밖에 없었다. 그렇게 해서 아이티는 1950년까지도 수없이 차환을하며 프랑스와 미국 은행들에 이자를 바쳐가면서 무거운 족쇄처럼 빚을 끌고 와야만 했다.

이제 아이티는 프랑스에게 이 엄청난 금액을 다시 변상하라고요구하고 있다(현재 가치로 치면 이자를 계산하지 않고도 300억 유로에달한다). 아이티의 요구야말로 일리가 있다. 오늘날까지도 두 차례의 세계대전 동안 있었던 약탈과 횡령 행위에 대해 유럽에서는 보

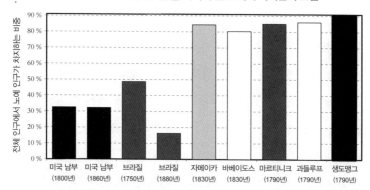

18~19세기 대서양을 사이에 둔 노예제 사회들의 모습

해석: 1800년부터 1860년까지 미국 남부지역에서는 노예가 전체 인구의 3분의 1을 차지했다. 노예 인구의 비중은 1750년 브라질에서 50% 가까이 증가했다가 1880년에 이르러 20% 이하로 떨어졌다. 카리브 해의 앤틸리스 제도에 산재한 영국령 및 프랑스령 식민지 섬들에서는 1780년에서 1830년 사이에 노예 인구가 80%를 넘겼고, 1790년 기준으로 생도맹그(현 아이티)에서는 심지어 90%에 달했다.

출처: piketty.pse.ens.fr/ideologie

상이 진행 중이다. 그런데도 노예제에서 벗어나고자 했다는 이유로 아이티가 프랑스에 지불해야만 했던 빚에 대해서 프랑스가 논의 자체를 거부한다면—아이티가 1825년부터 1950년까지 변상한 액수는 분명 기록에 남아 있고 그 진위에 대해서 아무도 부정할 수가 없다—프랑스의 처사가 엄청나게 불공정하다는 인상을 강렬하게 남길 게 분명하다.

거리 이름과 조각상들 문제도 마찬가지다. 얼마 전 영국 브리스톨에서 노예 상인의 조각상이 철거되었다. 물론 조각상으로 남겨진 인물 중에서 괜찮은 사람과 나쁜 사람을 정확히 구분 짓는 건 쉬운 일이 아니다. 소유권의 재분배라는 현안과 마찬가지로 우리의 선택지는 규칙을 세우고 공정한 기준을 도입하기 위해 필요한 민주적 토의 과정을 굳게 신뢰하는 방법뿐이다. 논의 자체를 거부하는 건 불공정을 영속화하는 행위다.

과거의 불의에 대한 배상 문제를 둘러싼 까다롭지만 꼭 필요한 토론을 넘어 우리는 미래를 향해 나아가야만 한다. 인종주의와 식민주의의 폐해로부터 벗어나려면 경제체제에 변화가 필요하다. 불평등 축소라는 가치가 기저에 깔려 있어야 하며, 모두가 교육을 받거나 일자리를 얻거나 자산을 소유하는 데 공정하게 접근할 수 있어야 한다. 또한 이러한 권리는 흑인이든 백인이든 자신의 뿌리에 상관없이 보장되어야 한다. 최근 다양한 배경의 시민들이 함께하는 거리의 움직임이 그러한 변화에 기여할 수 있으리라 본다.

(2020년 6월 16일)

국제주의의 재건

국제주의에 긍정적인 의미를 다시 부여하는 일이 가능할까? 가능하다고 보지만 조건이 있다. 지금까지 세계화를 주도한 철저한 자유무역의 이데올로기를 극복하고 경제정의와 환경정의를 표방하는 원칙에 입각한 사회발전 모델 도입이 그것이다. 이 모델은 궁극적인 목적에서는 국제주의적이어야 하지만 현실적인 방법론에서는 주권주의를 따라야 한다. 이 말을 풀어서 설명하면 이렇다. 각 국가 혹은 각 정치 공동체들이 세계 다른 나라들과 어떤 방식으로 무역을 할지, 교역 조건은 어떻게 규정할지 등을 스스로 결정할 수 있어야 하며, 이에 대해 주변 국가들이 만장일치로 같은 결론에 도달하기를 기다릴 필요가 없어야 한다는 말이다. 이건 쉬운 일이 아니다. 게다가 보편주의라는 사명을 띤 주권주의는 국가주의 성격을 지닌 주권주의와 구별하기 쉽지 않을 수 있다. 그렇기 때문에 더욱 그 차이점들을 분명히 해둘 필요가 있다.

어떤 나라, 혹은 정부 여당이 고소득자나 자산가들에 대해 강력한 누진세 원칙에 입각한 세금을 부과하겠다는 결정을 내렸다고 가정해보자. 이는 서민층에게 혜택이 돌아가도록 상당 수준의 재분배를 실천하기 위함이자 사회복지와 교육 그리고 환경문제 해결을 위한 정책에 자금을 조달하기 위해서다. 이러한 방향으로 나아가기 위해서 이 나라는 기업 법인세 원천징수 실시를 검토하게 된다. 또 주식과 배당금이 최종적으로 누구의 소유인지를 파악하기 위해서, 개인 차원에서 적절한 세율을 적용하기 위한 금융등기부 제도 도입을 고려하게 된다. 위의 제도들을 보완하는 역할로 개별 탄소카드제 도입 또한 검토할 수 있다. 자국 시민들이 책임 있는 태도를 갖도록 장려하고 탄소배출량이 많은 개인과 기업뿐 아니라 환경 오염에 책임이 큰 기업들의 이윤에서 배당을 받아가는 이들에게 무거운 세금을 부과하기 위한 방편이라고 할 수 있다. 그런데 이 또한 해당 기업들의 주주나 소유주들을 정확히 알아야만 가능한 일이다.

이러한 금융등기부 제도는 안타깝지만 1980년대와 1990년대에 실행된 자본의 자유로운 이동에 관한 조약들에 명시되어 있지 않다. 1986년 단일유럽의정서와 1992년 마스트리히트 조약에서 찾아볼 수 없는 내용이다. 방금 언급한 두 조약은 이후 도입된 여러 국제조약에 크게 영향을 주었다. 극도로 정밀하게 작성된 위 조약들의 법적 구조는 오늘날까지도 유효하다. 한 국가의 인프라를 활용해서 부를 축적하더라도 버튼 하나만 누르면 그 나라 밖으로 자산을 이전하는 일이 가능하고—해당 국가의 공공기관은 그 흔적조차 찾을 수가 없다—심지어 그럴 수 있는 권리가 거의 불가침의 권리로 여겨지는 세상을 만들어낸 게 이 두 조약이다. 2008년 경제위기 직후 금융 분야 규제 철폐로 인한 심각한 폐해를 깨닫고 OECD에서 은행 정보의 자동 교환에 대해 협의한 바 있다. 순전히 자발적인 원칙에 기반한 그러한 조치에는 완강한 반대세력을 제재할 근거가 전혀 마련되어 있지 않다.

예를 들어 공정한 재분배를 가속화하고자 이에 근거한 조세제도를 도입하기로 하고 자국에 금융등기부 제도를 도입하려는 나라가 있다고 해보자. 한편 이웃나라는 이와는 정반대 견해여서 자국에 본사를 두고 있는(실제 회사든 페이퍼컴퍼니든 간에) 회사들에게 탄소세나 법인세를 터무니없이 낮게 매긴다고 가정해보자. 또한 해당 회사들의 소유주에 대한 정보 공유조차 거부한다고 해보자. 이러한 상황이라면 전자는 후자에게 무역제재를 가하는 게 마땅하다고 본다. 물론 무역제재의 수위는 기업에 따라 다르게 적용되고 세수 및 환경 관련 피해액을 감안해서 결정되어야 한다. 최근 연구결과들을 보면 그러한 제재 조치들은 상당한 세수를 거둬들일 수 있고 주변 국가들로 하여금 전자의 조치에 협력하도록 종용하는 효과를 보일 수 있다고 한다.* 물론 이러한 제재 조치들은 불공정 경쟁을 조정하고 환경 관련 조약 위반에 대응하기 위해서만 활용되어야 함을 명시해두어야 한다. 하지만 지금까지 존재하

---

* 반덤핑 제재로 활용할 수 있는 액수의 최초 추산을 다룬 다음의 논문을 참고하기 바란다.
  Ana Seco Justo, 「Profit Allocation and Corporate Taxing Rights: Global and Unilateral Perspectives」, Paris School of Economics, 2020.

세계화를 새롭게 조직하는 길: 초국가적 민주주의

초국가적 의회
세계 공공자원(기후나 연구 분야 등)과 전 세계 조세정의(최상위 구간의 자산이나 최상위 규모의
기업에 대한 세계 공동 세금체계 및 탄소세 등)를 책임진다.

A국가의 의회	B국가의 의회	C국가의 의회	D국가의 의회	···

해석: 여기서 제안한 구성에 따르면, 앞으로 세계화(자원, 자본 및 인력의 순환)를 규제하는 조약들은 국가들 혹은 지역 연합체들 사이에 초국가적 의회를 형성하도록 규정하게 된다. 이러한 의회는 공공자원(기후나 연구 관련)과 공통의 조세정의(최상위 구간의 자산이나 최상위 규모의 기업에 대한 세계 공동세금체계 및 탄소세 등)를 책임진다.

주해: 국가 A, B, C, D라고 하면 프랑스, 독일, 이탈리아, 스페인과 같은 국가들을 의미할 수도 있고(이 경우 초국가적 의회는 유럽의회가 된다), 유럽연합, 아프리카연합 등과 같은 지역연합체를 의미할 수도 있다. 이 경우 초국가적 의회는 유럽과 아프리카의 공동의회가 된다. 초국가적 의회는 각 국가에서 이미 선출된 국회의원들을 파견하는 방식으로 이루어질 수도 있고, 경우에 따라 별도의 선거를 통해 해당 의회를 위한 초국가적 의원을 선출하는 방안도 있다. 《자본과 이데올로기》 중 도표 17.2를 참고하기 바란다.

는 환경 관련 협약들은 너무나 불분명했다. 반면에 사물과 자본의 절대적인 자유이동을 보장하는 조약들, 특히 유럽연합 내의 조약들은 너무나 면밀하며 구속력 또한 갖추고 있다. 한 회원국이 위와 같이 무역제재를 가할 경우 유럽 차원이나 국제 재판소에서(즉 유럽연합법원 및 WTO 등을 말한다) 유죄 판결을 받을 가능성이 매우 높다. 만약 그런 일이 생긴다면 현실을 받아들이되 해당 조약에서 일방적으로 탈퇴하는 방법을 택해야 한다. 물론 여기서 중요한 건 대안이 될 새로운 조약을 제시해야 한다는 점이다.

위에서 간략하게 소개한 사회보장과 환경주의에 입각한 주권주의와 특정 문명에서 비롯된 '동질' 집단의 이득에 기반한 국가주의 성향의 주권주의(트럼프주의, 중국이나 인도의 기조, 나아가 미래의 프랑스나 유럽연합의 태도)의 차이는 과연 무엇인가?

이때 2가지 사항을 고려해야 한다. 먼저 일방적인 조치를 실행하기 전에 다른 나라들에게 협력을 기반으로 한 사회발전 모델을 제시해야 한다. 이는 사회정의, 불평등 축소, 지구 환경의 보전으로 요약할 수 있는 보편 가치에 기반해야 한다. 구체적으로 말하자면 초국가적인 의회 형성을 고려해야 한다(작년에 구성한 프랑스-독일 연합 의회와 같은 형식이지만 실질적인 강제력을 지닌 조직이 바람직하다). 이상적인 초국가적인 의회는 세계 공공자원을 책임지고 조세정의나 환경정의와 같은 공동의 정책을 담당하는 기관이어야 한다.

둘째로, 사회복지와 연방주의 원칙에 기반한 제안들이 즉각적으로 도입되지 못한다 해도 각 국가의 일방적 조치는 바람직한 방향의 행동을 장려하기 위한 목적이어야 하며 가역성이 있어야 한다. 제재 조치는 다른 나라들로 하여금 최상위 부유층을 위한 세금덤핑이나 지나치게 낮은 탄소세 등의 피해로부터 보호하려는 의도일 뿐 영구적으로 보호주의를 실시하기 위한 방안이 아니다. 이러한 관점에서 GAFA 제도(최근 도입된 디지털 서비스에 대한 프랑스의 세금 제도_옮긴이 주)와 같이 보편적인 기반이 없는 산업 분야별 조치들은 금지되어야 마땅하다. 그러한 방안은 제재 조치가 경쟁적으로 확대되는 현상을 불러오기 때문이다(예를 들어 한 나라에서 와인세를 매기면 상대국에서는 디지털서비스세를 부과하는 등).

위에서 정리한 국제주의의 길을 걷는 게 쉽다거나, 그 길이 평평히 잘 닦인 길이라고 포장하는 건 말도 안 되는 일이다. 모든 걸 새롭게 닦아나가야 하는 길이기 때문이다. 역사를 통해 우리는 국가주의란 오직 불평등과 환경파괴로 인한 긴장감을 악화시킬 뿐이며 절대적인 자유무역 체계에는 미래가 없음을 이미 깨달았다. 그렇기 때문에 더욱 그리고 지금 당장 새로운 국제주의의 조건은 무엇인가에 대해 깊이 고민할 필요가 있다.

(2020년 7월 14일)

코로나 시대의 부채를
어떻게 해결해야 하는가?

코로나 위기로 쌓여만 가는 공공부채에 전 세계 국가들은 어떻게 대응해야 하는가? 많은 나라들에서는 정답이 정해져 있다고 생각하는 모양이다. 중앙은행이 국채 매입을 늘려 손실을 떠안으면 모든 게 해결된다는 것이다. 하지만 현실은 훨씬 복잡하다. 통화정책은 공공부채 해결에 도움이 되기는 하지만 그것만으로는 충분치 않다. 그 시기가 언제든 간에 각 나라의 최고 부유층의 사회기여가 반드시 실행되어야 한다.

상황을 되짚어보자. 2020년에 세계 화폐 발행 규모는 전대미문으로 커졌다. 미국 연방준비제도Federal Reserve의 대차대조표는 2월 24일 4조 1,590억 달러에서 9월 28일 7조 560억 달러로 급증했다. 불과 7개월 동안 통화 공급이 3조 달러 가까이 실시된 것인데, 이는 유례가 없는 일이다. 유로시스템(유럽중앙은행이 이끄는 유럽연합 회원국 중앙은행들의 조직)의 대차대조표 또한 2월 28일 4조 6,920억 유로에서 10월 2일 6조 7,050억 유로로 약 2조 유로가

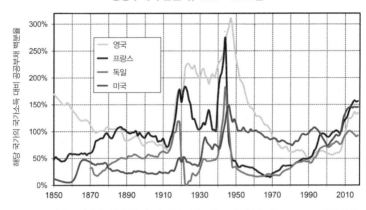

공공부채의 변천사, 1850∼2020년

해설: 두 차례의 세계대전을 겪으며 공공부채가 큰 폭으로 늘어났다. 이는 1945∼1950년경 국가소득의 150∼300%에 달했다. 독일과 프랑스에서는 부채 탕감 정책과 높은 인플레이션으로 공공부채가 급격하게 줄어든 데 반해 인플레이션이 높지 않았던 영국과 미국에서는 공공부채 감소가 좀 더 점진적으로 이루어졌다. 공공자산(특히 부동산과 금융자산)은 같은 기간에 비교적 변화폭이 작았으며 전반적으로 국가소득의 100% 선 안팎으로 유지되었다.

출처: piketty.pse.ens.fr/ideologie의 10.9번 도표

늘었다. 유로존의 역내총생산에 결부되어 있는 유로시스템의 대차대조표는 이미 2008년에서 2018년 사이에 총생산의 10%에서 40%로 늘어난 바 있다. 그런데도 2020년 2월과 10월 사이에 증가량이 총생산의 60퍼센트에 육박할 정도로 급증했다는 의미다.

이 엄청난 액수의 돈이 대체 어디에 쓰이는 건가? 안정된 시기라면 중앙은행은 단기대출을 통해 통화체계의 유동성을 보장하는 것으로 충분하다. 민간은행들에서 매일 들고 나는 현금은 정확히 맞아떨어지지 않으므로 각국의 중앙은행이 며칠의 기간을 두고 민간은행들에게 단기대출을 해주고 상환받는 식이다.

2008년 경제위기 이후 중앙은행들은 장기대출(몇 주에서 몇 달,

몇 년의 기한을 둔 대출) 규모를 늘리기 시작했다. 이는 서로 상대가 도산할까 봐 공포에 떠는 금융 관계기관들을 안심시키려는 의도였다. 중앙은행은 할 일이 산더미였다. 적절한 규제가 마련된 적이 없기 때문에 지난 수십 년 동안 금융거래는 세계를 아우르는 거대한 카지노가 되어버렸다. 모두가 유례없는 규모로 빌리고 빌려주었다. 그러다 보니 선진국에서 은행, 기업, 가정이 보유한 민간의 금융자산과 부채의 총합은 1970년대 총생산의 200% 선에서 오늘날 1,000%를 훌쩍 넘기고 말았다(이 수치에 금융파생상품들은 포함되어 있지 않다). 실질자산(부동산, 기업의 순현재가치 등) 또한 늘어나서 국내총생산의 300%에서 500%가 되었지만 금융자산의 증가폭에는 훨씬 못 미친다. 이는 세계 경제가 얼마나 금융에 집중되었는가를 보여주는 증거이다. 사실 중앙은행의 대차대조표는 시장의 변화에 대응하기 위해 어느 정도 유동성을 확보하려함을 보여줄 뿐, 결국은 민간의 대차대조표가 보여주는 폭발적인 부채 증가 현상을 따라가고 있을 뿐이다.

중앙은행이 이렇게 적극적으로 움직이는 건 새로운 현상인데, 그 결과 중앙은행이 사들이는 공채증권의 비중 또한 점점 늘어나 이자율은 0% 가까이 하락했다. 유럽중앙은행은 2020년 초 이미 유로존의 공공부채 중 20%를 보유하고 있었는데, 이 수치는 2020년 말이 되면 30%에 육박할 것으로 예상된다. 미국에서도 비슷한 상황이 벌어지고 있다.

유럽중앙은행이나 미국의 연방준비제도가 매입한 공채증권을 시장에 다시 내놓거나 채무자에게 상환을 요구할 가능성이 거의 없다 보니, 해당 공채증권의 규모만큼 공공부채의 총액을 제하는 결정을 내리는 나라도 있을 수 있다. 그러한 방침을 영구적으로 보장하고자 한다면(그쪽이 바람직할 것이다) 오랜 시간에 걸친 논의를 해야 한다는 우려가 있다.

가장 중요한 질문은 '우리는 이러한 방향으로 계속 나아가야 하는가?'이다. 중앙은행이 앞으로 공공부채 중 50%, 아니 100%까지 떠맡아서 국가의 재정 부담을 덜어주는 시나리오를 고민해야 할 상황인가? 방법론적으로 보면 아무 문제가 되지 않는다. 다만 이런 방식으로 공공부채 문제를 해결하다가는 다른 부분에서 문제가 발생할 수 있다. 특히 부의 불평등이 심화될 수 있다. 통화공급과 금융자산 매입이라는 수단을 남용하다 보니 주식시장과 부동산시장만 과열시켰고, 결국 최고 부유층의 배만 더욱 불리는 결과가 나타나고 있다. 주로 저축을 하는 서민층에게 은행이자율이 0%, 심지어 마이너스라는 건 좋은 소식일 리 없다. 반대로 은행에서 대출을 받고 금융·법률·조세 전문가의 도움을 받아 좋은 투자처를 찾아낼 수 있는 위치에 있는 사람들에게 낮은 이자율은 투자 수익을 높일 수 있는 좋은 조건이 된다. 〈챌린지〉(1982년 창간된 프랑스의 주간경제지_옮긴이 주)에 따르면 프랑스 500대 부자의 자산은 2010년과 2020년 사이에 2,100억 유로에서 7,300억 유로로 급증했다(프랑스 국내총생산의 10%에서 30%로 증가). 이러한 증가세는 사회적으로나 정치적으로나 계속되어서는 안 된다.

통화공급이 금융시장의 거품을 부추기기보다는 사회적·환경적으로 의미 있는 경제 활성화를 위해 활용된다면 이야기가 달라진다. 일자리를 창출하거나 병원과 학교 등의 노동임금을 높이거나 열 에너지의 혁신을 추구하거나 생활밀착형 서비스를 강화하는 등에 활용하는 것이다. 유용한 투자가 될 뿐 아니라 자산가치의 인플레이션을 임금 상승, 상품과 서비스 증가로 고스란히 옮겨와 불평등을 축소하면서 부채 부담을 경감할 수 있다.

　그러나 이는 기적의 해법이 될 수는 없다. 인플레이션이 상당한 수준(연 3~4%)에 이르면 통화공급을 중단하고 조세정책으로 대응해야 한다. 이 정도 규모의 경제문제를 통화정책을 통해 안정적으로 해결할 수 없다는 것은 이미 공공부채의 역사에서 확인한 바이다. 통화공급은 결국 정부가 해결할 수 없는 분배의 문제를 야기하기 때문이다. 프랑스가 제1·2차 세계대전 후에 엄청난 공공부채를 해결하고 수십 년 동안 생산적인 사회계약을 재건할 수 있었던 것은 최고 부유층에게 예외적인 과세 방침을 적용했기 때문이다. 우리의 미래도 마찬가지일 것이라고 믿어보자.

(2020년 10월 13일)

이해를 위한 주석:
중앙은행들의 대차대조표에 대해서는 《자본과 이데올로기》의 13장과 2020년 5월 12일의 기고문 「녹색화폐의 시대」를 참조하기 바란다.
유럽중앙은행의 대차대조표: 2020년 2월 28일 4조 6,920억 유로, 2020년 10월 2일 6조 7,050억 유로(유로존 총생산의 39%에서 56%로 증가)
https://www.ecb.europa.eu/press/pr/wfs/2020/html/ecb.fst200303.en.html
https://www.ecb.europa.eu/press/pr/wfs/2020/html/ecb.fst201007.en.html

이러한 변동은 유럽중앙은행이 새로운 자산매입 프로그램(팬데믹 긴급매입 프로그램PEPP, Pandemic Emergency Purchase Programme)을 도입하고 동시에 기존 프로그램들(특히 공공분야 매입 프로그램PSPP, Public Sector Purchase Programme)을 더 적극적으로 활용한 결과이다. 국가별 자료를 바탕으로 한 분석(각 국가의 국내총생산을 바탕으로 유럽중앙은행의 자본을 분석한 것)은 다음의 링크에서 확인하기 바란다. https://www.ecb.europa.eu/mopo/implement/omt/html/index.en.html

유로존의 2019년 총생산은 12조 유로였고, 유럽연합 27개 회원국의 국내총생산 합계는 14조 유로였다(시가). 해당 자료는 다음의 링크에서 확인. https://ec.europa.eu/eurostat/databrowser/view/tec00001/default/table

미국 연준의 대차대조표 : 2020년 2월 24일 4조 1,590억 달러에서 2020년 9월 28일 7조 560억달러로 증가 (국내총생산의 19%에서 33%로 증가) https://www.federalreserve.gov/monetarypolicy/bst_recenttrends.htm

미국의 경제분석국(BEA, Bureau of Economic Analysis)에서 발표한 2019년 미국 국내총생산은 21조 4,000억 달러였다.

세계 불평등 현황:
우리는 어디에 와 있나?

모든 대륙을 아우르는 연구자 150명이 함께 만들어 온라인으로 공개한 WID에는 소득 분배에 대한 수많은 국가들의 자료가 담겨 있다. 이 자료로 드러나는 세계 불평등 상태는 어떠한가?

이 자료의 핵심은 세계 대부분의 국가를 다루고 있다는 점이다. 남미, 아프리카, 아시아 등지에서 이루어진 연구 덕분에 세계 인구의 97%에 해당하는 174개국의 자료를 수록할 수 있었다. 이 자료는 나라별로 극빈층부터 최고 부유층에 이르기까지 부의 재분배에 구체적으로 어떤 변화가 일어나고 있는지를 분석할 수 있는 바탕이 될 수 있다.

지난 수십 년 동안 불평등의 간극(특히 최상위 1% 부자들의 재산 급증을 포함하여)이 소득 상위 계층으로부터 심화되고 있다는 것은 모두가 알고 있다. 이번 자료에서 주목할 만한 새로운 점은 세계 각지 서민층의 상황을 체계적으로 비교하고 있다는 것이다. 이를 통해 소득 하위 50% 인구가 부의 분포도에서 차지하는 비중이 나

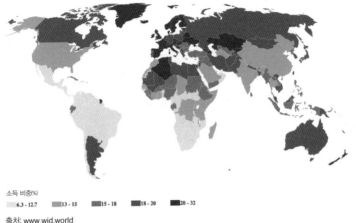

국가소득 중 하위 50% 인구가 차지하는 비중

소득 비중(%)

▨ 6.3 - 12.7 ▩ 13 - 15 ▩ 15 - 18 ▩ 18 - 20 ▩ 20 - 32

출처: www.wid.world

라별로 상이함을 확인했다. 이 비중은 국가소득 대비 5~25%까지 다양하게 나타난다.* 국가소득 수준이 비슷하더라도 나라별로 소득 하위 50% 서민층의 생활 수준은 가장 낮은 수준을 1이라고 했을 때, 1에서 5까지 달라질 수 있다는 것이다. 이는 국내총생산을 비롯하여 거시경제에서 다루는 경제활동 규모 개념에 입각한 분석에서 벗어나야 함을 증명한다. 대신 구체적인 사회집단을 중심으로 부의 재분배를 연구하는 작업을 우선해야 한다.

또 하나 주목할 점은 세계 어디에서나 불평등이 심각하다는 사실이다. 국가소득에서 상위 10% 인구가 차지하는 비중은 나라별

---

* https://wid.world/world/#sptinc_p0p50_z/US;FR;DE;CN;ZA;GB;WO/last/eu/k/p/yearly/s/false/4.185499999999999/30/curve/false/country

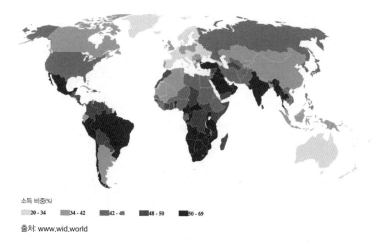

국가소득 중 상위 10% 인구가 차지하는 비중

소득 비중(%)

20 - 34   34 - 42   42 - 48   48 - 50   50 - 69

출처: www.wid.world

로 30~70%에 이른다. 하위 50% 인구가 차지하는 비중보다 항상 높게 나타난다. 만약 연간 소득이 아닌 보유하고 있는 재산을 기준으로 부의 분포도를 만든다면 그 격차는 훨씬 커질 것이다. 소득 하위 50% 인구는 사실 보유한 자산이 거의 없다(보통 국가 전체 자산의 5% 미만을 차지한다). 가장 평등하다고 알려진 나라들(스웨덴 같은 국가)에서도 마찬가지다. 자산에 관한 자료는 여전히 불충분하지만, 2021년 WID 자료가 업데이트와 함께 추가될 예정이다.

소득 분배 상황은 나라별로 상당히 다른 추이를 보인다는 점이 눈에 띈다. 인접한 국가들이나 발전 수준이 유사한 국가들에서도 나타나는 특징이다. 각 나라 정책이 국내 불평등의 정도에 영향을 준다는 해석이 가능하다. 남미에서는 브라질, 멕시코, 칠레는 아르헨티나, 에콰도르, 우루과이(수십 년 전부터 야심 찬 사회복지정책을 시행해온 나라다)보다 역사적으로 불평등이 훨씬 두드러졌다. 두 국가군 사이의 격차는 지난 20년 동안 훨씬 더 벌어졌다. 아프리카 대륙에서 가장 극단적인 불평등 양상이 나타나는 곳은 남아프리카공화국이다. 아파르트헤이트(남아프리카공화국의 극단적 인종차별 정책으로, 1994년 최초의 흑인정권이 탄생하며 철폐되었다_옮긴이 주)가 종식된 이후 토지와 부의 재분재가 제대로 이루어지지 않았기 때문이다.

세계 불평등 지도는 인종차별과 식민지 시대의 흔적이 나타나며, 최근의 정치적·사회적 움직임과 하이퍼자본주의의 영향을 보여준다. 칠레와 레바논과 같이 세계에서 불평등이 가장 심한 나라들에서 최근 수년 동안 사회운동이 벌어지고 있다는 사실은 근본적인 사회 변화가 일어날 수 있다는 희망을 심어준다.

지역으로 보면 중동이 세계에서 가장 불평등이 심한 지역으로 나타났다. 왕조와 원유 생산으로 인해 자원이 집중되는 체계에 한계가 있다는 점 그리고 석유 자원으로 얻은 이익을 영구적인 금융 이익으로 손쉽게 전환할 수 있는 국제금융체계 덕분이기도 하다. 중동에서 지금보다 균형 잡힌, 사회연방주의와 민주주의에 입각한 발전 모델이 등장하지 않는다면, 한 세기 전 유럽에서 벌어진 상황이 재현될 수 있다. 지금 중동을 움직이고 있는 수구적인 전체주의에 기반을 둔 이데올로기가 세력을 확장할 우려가 있는 것이다.

인도에서는 국민 대다수와 최상위 부유층 사이의 격차가 식민 지배 이후 유례없는 수준에 다다랐다. 힌두민족주의 정치 세력은 이러한 상황에서 터져나오는 사회경제적 불만을 잠재우기 위해 정체성과 종교로 사람들을 선동하고 있다. 그 결과 인도의 무슬림 소수집단은 점점 더 심각한 차별을 겪고, 더욱 빈곤해지며, 인도 사회에서 소외될 위험에 처해 있다.

한편 동유럽에서는 1990년대 이후 불평등이 계속해서 심화되고 있다. 공산주의가 몰락한 이후 러시아는 불평등으로 인한 충격을 그 어느 나라보다도 극심하게 겪었다. 사유재산을 철저하게 폐지했던 러시아는 불과 몇 년 사이 과두 정치, 조세 회피, 불투명한 금융체계의 선두주자가 되어버렸다. 냉전 종식 이후 30년 가까이 지난 지금, 동유럽 국가들의 불평등 수준 역시 러시아에 서서히 근접하고 있다. 동유럽 국가들에서는 임금은 정체되었지만 발생하는 이익 중 엄청난 규모가 국외로 유출되고 있어 국민들의 불만이 점점 높아지고 있다. 한편 서유럽 국가들은 이러한 상황을 전혀 이해하지 못하는 모습을 보이고 있다.

세계적으로 소득 하위 50%가 차지하는 부의 비중은 분명 증가했다. 이 비중은 1980년 세계 소득 규모의 7%였다가 신흥 국가들의 성장 덕분에 2020년에는 9%로 늘어났다. 그러나 이 변화는 상대적인 시선으로 바라보아야 한다. 세계 상위 10% 부자들이 차지하는 비중은 53% 선으로 유지되고 있으며, 최상위 1% 부자들이 차지한 비중은 오히려 17%에서 20%로 늘어났기 때문이다. 결국 피해자는 선진국의 중산층과 서민층인 것이다. 이들이 점점 더 세계화를 거부하는 이유가 바로 여기에 있다.

요약해보자. 세계 곳곳에 불평등으로 인한 다양한 분열 양상이 드러나고, 코로나 팬데믹으로 불평등은 더욱 심화될 것이다. 민주주의적 절차와 금융의 투명성이 너무나 부족한 것이 지금의 현실이다. 이러한 부분에 지금보다 훨씬 큰 노력을 기울여야 다수가 납득할 만한 해결책들을 찾아낼 수 있을 것이다.

(2020년 11월 17일)

미국의 우상이 몰락하다

　미국 국회의사당 침입 사건(이 사건은 '습격', '점거', '폭동' 등 다양하게 해석되어 불리고 있다. 여기서는 저자가 사용한 'invasion'이라는 단어를 번역한 것이다_옮긴이 주)을 목격한 세계는 충격에 빠졌다. 오랫동안 '자유세계'의 지도자라고 자부하던 나라가 어떻게 저렇게까지 나락으로 떨어질 수 있는지 묻지 않을 수 없다. 미국에서 벌어진 일을 이해하려면 거짓된 이야기나 맹목적 믿음에서 벗어나 역사적 사실을 짚어야 한다. 미국 공화정의 역사는 출범부터 특유의 취약점, 과격한 사건들, 상당한 불평등으로 점철되어 있었다.

　며칠 전 연방정부 한복판에서 폭도들이 남부연합기를 휘날린 것은 우연이 아니다. 남부연합기는 1861년부터 1865년까지 벌어진 미국 남북전쟁에서 노예제를 지지하던 남부(노예제 등을 놓고 갈등하다가 미합중국 탈퇴를 일방적으로 선언하고 남부연합을 결성한 남부 11개 주를 가리킴_옮긴이 주)의 상징이었다. 이는 미국 역사에서 직시해야 할 심각한 갈등을 일깨워주는 사건이었다.

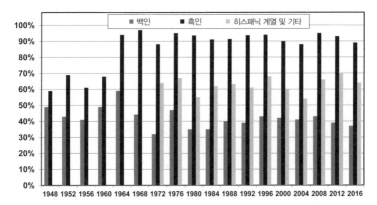

미국의 정치 갈등과 민족 정체성, 1948~2020년

해석: 2020년 민주당의 대선후보는 백인 유권자(전체 미국 유권자의 67%) 중 41%의 표를, 흑인 유권자(전체 유권자의 12%) 중 87%의 표를, 그리고 히스패닉 및 기타 민족 출신 유권자(히스패닉 계열 14%를 포함하여 총 21%) 중에서 62%의 표를 획득했다. 1972년 민주당의 대선후보는 백인 유권자(전체 유권자의 89%)의 32%, 흑인 유권자(전체 유권자의10%)의 82%, 그리고 히스패닉 및 기타 유권자(전체 유권자의 1%)의 64%로부터 지지를 받았다.

출처: piketty.pse.ens.fr/ideologie의 도표 15.7번 참조

노예 제도는 미국을 비롯한 서구 사회 전반의 산업자본주의 발전에 중요한 역할을 했다. 1860년 링컨이 당선되기까지 15명의 역대 미국 대통령 중 11명 이상이 노예 소유주였다. 여기에는 버지니아 주 출신 조지 워싱턴과 토머스 제퍼슨 대통령이 포함된다(버지니아 주는 1861년부터 1870년까지 남부연합 소속이었다_옮긴이 주). 1790년 버지니아 주 인구는 75만 명이었는데(그중 노예 인구의 비율이 40%였다), 이는 북부에서 인구가 가장 많은 주였던 펜실베이니아와 매사추세츠의 인구를 합한 정도의 규모였다.

1791년 생도맹그(프랑스 식민지 중에서도 가장 중요했던 곳으로, 당시의 대서양 중심 경제체제에서 노예 인구가 가장 많았던 곳)에서 노예혁명

이 일어난 후 미국 남부는 대농장 경제의 중심지로 거듭나 급속도로 성장한다. 1800년부터 1860년 사이 미국 남부 지역 노예 인구는 4배로 폭증했고 면화 생산량은 10배로 늘어나 유럽 섬유 산업의 원자재 공급처로 자리 잡았다. 하지만 미국의 북동부와 중서부(링컨이 중서부 출신이다)의 경제성장 속도는 훨씬 더 빨랐다. 이 두 지역은 남부와는 다른 경제 모델, 미국 서부의 토지 개발과 자유 노동을 기반으로 경제체제를 형성하고, 새로 개척한 영토에 노예제가 확대되는 것을 막아내고자 하였다. 1860년 대선에서 승리한 공화당 소속 링컨은 노예제 지지자들에게 평화롭고 점진적인 방식으로 노예제를 폐지하자고 제안한다. 1833년 영국, 1848년 프랑스에서 노예제를 폐지했을 때처럼 노예 소유주들에게 보상금 지급을 고려하는 등 그는 협상에 임할 준비가 되어 있었다. 그러나 미국 남부는 미합중국으로부터 분리 독립하겠다는 카드를 꺼내들었다. 이는 20세기 남아프리카나 알제리의 백인들도 시도했던 정치적 선택으로, 자신들만의 세계를 보전하려는 의도였다. 미합중국을 지키려는 북부는 남부의 분리 독립을 거부했고, 이 갈등이 이어져 결국 1861년에 남북전쟁이 발발한다.

남북전쟁은 4년 동안 60만 명의 사망자를 내고서야(이는 미국이 참전한 다른 모든 전쟁, 제1·2차 세계대전·한국전쟁·베트남전쟁·이라크전쟁 등에서 발생한 희생자를 모두 합친 정도이다) 1865년 5월 남부의 항복으로 종결되었다. 하지만 북부는 흑인들이 소유권을 가질 준비는 물론 시민으로 살아갈 준비가 되어 있지 않다고 판단했고, 백인들이 다시금 남부의 주도권을 쥐도록 내버려두었다. 결국 미국

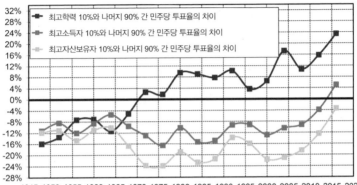

미국의 사회계층 간 간극과 정치 갈등, 1948~2020년

해석: 1950~1970년대 사이에 민주당 투표자들의 성향은 학력이나 소득 그리고 자산이 가장 낮은 계층으로 파악되었다. 1980~2010년대 사이에는 고학력자들의 민주당 지지 성향이 가장 두드러진 특징으로 드러났다. 2010~2020년대로 오면서 최고소득자 및 최고자산보유자들이 민주당을 지지하는 경향이 나타나기 시작한다.

출처: piketty.pse.ens.fr/ideologie의 15.6번 도표 참조

남부에서는 남북전쟁 이후로 한 세기 동안 강력한 인종분리 정책이 시행되었고, 1965년까지 백인들이 권력을 독점하였다.

같은 기간 동안 미국은 세계 최고의 군사 대국으로 부상했다. 1914년부터 1945년까지 국가주의 대학살이라 부를 만한 유럽의 자기파괴적인 움직임, 즉 유럽 열강 사이에 세계대전이 벌어졌고 이에 미국이 종지부를 찍었다. 남북전쟁 당시 노예제를 지지하던 민주당은 이 시기에 뉴딜 정책으로 대표되는 정치 세력이 되었다. 공산주의와의 힘겨루기와 미국 흑인의 사회운동에 의해 민주당은 결국 흑인들에게 공민권droits civiques을 허용했지만 보상은 하나도 이루어지지 않았다.

하지만 1968년 공화당 닉슨 대통령은 미국 남부 백인들의 표를 되찾아왔다. 닉슨 정권은 민주당이 흑인들의 표심을 얻기 위해 흑인들에게 사회복지 혜택을 퍼준다고 비판했다(이러한 공세는 좌파 정치인들이 반무슬림 차별 문제를 제기할 때마다 우파 정치인들이 '친이슬람 좌파주의자'라고 비판하는 모양새와 같다).

정당과 유권자의 연합 양상이 대대적으로 뒤바뀌기 시작하였고, 1980년 레이건 정부와 2016년 트럼프 정부를 거치면서 그 변화는 더욱 공고해졌다. 공화당은 1968년 이후 치러진 모든 대선에서 백인 유권자 과반수에게 확고하게 표를 얻었다. 반면 민주당은 항상 흑인 유권자의 90%, 히스패닉 유권자의 60~70%에게서 표를 얻었다. 그사이 유권자 중 백인의 비중은 계속해서 줄어들었다. 1972년에는 89%였으나 2016년에는 70%, 2020년에는 67%까지 낮아졌다(2020년 유권자 중 흑인은 12%, 히스패닉 및 기타 민족은 21%를 차지했다). 이러한 상황이 국회의사당을 침범한 트럼프 추종자들을 더욱 강경하게 만들고 있으며, 지금까지 지켜온 공화국의 원칙을 무너뜨리고 해결책이 보이지 않는 민족·인종 갈등의 늪에 빠뜨리고 있다.

이 모든 정보를 종합하면 어떤 결론이 나오는가? 비관적인 입장을 가진 이들은 —대다수가 민주당 지지자인 미국 최고학력 집단이 여기에 속한다(이를 빌미로 공화당은 자신들을 반엘리트주의 정당이라고 포장하고 있다. 그들은 엘리트 지성인을 끌어오지 못하는 대신 재계 인사 대다수를 포섭하고 있다)— 공화당에 표를 던지는 유권자들을 "한심"하고 구제의 여지가 없는 사람들이라고 말한다. 그들은 민주당이 정권을 잡았을 때 사회취약계층의 삶을 개선하려고 최선을 다해왔는데, 백인 서민들은 인종주의와 공격적인 태도로 그러한 사실을 인정하려들지 않는다고 비판한다.

문제가 무엇인가 하면 이러한 견해가 민주적인 해결책을 찾는 데 도움이 되지 않는다는 점이다. 인간의 본성을 좀 더 낙관적으로 바라보는 접근 방식이 있다면 바로 다음과 같다고 할 수 있다. 인류는 수 세기에 걸쳐 민족이라든지 인종의 배경이 다른 집단과 접촉 없이 살아왔고, 얼마 전까지만 해도 이러한 집단들이 만나는 매개는 오직 전쟁이나 식민주의 지배체제뿐이었다. 얼마 전부터 이렇게 다른 사람들이 하나의 정치 공동체 내에 공존하고 있다는 사실 자체가 인류 문명에 있어서 대단한 발전이라고 간주해야 한다. 같이 살아온 세월이 얼마 되지 않기 때문에 여전히 편견이라든지 정치적 착취가 발생하기 쉬운 게 사실이지만, 이러한 문제들을 극복하는 유일한 방법은 오직 민주주의와 평등의 원칙뿐이라고 생각한다.

만약 민주당이 인종적 배경과 상관없이 전체 서민층의 지지를 다시금 얻고자 한다면 사회정의 그리고 재분배의 영역에서 훨씬 더 큰 노력을 기울일 필요가 있다. 나아갈 길이 분명 멀고도 험하기에 지금 당장 착수해야만 한다.

(2021년 1월 12일)

차별에 맞서 싸우기,
인종주의 측정하기

미국에서 조지 플로이드 살인 사건에 대한 재판이 열리는 가운데 프랑스를 비롯한 유럽 전역에도 정체성 갈등이 고조되고 있다. 프랑스 정부는 차별 행위에 맞서 싸우기보다는 극우파에 뒤질세라 그들에 맞먹는 정책을 추진하고 심지어는 사회과학 연구자들에 대한 마녀사냥을 벌이고 있다(2021년 2월 프랑스 고등교육부 장관 프레데리크 비달은 프랑스 국립과학연구원에 프랑스 대학 내 연구 실태 조사를 의뢰했다. 이 조사의 목적은 학술 연구의 영역과 사상·운동의 영역을 구별하고 "대학을 좀먹고 있는 친이슬람 좌파주의"를 파악하기 위함이라고 한다. 정당 불복하는프랑스 등 정치계가 반발하고 프랑스대학총장연합에서도 해명을 촉구하는 등 정치적·사회적 논란이 있었다_옮긴이 주). 진정 프랑스답고 유럽다운 차별 철폐의 본보기를 고민해야 하는 시점이기에 이러한 사태는 더욱 유감스럽다. 인종주의의 현실을 직시하여 바로잡기 위한 방안을 갖추고, 차별 철폐를 위한 투쟁과 동시에 보편성을 지닌 사회 정책의 차원으로 접근하는 본보기를 보여야 할 때다.

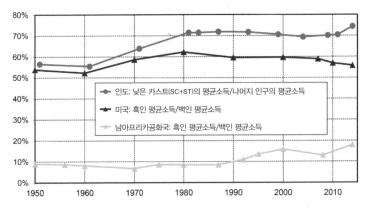

차별과 불평등에 대한 비교 분석

- 인도: 낮은 카스트(SC+ST)의 평균소득/나머지 인구의 평균소득
- 미국: 흑인 평균소득/백인 평균소득
- 남아프리카공화국: 흑인 평균소득/백인 평균소득

해석: 인도의 낮은 카스트 계층(Scheduled Castes & Scheduled Tribes, 과거 불가촉천민 및 차별 대우를 받던 원주민들을 의미한다)의 평균소득 대비 그 외 계층의 평균소득은 1950년 57%에서 2014년 74%가 되었다. 미국에서 백인의 평균소득 대비 흑인의 평균소득은 같은 기간 동안 54%에서 56%가 되었고, 남아프리카공화국에서 백인의 평균소득 대비 흑인의 평균소득은 9%에서 18%가 되었다.

출처: piketty.pse.ens.fr/ideologie의 8.6번 그래프 참조

인종주의를 측정하는 문제부터 이야기해보자. 여러 연구결과를 통해 우리 사회의 실상이 드러나고는 있지만 여전히 사실관계를 객관화하고 매년 추적조사를 수행할 '차별행위관측소'가 존재하지 않는 것이 프랑스의 현실이다. 2011년에 차별 철폐 및 평등 보장을 위한 기관, 알드Halde, Haute Autorité de lutte contre les discriminations et pour l'égalité를 대체하는 기관으로 설치된 '권리보호관Défenseur des droits'의 보고서를 보면 일자리와 주거 문제에 관한 차별이 얼마나 방대한지 알 수 있다. 하지만 이 기관에는 이러한 문제를 체계적으로 추적할 수 있는 자원이 확보되어 있지 않다.

2014년의 연구를 보자. 소속 연구자들이 6,231개 구인 광고를

보고 가짜 이력서를 보내 면접 요청이 얼마나 오는지, 구직자에 대한 반응은 어떠한지 조사했다. 이름에서 무슬림 계통임이 드러나는 경우 면접 요청이 오는 확률은 4분의 1로 줄어들었다. 유대인 계열의 이름은 이보다 비율이 낮았으나 여전히 차별받는 것으로 나타났다. 문제는 이와 같은 연구가 다시 시행되지 못했다는 점이다. 첫 조사가 이루어진 2014년 이후 프랑스의 차별 현황이 어떻게 변화했는지 알아낼 방법이 없는 것이다.

국가는 공식적인 차별행위관측소를 설치하여 이러한 지표들이 매년 어떻게 변화하는지 관찰해야 한다. 지역이나 직군별로 공신력 있는 비교 자료를 만들기 위해서는 시간차를 두고 대대적인 조사를 벌여야 한다. 고용주들이 어떤 부분에서 두드러진 차별을 보이는지 파악하는 작업 역시 필요하다. 반유대주의나 동성애 혐오와 마찬가지로 이슬람 혐오는 당연하지 않으며 극복될 수 있다. 이에 관해 사용되는 용어도 논의할 필요가 있다. 어떤 이는 '반무슬림주의antimusulmanisme'라는 용어를 선호하고 어떤 이는 '반무슬림차별discrimination anti-musulmans'이라는 용어를 선호한다. 근본적인 문제 해결에 도움이 되는 방향으로 용어에 관한 논의가 진행되어야 한다.

먼저 차별관측소를 '권리보호관'의 휘하에 설치하는 방안이 있다. 또한 차별관측소는 기업 내 차별 행위(임금·승진·교육 등의 분야)에 관한 연간 보고서를 발간해야 한다. 이를 위해서는 프랑스에서도 드디어 부모의 출신 국가를 묻는 인구조사 방식을 도입해야 한다. 프랑스에서는 매년 인구의 14% 정도를 대상으로 인구조사를 실시한다(프랑스에서는 매해 전체 인구에 대해 인구조사를 실시하는 것이 아니라, 5년 주기로 전체 국민을 아우르는 방식을 취한다. 인구가 1만 명 이하 거주하는 지역은 5년에 한 번 전체 조사를 실시하고, 1만 명 이상 거주하는 지역은 매년 세대의 8% 정도를 샘플로 택하여 조사를 실시한다_옮긴이 주). 이미 오래 전부터 공공조사(고용실태조사, FQP, '경로와 기원' 등)에서 도입한 항목이지만, 지역·산업 분야·기업 규모별로 자세히 분석하기에는 주기성이나 규모 모두 부족하다(FQP는 Formation et qualification professionnelle의 약자로 프랑스 국립통계경제연구소INSEE에서 실시하며 직업 변화를 통해 사회이동 현상을 측정한다. '경로와 기원 Trajectoires et origines'은 프랑스 국립통계경제연구소가 국립인구연구소와 공동으로 실시하는 인종 다양성 측정 조사로, 1차 조사는 2008~2009년, 2차 조사는 2019~2020년에 이루어졌다_옮긴이 주). 무기명 조사가 원칙인 인구조사에서 출신 국가를 묻는다면 부족한 부분을 메울 수 있을 것이다. 이와 같은 지표들이 없다면 차별 행위에 효과적으로 대항할 수 없다.

이 모든 건 미국이나 영국에서 사용하는 민족과 인종 분류를 도입하지 않고도 가능한 일이다. 이러한 분류 방식이 프랑스에서 위헌이기 때문이 아니라(1999년과 2008년 헌법 개정을 통해 양성평등 내용이 보완되었다), 출신 민족이나 인종을 기준으로 한 분류 방법은 다양하고 복합적인 정체성을 경직된 방식으로 규정지을 위험이 있기 때문이다. 게다가 그러한 분류가 차별에 맞서는 투쟁에서 효과적인지도 증명되지 않았다. 영국이 인구조사에 민족과 인종 분류를 도입한 1991년 이후 다른 나라들에 비해 차별 행위가 줄어들었다고 단언할 수 없다.

게다가 조사자들의 답변에서 엄청난 혼란이 드러났다. 터키, 이집트, 마그레브 지역 출신 사람들은 4분의 1에서 절반까지 스스로를 '백인'이라고 정의했다(이들은 자신들이 인구 조사 항목 중 '흑인/카리브해 출신'이나 '인도/파키스탄계'보다 '백인'에 적합하다고 생각한다). 반면 동일한 배경을 가진 인구 중 일부는 자신을 '아시아인'이나 '아랍인'이라고 정의했다(이 분류 항목은 2011년에야 도입되었는데, 도입 당시에 여기에 포함되는 대상이라고 생각했던 사람들은 이 항목을 선택하지 않았다).

다른 어떤 유럽 국가도 영국처럼 정체성을 분류하여 할당하려는 조사를 실시하지 않았는데 이는 차별 문제에 대한 우려가 없어서가 아니다. 인구조사에서 대상자 부모의 출신 국가를 묻는 객관적인 질문 항목을 도입한다면, 조사 과정의 혼란을 줄이면서 여타 연간 조사결과와 정책을 활용하여 차별 문제에 대한 진정한 개선을 이룰 수 있을 것이다.

미국과 영국에서 도입한 인종과 민족 구분에 따른 역차별 정책, 인도의 카스트 계급이나 프랑스의 영토별 지위 구분에 따른 역차별 정책들은 위선적인 성격을 띤다(프랑스 영토에는 본토 지역들, 해외 집합체, 특별 공동체, 해외 영토 등 여러 상이한 지위를 지닌 곳이 포함된다_옮긴이 주). 역차별 정책은 낮은 비용으로 실시할 수 있는 양심적인 정책으로는 인상을 주지만, 불평등의 순환을 근본적으로 해결하는 데 필수적인 공공 서비스를 지원하려는 노력을 헛수고로 만든다.

아스마 베넨다(유니버시티칼리지런던UCL의 연구전담교수이다_옮긴이 주)의 연구에서 알 수 있듯이* 프랑스 교사의 임금은 학교에 다니고 있는 사회 특혜층 출신의 학생 비율과 정비례하는 경향이 있다. 우선교육지역 교사에게 주는 하찮은 보너스로는 임시 교사와 경험이 부족한 신입 교사들이 우선교육지역에 집중되어 있는 현실을 보완하기에는 역부족이라는 것이다. 수백만 명의 저소득층 대학생을 위한 지원 예산을 늘리는 대신 그랑제콜 준비반에 '인재'라는 항목으로 역차별 할당량 1,000개의 자리를 마련해주는 것은('준비반'은 고등학교 졸업생 중 우수한 학생들이 모여 최고의 고등교육 기관인 그랑제콜 입학을 준비하는 과정으로, 국가 교육과정에 포함된다_옮긴이 주) 오히려 프랑스 교육제도가 지닌 불평등함을 공고하게 만드는 것이다.**

차별을 분명하게 측정하고 강력히 맞서 싸울 수 있는 충분한 자원이 확보되어야 한다. 무엇보다 보편 가치를 지향하는 사회정책에 지지를 보내야 한다. 그렇지 않으면 평등을 향한 시도는 그저 공허한 말에 그치게 될 것이다.

(2021년 3월 21일)

---

* https://www.fayard.fr/sciences-humaines/tous-des-bons-profs-9782213717326

** http://piketty.pse.ens.fr/files/ideologie/png/G17.1.png

피케티의 사회주의 시급하다

1판 1쇄 발행 2021년 6월 10일

지은이 · 토마 피케티
옮긴이 · 이민주
펴낸이 · 주연선

총괄이사 · 이진희
책임편집 · 유화경
표지 및 본문 디자인 · 이다은
마케팅 · 장병수 김진겸 이선행 강원모 정혜윤
관리 · 김두만 유효정 박초희

(주)은행나무
04035 서울특별시 마포구 양화로11길 54
전화 · 02)3143-0651~3 ∣ 팩스 · 02)3143-0654
신고번호 · 제 1997—000168호(1997. 12. 12)
www.ehbook.co.kr
ehbook@ehbook.co.kr

잘못된 책은 바꿔드립니다.

ISBN 979-11-6737-027-3 (03300)